Stefan Zweig

Joseph Fouché

Bildnis eines politischen Menschen

„Fouché – der „Blutsäufer“ des Gemetzels von Lyon. Der Polizeiminister Napoleons und Ludwig des XVIII. Der Überlebenskünstler ohne moralischen Kompass. Balzac mag recht gehabt haben, als er Joseph Fouché, den „psychologisch interessantesten Charakter seines Jahrhunderts“ nannte. Zweig mag recht gehabt haben, als er ihn einen „politisch überaus begabten Menschen“ nannte. Doch sympathisch muss er deshalb noch lange nicht gewesen sein. Als der Prototyp des politischen Chamäleons ohne eigene Überzeugungen passte er sich rasant jeder politischen Entwicklung an und sicherte so sein eigenes Überleben, mehr noch – Macht und Geld. Wer heute in der Politik etwas werden will, sollte wohl – mehr noch als Machiavelli – Joseph Fouché studieren.“ *Redaktion Gröls-Verlag* (Edition I Werke der Weltliteratur)

Redaktionelle Hinweise und Impressum

Das vorliegende Werk wurde zugunsten der Authentizität sehr zurückhaltend bearbeitet. So wurden etwa ursprüngliche Rechtschreibfehler regelmäßig *nicht* behoben, denn kleine Unvollkommenheiten machen das Buch – wie im Übrigen den Menschen – erst authentisch. Mitunter wurden jedoch zum Beispiel Absätze behutsam neu getrennt, um den Lesefluss zu erleichtern.

Wir sind bemüht, ein ansprechendes Produkt zu gestalten, welches angemessenen Ansprüchen an das Preis/Leistungsverhältnis und vernünftigen Qualitätserwartungen gerecht wird. Um die Texte zu rekonstruieren, werden antiquarische Bücher von leistungsfähigen Lesegeräten gescannt und dann durch eine Software lesbar gemacht. Der so entstandene Text wird von Menschen gegen eine Aufwandsentschädigung gegengelesen und korrigiert – Hierbei können gelegentlich Fehler auftreten. Wenn Sie ebenfalls antiquarische Texte einreichen möchten, wenden Sie sich für weitere Informationen gerne an

www.groels.de

Informieren Sie sich dort auch gerne über die anderen Werke aus unserer

Edition | Bedeutende Werke der Weltliteratur

Sie werden es mit 98,09 %iger Wahrscheinlichkeit nicht bereuen.

Die Deutsche Nationalbibliothek verzeichnet dieses Werk in der Deutschen Nationalbibliografie.

Verleger: Marcel Hermann-Josef Gröls, Poelchaukamp 20, 22301 Hamburg.
Externer Dienstleister für Distribution und Herstellung: BoD, In de Tarpen 42, 22848 Norderstedt

Inhalt

Joseph Fouché, einer der mächtigsten Männer seiner Zeit, einer der merkwürdigsten aller Zeiten, hat wenig Liebe gefunden bei seiner Mitwelt und noch weniger Gerechtigkeit bei der Nachwelt. Napoleon auf St. Helena, Robespierre bei den Jakobinern, Carnot, Barras, Talleyrand in ihren Memoiren, allen französischen Geschichtsschreibern, ob royalistisch, republikanisch oder bonapartistisch, läuft sofort Galle in die Feder, sobald sie nur seinen Namen hinschreiben. Geborener Verräter, armseliger Intrigant, glatte Reptiliennatur, gewerbsmäßiger Überläufer, niedrige Polizeiseele, erbärmlicher Immoralist – kein verächtliches Schimpfwort wird an ihm gespart, und weder Lamartine noch Michelet noch Louis Blanc versuchen ernstlich, seinem Charakter oder vielmehr seiner bewunderswert beharrlichen Charakterlosigkeit nachzuspüren. Zum erstenmal erscheint seine Gestalt in wirklichem Lebensumriß in jener monumentalen Biographie Louis Madelins (der diese wie jede andere Studie den Großteil ihres Tatsachenmaterials verdankt); sonst hat die Geschichte einen Mann, der innerhalb einer Weltwende alle Parteien geführt und als einziger sie überdauert, der im psychologischen Zweikampf einen Napoleon und einen Robespierre besiegte, ganz still in die rückwärtige Reihe der unbeträchtlichen Figuranten abgeschoben. Ab und zu geistert seine Gestalt noch durch ein Napoleonstück oder eine Napoleonoperette, aber dann meist in der abgegriffenen schematischen Charge des gerissenen Polizeiministers, eines vorausgeahnten Sherlock Holmes; flache Darstellung verwechselt ja immer eine Rolle des Hintergrunds mit einer Nebenrolle.

Ein einziger hat diese einzigartige Figur groß gesehen aus seiner eigenen Größe, und zwar nicht der Geringste: Balzac. Dieser hohe und gleichzeitig durchdringende Geist, der nicht nur auf die Schaufläche der Zeit, sondern immer auch hinter die Kulissen blickte, hat rückhaltlos Fouché als den psychologisch interessantesten Charakter seines Jahrhunderts erkannt. Gewöhnt, alle Leidenschaften, die sogenannten heroischen ebenso wie die sogenannten niedrigen, in seiner Chemie der Gefühle als vollkommen gleichwertige Elemente zu betrachten, einen vollendeten Verbrecher, einen Vautrin, ebenso zu bewundern wie ein moralisches Genie, einen Louis Lambert, niemals unterscheidend zwischen sittlich und unsittlich, sondern immer nur den Willenswert eines Menschen messend und die Intensität seiner Leidenschaft, hat Balzac sich gerade diesen einen verachtetsten, geschmähtesten Menschen der Revolution und der Kaiserzeit aus seiner beabsichtigten Verschattung geholt. „Den einzigen Minister, den Napoleon jemals besessen“ nennt er dieses „singulier génie“, dann wieder „la plus forte tête que je connaisse“, und andern

Ortes „eine derjenigen Gestalten, die so viel Tiefe unter jeder Oberfläche haben, daß sie im Augenblick ihres Handelns undurchdringlich bleiben und erst nachher verstanden werden können." – Das klingt bedeutend anders als jene moralistischen Verächtlichkeiten! Und mitten in seinem Roman „Une ténébreuse affaire" widmet er diesem „düstern, tiefen und ungewöhnlichen Geist, der wenig bekannt ist", ein besonderes Blatt: „Sein eigenartiges Genie," schreibt er, „das Napoleon eine Art von Furcht einjagte, offenbarte sich nicht auf einmal. Dieses unbekannte Konventmitglied, einer der außerordentlichsten und zugleich der am falschesten beurteilten Männer seiner Zeit, wurde erst in den Krisen zu dem, was er nachher war. Er erhob sich unter dem Direktorium zu jener Höhe, von der aus tiefe Männer die Zukunft zu erkennen wissen, indem sie die Vergangenheit richtig beurteilen; dann gab er mit einmal, wie manche mittelmäßige Schauspieler, durch eine plötzliche Erleuchtung aufgeklärt, ausgezeichnete Darsteller werden, während des Staatsstreiches am 18. Brumaire Beweise seiner Geschicklichkeit. Dieser Mann mit dem blassen Gesicht, unter klösterlicher Zucht aufgewachsen, welcher alle Geheimnisse der Bergpartei kannte, der er anfangs angehörte, und ebenso die der Royalisten, zu denen er schließlich überging, dieser Mann hatte die Menschen, die Dinge und die Praktiken des politischen Schauplatzes langsam und schweigsam studiert; er durchschaute Bonapartes Geheimnisse, gab ihm nützliche Ratschläge und kostbare Auskünfte; ... weder seine neuen noch seine ehemaligen Kollegen ahnten in diesem Augenblick den Umfang seines Genies, das im wesentlichen ein Regierungsgenie war: treffend in allen seinen Prophezeiungen und von unglaublichem Scharfblick." So Balzac. Seine Huldigung hatte mich zuerst auf Fouché aufmerksam gemacht, und seit Jahren blickte ich nun gelegentlich dem Manne nach, dem ein Balzac nachrühmte, er habe „mehr Macht über Menschen besessen als selbst Napoleon". Aber Fouché hat es, wie zeitlebens, auch in der Geschichte gut verstanden, eine Hintergrundfigur zu bleiben: er läßt sich nicht gerne ins Gesicht und in die Karten sehen. Fast immer steckt er innerhalb der Ereignisse, innerhalb der Parteien hinter der anonymen Hülle seines Amtes so unsichtbar tätig verborgen wie das Uhrwerk in der Uhr, und nur ganz selten gelingt es im Tumult der Geschehnisse, an den schärfsten Kurven seiner Bahn, sein wegflüchtendes Profil zu erhaschen. Und noch sonderbarer! Keins dieser fliehend gefaßten Profile Fouchés stimmt auf den ersten Blick zum andern. Es kostet einige Anstrengung, sich vorzustellen, daß der gleiche Mensch, mit gleicher Haut und gleichen Haaren 1790 Priesterlehrer und 1792 schon Kirchenplünderer, 1793 Kommunist und fünf Jahre später schon mehrfacher Millionär und abermals zehn Jahre später Herzog von Otranto war. Aber je verwegener in seinen Verwandlungen, um so interessanter trat mir der Charakter oder vielmehr Nichtcharakter dieses vollkommensten Machiavellisten der Neuzeit entgegen, immer anreizender wurde mir sein ganz in Hintergründe und Heimlichkeit gehülltes politisches Leben, immer eigenartiger, ja dämonischer seine Figur. So kam ich ganz unvermutet, aus rein seelenwissenschaftlicher Freude dazu, die Geschichte Joseph Fouchés zu schreiben als einen Beitrag zu einer noch ausständigen und sehr notwendigen Biologie des Diplomaten, dieser noch nicht ganz erforschten, allergefährlichsten geistigen Rasse unserer Lebenswelt.

Solche Lebensbeschreibung einer durchaus amoralischen Natur, selbst einer so einzigartigen und bedeutungsvollen wie Joseph Fouchés – sie ist, ich weiß es, gegen den unverkennbaren Wunsch der Zeit. Unsere Zeit will und liebt heute heroische Biographieen, denn aus der eigenen Armut an politisch schöpferischen Führergestalten sucht sie sich höheres Beispiel aus den Vergangenheiten. Ich verkenne nun durchaus nicht die seelenausweitende, die kraftsteigernde, die geistig erhebende Macht der heroischen Biographieen. Sie sind seit den Tagen Plutarchs nötig für jedes steigende Geschlecht und jede neue Jugend. Aber gerade im Politischen bergen sie die Gefahr einer Geschichtsfälschung, nämlich als ob damals und immer die wahrhaft führenden Naturen auch das tatsächliche Weltschicksal bestimmt hätten. Zweifellos beherrscht eine heroische Natur durch ihr bloßes Dasein noch für Jahrzehnte und Jahrhunderte das geistige Leben, aber nur das geistige. Im realen, im wirklichen Leben, in der Machtsphäre der Politik entscheiden selten – und dies muß zur Warnung vor aller politischer Gläubigkeit betont werden– die überlegenen Gestalten, die Menschen der reinen Ideen, sondern eine viel geringwertigere, aber geschicktere Gattung: die Hintergrundgestalten. 1914 wie 1918 haben wir mitangesehen, wie die welthistorischen Entscheidungen des Krieges und des Friedens nicht von der Vernunftund der Verantwortlichkeit aus getroffen wurden, sondern von rückwärts verborgenen Menschen anzweifelbarsten Charakters und unzulänglichen Verstandes. Und täglich erleben wir es neuerdings, daß in dem fragwürdigen und oft frevlerischen Spiel der Politik, dem die Völker noch immer treugläubig ihre Kinder und ihre Zukunft anvertrauen, nicht die Männer des sittlichen Weitblicks, der unerschütterlichen Überzeugungen durchdringen, sondern daß sie immer wieder überspielt werden von jenen professionellen Hasardeuren, die wir Diplomaten nennen, diesen Künstlern der flinken Hände, der leeren Worte und kalten Nerven. Wenn also wirklich, wie Napoleon schon vor hundert Jahren sagte, die Politik

„la fatalité moderne" geworden ist, das neue Fatum, so wollen wir zu unserer Gegenwehr versuchen, die Menschen hinter diesen Mächten zu erkennen, und damit das gefährliche Geheimnis ihrer Macht. Ein solcher Beitrag zur Typologie des politischen Menschen sei diese Lebensgeschichte Joseph Fouchés.

Salzburg, Herbst 1929

Erstes Kapitel
Aufstieg
1759 – 1793

Am 31. Mai 1759 wird Joseph Fouché – noch lange nicht Herzog von Otranto! – in der Hafenstadt Nantes geboren. Seeleute, Kaufleute seine Eltern, Seeleute seine Ahnen; nichts darum selbstverständlicher, als daß der Erbsohn wieder Meerfahrer würde, Schiffskaufmann oder Kapitän. Aber früh zeigt sich schon: dieser schmächtig aufgeschossene, blutarme, nervöse, häßliche Junge entbehrt jeder Eignung zu so hartem und damals wirklich noch heldischem Handwerk. Zwei Meilen vom Ufer – und er wird schon seekrank, eine Viertelstunde Lauf oder Knabenspiel – und er ermüdet. Was also tun mit einem so zart geratenen Schößling, fragen sich die Eltern nicht ohne Sorge, denn das Frankreich um 1770 hat noch keinen rechten Raum für eine geistig bereits aufgewachte und ungeduldig vordrängende Bürgerschaft. Bei Gericht, bei der Verwaltung, in jeder Anstellung, jedem Amt bleiben alle fetten Pfründen dem Adel vorbehalten; für den Hofdienst benötigt man gräfliches Wappen oder gute Baronie, selbst in der Armee bringt es ein Bürgerlicher mit grauen Haaren kaum weiter als bis zum Korporal. Der dritte Stand ist überall noch ausgeschlossen in dem schlecht beratenen, korrupten Königreich; kein Wunder, daß er ein Vierteljahrhundert später mit Fäusten fordern wird, was man allzulange seiner demütig bittenden Hand versagte.

Bleibt nur die Kirche. Diese tausend Jahre alte, an Weltwissen den Dynastieen unendlich überlegene Großmacht denkt klüger, demokratischer und weitherziger. Sie findet immer Platz für jeden Begabten und nimmt auch den Niedrigsten in ihr unsichtbares Reich. Da der kleine Joseph sich schon auf der Schulbank der Oratorianer lernend auszeichnet, räumen sie dem Ausgebildeten gern das Katheder ein als Lehrer der Mathematik und Physik, als Schulaufseher und Präfekt. Mit zwanzig Jahren hat er in diesem Orden, der seit der

Vertreibung der Jesuiten überall in Frankreich die katholische Erziehung leitet, Würde und Amt, ein ärmliches zwar, ohne viel Aussicht auf Aufstieg, aber eine Schule immerhin, in der er sich selber schult, in der er lehrend lernt. Er könnte höher gelangen, Pater werden, vielleicht einmal gar Bischof oder Eminenz, wenn er das Priestergelübde leistete. Aber typisch für Joseph Fouché: schon auf der ersten, der untersten Stufe seiner Karriere tritt ein charakteristischer Zug seines Wesens zutage, seine Abneigung, sich vollkommen, sich unwiderruflich zu binden an irgend jemand oder irgend etwas. Er trägt geistliche Kleidung und Tonsur, er teilt das mönchische Leben der andern geistlichen Väter, er unterscheidet sich während jener zehn Oratorianerjahre äußerlich und innerlich in nichts von einem Priester. Aber er nimmt nicht die höheren Weihen, er leistet kein Gelübde. Wie immer, in jeder Situation, hält er sich den Rückzug offen, die Möglichkeit der Wandlung und Veränderung. Auch an die Kirche gibt er sich nur zeitweilig und nicht ganz, ebensowenig wie später an die Revolution, das Direktorium, das Konsulat, das Kaisertum oder Königreich: nicht einmal Gott, geschweige denn einem Menschen verpflichtet sich Joseph Fouché, jemals zeitlebens treu zu sein.

Zehn Jahre lang, vom zwanzigsten bis zum dreißigsten Jahre, geht dieser blasse, verschlossene Halbpriester durch Klostergänge und stille Refektorien. Er unterrichtet in Niort, Saumur, Vendôme, Paris, aber er spürt kaum den Wechsel des Wohnorts, denn das Leben eines Seminarlehrers spielt sich gleich still, ärmlich und unscheinbar ab in einer Stadt wie der andern, immer hinter schweigsamen Mauern, immer vom Leben abgesondert. Zwanzig Schüler, dreißig Schüler, vierzig Schüler, denen man Latein beibringt, Mathematik und Physik, blasse, schwarzgewandete Knaben, die man zur Messe führt und im Schlafsaal überwacht, einsame Lektüre in wissenschaftlichen Büchern, ärmliche Mahlzeiten, schlechte Bezahlung, ein schwarzes, verschabtes Kleid, ein klösterliches, anspruchsloses Dasein. Wie eine Erstarrung scheinen sie, unwirklich und abseits von Zeit und Raum, unfruchtbar und ehrgeizlos, diese zehn stillen, verschatteten Jahre.

Aber doch, in diesen zehn Jahren der Klosterschule lernt Joseph Fouché viel, was dem späteren Diplomaten unendlich zugute kommt, vor allem die Technik des Schweigenkönnens, die magistrale Kunst des Selbstverbergens, die Meisterschaft der Seelenbeobachtung und Psychologie. Daß dieser Mann ein Leben lang jeden Nerv seines Gesichts auch in der Leidenschaft beherrscht, daß man nie eine heftige Wallung des Zorns, der Erbitterung, der Erregung in seinem unbeweglichen, gleichsam in Schweigen vermauerten Gesicht entdecken kann, daß er mit der gleichen tonlosen Stimme das Umgänglichste wie das Furchtbarste gelassen ausspricht und mit dem gleichen lautlosen Schritt ebenso durch die Gemächer des Kaisers wie durch eine tobende Volksversammlung zu schreiten weiß – diese unvergleichliche Disziplin der Selbstbeherrschung ist erlernt in den Jahren des Refektoriums, sein Wille längst gezähmt durch die Exerzitien Loyolas und seine Rede geschult an den Diskussionen jahrhundertealter Priesterkunst, ehe er das Podium der Weltbühne betritt. Kein Zufall vielleicht, daß alle die drei großen Diplomaten der Französischen Revolution, daß Talleyrand, Sieyès und Fouché aus der Schule der Kirche kamen, schon längst Meister der Menschenkunst, ehe sie noch die Tribüne betraten. Die uralte, gemeinsame, weit über sie hinausreichende Tradition prägt ihren sonst gegensätzlichen Charakteren in den entscheidenden Minuten eine gewisse Ähnlichkeit auf. Dazu kommt bei Fouché noch eine eiserne, gleichsam spartanische Selbstzucht, ein innerer Widerstand gegen Luxus und Prunk, ein Verbergenkönnen privaten Lebens und persönlichen Gefühls; nein, diese Jahre Fouchés im Schatten der Klostergänge waren nicht verloren, er hat unendlich viel gelernt, indes er Lehrer war.

Hinter Klostermauern, in strengster Abgeschiedenheit erzieht und entfaltet sich dieser eigentümlich biegsame und unruhige Geist zu psychologischer Meisterschaft. Jahrelang darf er nur unsichtbar in engstem geistlichen Kreise wirken, aber schon 1778 hat jener soziale Sturm in Frankreich begonnen, der selbst über die Klostermauern schlägt. In den Priesterzellen der Oratorianer wird ebenso diskutiert über Menschenrechte wie in den Freimaurerklubs, eine neue Art Neugier drängt diese jungen Priester den Bürgerlichen entgegen, Neugier auch den Lehrer der Physik und Mathematik zu den erstaunlichen Entdeckungen der Zeit, den Montgolfiers, den ersten Luftschiffen, den großartigen Erfindungen auf den Gebieten der Elektrizität und Medizin. Die geistlichen Herren suchen Fühlung mit den geistigen Kreisen, und die bietet in Arras ein ganz sonderbarer geselliger Zirkel, die „Rosati“ genannt, eine Art „Schlaraffia“, in der sich die Intellektuellen der Stadt in heiterer Geselligkeit vereinigen. Recht unscheinbar geht es dort zu, kleine unansehnliche Bürger tragen Gedichtchen vor oder halten literarische Ansprachen, Militär mischt sich mit Zivil, und auch der Priesterlehrer Joseph Fouché wird gern gesehen, weil er von den neuen Errungenschaften der Physik viel zu erzählen weiß. Oft sitzt er dort im kameradschaftlichen Kreise und hört zu, wenn etwa ein Hauptmann vom Geniekorps, namens Lazare Carnot, mokante selbstgedichtete Verse vorliest oder der blasse, schmallippige Advokat Maximilian de Robespierre (er legt damals noch Gewicht auf seinen Adel) eine blümerante

Tischrede zu Ehren der „Rosati“ hält. Denn noch genießt die Provinz die letzten Atemzüge des philosophierenden Dix-huitième, gemütlich noch schreibt Herr von Robespierre statt Bluturteile zierliche Verslein, noch verfaßt der Schweizer Arzt Marat statt grimmiger kommunistischer Manifeste einen süßlich sentimentalen Roman, noch müht sich der kleine Leutnant Bonaparte irgendwo in der Provinz an einer Werther nachahmenden Novelle: die Gewitter stehen noch unsichtbar hinter dem Horizont. Aber Schicksalsspiel: gerade mit diesem blassen, nervösen, hemmungslos ehrgeizigen Advokaten de Robespierre freundet sich der tonsurierte Priesterlehrer besonders an; ihre Beziehungen sind sogar gerade auf bestem Wege, schwägerliche zu werden, denn Charlotte Robespierre, die Schwester Maximilians, will den Lehrer der Oratorianer von seiner Geistlichkeit heilen, schon munkelt man von ihrer Verlobung an allen Tischen. Warum diese Brautschaft schließlich auseinanderfällt, ist Geheimnis geblieben, aber vielleicht verbirgt sich hier die Wurzel jenes furchtbaren und welthistorischen Hasses zwischen diesen beiden Männern, den einst befreundeten, die später auf Tod und Leben kämpfen. Damals aber wissen sie noch nichts von Jakobinismus und nichts von Haß. Im Gegenteil sogar: wie Maximilian de Robespierre als Abgeordneter zu den Generalständen nach Versailles geschickt wird, um an der neuen Verfassung Frankreichs mitzuarbeiten, ist es der tonsurierte Joseph Fouché, der dem blutarmen Rechtsanwalt de Robespierre die Goldstücke borgt, damit er die Reise bezahlen und sich einen frischen Anzug schneidern lassen kann. Symbol auch dies, daß er, wie später so oft, einem andern die Steigbügel hält für die Karriere in die Weltgeschichte. Und daß gerade er es sein wird, der im entscheidenden Augenblicke den einstigen Freund verrät und rücklings zu Boden reißt.

Kurz nach der Abreise Robespierres zur Versammlung der Generalstände, die alle Grundfesten Frankreichs erschüttern wird, machen auch die Oratorianer zu Arras ihre kleine Revolution. Die Politik ist bis in die Refektorien gedrungen, und der kluge Witterer jedes Windes, Joseph Fouché, füllt damit seine Segel. Auf seinen Vorschlag wird eine Deputation in die Nationalversammlung geschickt, um die Sympathieen der Priester mit dem dritten Stand zu bekunden. Aber eine Stunde zu früh hat diesmal der sonst so Vorsichtige losgeschlagen. Seine Vorgesetzten schicken ihn strafweise, aber ohne Kraft zu einer wirklichen Strafe, in die Schwesteranstalt nach Nantes, an die gleiche Stelle, wo der Knabe die Anfangsgründe der Wissenschaft und Menschenkunst gelernt hat. Nun aber ist er erfahren und ausgereift, nun lockt es ihn nicht mehr, halbwüchsigen Jungen das Einmaleins, Geometrie und Physik zu lehren. Der Witterer des Windes hat gespürt, daß ein sozialer Sturm über dem

Lande steht, daß Politik die Welt beherrscht: also hinein in die Politik! Mit einem Ruck wirft er die Soutane ab, läßt die Tonsur überwachsen und hält statt unreifen Knaben nun den wackern Bürgern von Nantes politische Vorträge. Ein Klub wird gegründet – immer beginnt ja die Karriere der Politiker auf einer solchen Probebühne der Beredsamkeit –, ein paar Wochen nur braucht es, und schon ist Fouché Präsident der „Amis de la Constitution" in Nantes. Er rühmt den Fortschritt, aber sehr vorsichtig, sehr liberalistisch, denn das politische Barometer der biedern Kaufmannstadt steht auf gemäßigt, man mag keinen Radikalismus in Nantes, wo man für seinen Kredit fürchtet und vor allem gute Geschäfte machen will. Man mag dort auch, weil man von den Kolonieen fette Pfründen bezieht, keine so phantastischen Projekte wie die Sklavenbefreiung: deshalb verfaßt Joseph Fouché sofort ein pathetisches Dokument an die Konvention gegen die Aufhebung des Sklavenhandels, das ihm zwar einen groben Rüffel von Brissot einträgt, sein Ansehen aber im engeren Bürgerkreise nicht mindert. Um seine politische Stellung im Bürgerklüngel (den zukünftigen Wählern!) rechtzeitig zu festigen, heiratet er eilig die Tochter eines vermögenden Kaufmanns, ein häßliches, aber wohlbegütertes Mädchen, denn er will rasch und ganz Bürger sein in einer Zeit, wo – er fühlt es schon – der dritte Stand bald der oberste, der herrschende sein wird. All das sind schon Vorbereitungen für das eigentliche Ziel. Kaum wird die Wahl für den Konvent ausgeschrieben, da präsentiert sich der ehemalige Priesterlehrer als Kandidat. Und was tut jeder Kandidat? Er verspricht zunächst seinen guten Wählern alles, was sie nur hören wollen. So schwört Fouché, den Handel zu schützen, das Eigentum zu verteidigen, die Gesetze zu respektieren; er wettert (denn der Wind bläst in Nantes mehr von rechts als von links) bei weitem wortreicher gegen die Unordnungmacher als gegen das alte Regime. Tatsächlich wird er Anno 1792 zum Deputierten des Konvents gewählt, und die dreifarbige Kokarde des Deputierten ersetzt nun für lange die verborgen und still getragene Tonsur.

Joseph Fouché ist zur Zeit seiner Wahl zweiunddreißig Jahre alt. Kein schöner Mann, durchaus nicht. Hagerer, fast gespenstig dürrer Leib, ein schmalknochiges Gesicht mit eckigen Linien, häßlich und unangenehm. Scharf die Nase, scharf und eng auch der immer verschlossene Mund, fischhaft kalt die Augen unter schweren, fast schläfrigen Lidern, die Pupillen katzengrau wie kugeliges Glas. Alles in diesem Gesicht, alles an diesem Manne ist gleichsam dünn mit Lebensstoff dosiert: er sieht aus wie ein Mensch bei Gaslicht, fahl und grünlich. Kein Glanz in den Augen, keine Sinnlichkeit in den Bewegungen, kein Stahl in der Stimme. Dünn und strähnig das Haar, rötlich und kaum sichtbar die Augenbrauen, graufahl die Wangen. Es ist, als wäre nicht genug Farbstoff da, dieses Gesicht ins Gesunde zu tönen: immer wirkt dieser zähe, unerhört arbeitskräftige Mensch wie ein Müder, wie ein Kranker, wie ein Rekonvaleszent. Jeder, der ihn sieht, hat den Eindruck: dieser Mensch hat kein heißes, rotes, rollendes Blut. Und in der Tat: auch seelisch gehört er zur Rasse der Kaltblütler. Er kennt keine groben, mitreißenden Leidenschaften, ist nicht zu Frauen getrieben und nicht zum Spiel, er trinkt keinen Wein, er freut sich nicht an der Verschwendung, er läßt seine Muskeln nicht spielen, er lebt nur in Zimmern zwischen Akten und Papieren. Nie gerät er in sichtbaren Zorn, nie bebt ein Nerv in seinem Gesicht. Nur zu einem kleinen Lächeln, bald höflich und bald höhnisch, kräuseln sich diese scharfen, blutleeren Lippen, nie erkennt man unter dieser lehmgrauen, scheinbar schlaffen Maske eine wirkliche Spannung, nie verrät unter den rotgeränderten schweren Lidern das Auge seine Absicht oder eine Bewegung seine Gedanken. Diese unerschütterliche Kaltblütigkeit ist auch Fouchés eigentliche Kraft. Die Nerven beherrschen ihn nicht, die Sinne verführen ihn nicht, alle seine Leidenschaft lädt und entspannt sich hinter der undurchdringlichen Wand seiner Stirn.

Er läßt seine Kräfte spielen und lauert dabei wach auf die Fehler der andern; er läßt die Leidenschaft der andern sich verbrauchen und wartet geduldig, bis sie sich verbraucht haben oder in ihrer Unbeherrschtheit eine Blöße geben: dann erst stößt er unerbittlich zu. Furchtbar ist diese Überlegenheit seiner nervenlosen Geduld: wer so warten kann und so sich verbergen, der kann auch den Geübtesten täuschen. Ruhig wird Fouché dienen, er wird, ohne mit der Wimper zu zucken, die gröbsten Beleidigungen, die schmachvollsten Erniedrigungen kühl lächelnd einstecken, keine Drohung, keine Wut wird diesen Fischblütigen erschüttern. Robespierre und Napoleon, beide zerschellen sie an dieser steinernen Ruhe wie Wasser am Fels: drei Generationen, ein ganzes Geschlecht stürmt und verebbt in Leidenschaft, indes er kalt und stolz beharrt, der einzige Leidenschaftslose. Diese Kälte also des Blutes bedeutet Fouchés eigentliches Genie. Sein Körper hemmt ihn nicht und reißt ihn nicht mit, er ist gleichsam nicht dabei in all diesen verwegenen Geistspielen. Sein Blut, seine Sinne, seine Seele, all diese verwirrenden Gefühlselemente eines wirklichen Menschen tun nie wirklich mit bei diesem heimlichen Hasardeur, dessen ganze Leidenschaft hinaufgeschoben ist ins Gehirn. Denn dieser trockene Schreibstubenmensch liebt lasterhaft das Abenteuer, und seine Passion ist die Intrige. Aber nur vom Geist aus kann er sie erschöpfen und genießen, und nichts verbirgt seine unheimliche Freude an der Wirrnis, an der Zettelei genialer und besser als der nüchterne Habitus des pflichttreuen, biederen Beamten, als den er sich sein Leben lang maskiert. Von einem Zimmer aus die Fäden zu spinnen, hinter Akten und Registern verschanzt, mörderisch zuzustoßen, unerwartet und unbemerkt, das ist seine Taktik. Man muß tief in die Geschichte blicken, um im Feuerschein der Revolution, im legendarischen Licht Napoleons überhaupt seine Gegenwart zu bemerken, die anscheinend bescheidene und subalterne, in Wahrheit aber allgeschäftige und zeitgestaltende. Ein Leben lang geht er im Schatten, aber über drei Generationen hinweg, und Patroklus ist längst gefallen, Hektor und Achill, indes Odysseus lebt, der Listenreiche. Sein Talent überspielt das Genie, seine Kaltblütigkeit überdauert alle Leidenschaft.

Am Morgen des 21. September hält der neugewählte Konvent seinen Einzug in den Saal. Nicht mehr so feierlich, so pompös ist die Begrüßung wie bei der ersten Gesetzgebenden Versammlung vor drei Jahren. Damals stand noch in der Mitte ein kostbarer Damastfauteuil, mit weißen Lilien bestickt, der Platz des Königs. Und als er eintrat, jubelte, respektvoll erhoben, die ganze Versammlung dem Gesalbten zu. Jetzt aber sind seine Zwingburgen, die Bastille und die Tuilerien lahmgelegt, es gibt keinen König mehr in Frankreich; nur ein dicker Herr, Ludwig Capet genannt von seinen groben Gefängniswärtern und Richtern, langweilt sich als machtloser Bürger im Temple und erwartet sein Urteil. Statt seiner herrschen jetzt die Siebenhundertfünfzig im Land, und sie haben sich niedergelassen in seinem eigenen Hause. Hinter dem Präsidententisch erhebt sich in Riesenlettern die neue Mosestafel der Gesetze, der Wortlaut der Konstitution, und die Saalwände schmückt – gefährliches Symbol! – das Bündel der Liktoren und das mörderische Beil.

Auf den Galerieen sammelt sich das Volk und betrachtet neugierig seine Repräsentanten. Siebenhundertfünfzig Konventsmitglieder ziehen langsamen Schrittes ein in das königliche Haus, seltsame Mischung aller Stände und Berufe: stellenlose Advokaten neben illustren Philosophen, entlaufene Priester neben verdienten Militärs, gescheiterte Abenteurer neben berühmten Mathematikern und galanten Dichtern; wie in einem gewaltsam geschüttelten Glas ist in Frankreich durch die Revolution das Unterste zuoberst gekommen. Nun ist es Zeit, das Chaos zu klären.

Schon die Sitzordnung deutet einen ersten Versuch zur Ordnung an. In dem amphitheatralischen Saal, der so eng ist, daß Stirn an Stirn, Atem an Atem feindselige Rede widereinander fährt, sitzen unten in der Tiefe die Ruhigen, die Geklärten, die Vorsichtigen, der „Marais", der Sumpf, wie man die bei allen

Entscheidungen Leidenschaftslosen höhnisch nennt. Die Stürmer, die Ungeduldigen, die Radikalen nehmen oben auf den höchsten Bänken Platz, am „Berge“, der mit seinen letzten Sitzreihen die Galerieen schon berührt, gleichsam symbolisch damit andeutend, daß sie die Masse, daß sie das Volk, das Proletariat im Rücken haben.

Diese beiden Mächte halten sich die Wage. Zwischen ihnen schwankt in Ebbe und Flut die Revolution. Für die Bürgerlichen, für die Gemäßigten ist die Republik bereits vollendet mit der eroberten Verfassung, mit der Erledigung des Königs und des Adels, mit dem Übergang der Rechte an den dritten Stand: sie möchten nun die Strömung, die von unten aufgewühlte, am liebsten wieder eindämmen und zurückhalten, nur noch das Gesicherte verteidigen. Condorcet, Roland, die Girondisten sind ihre Führer, Vertreter der Geistigkeit und des Mittelstandes. Jene vom Berge aber wollen die gewaltige revolutionäre Woge noch weitertreiben, bis sie alles mit sich reißt, was an Bestehendem, an Rückständigkeiten noch übrigblieb; sie wollen, Marat, Danton, Robespierre als Führer des Proletariats, „la revolution integrale“, die restlose, die radikale Revolution bis zum Atheismus und Kommunismus. Sie wollen nach dem König noch die andern alten Mächte des Staates zu Boden werfen, das Geld und Gott. Unruhig schwankt zwischen beiden Parteien die Wage. Siegen die Girondisten, die Gemäßigten, so wird die Revolution allmählich versanden in eine erst liberale, dann konservative Reaktion. Siegen die Radikalen, so treiben sie in alle Tiefen und Wirbelstürme der Anarchie. So täuscht der feierliche Einklang der ersten Stunde keinen der Anwesenden in dem schicksalhaften Saal, jeder weiß, daß hier bald ein Kampf beginnen wird um Leben und Tod, um Geist und Gewalt. Und die Stelle, an der ein Abgeordneter Platz nimmt, ob unten in der Ebene oder oben am Berge, sagt schon im voraus seine Entscheidung.

Mit den Siebenhundertfünfzig, die den Saal des entthronten Königs feierlich beschreiten, tritt auch, die dreifarbige Binde des Volksbeauftragten quer über der Brust, Joseph Fouché, der Deputierte von Nantes, schweigend ein. Schon ist die Tonsur überwachsen, längst das Kleid des Priesters abgetan: er trägt, wie sie alle, schmucklose Bürgertracht.

Wo wird er Platz nehmen, Joseph Fouché? Bei den Radikalen am Berge oder bei den Gemäßigten in der Tiefe? Joseph Fouché zögert nicht lange. Er kennt nur eine Partei, der er treu war und treu bleibt bis ans Ende: die stärkere, die Majorität. So wägt und zählt er auch diesmal innerlich die Stimmen und sieht: zur Stunde steht die Macht noch bei den Girondisten, bei den Gemäßigten.

Also setzt er sich hin auf ihre Bänke, zu Condorcet, zu Roland, zu Servan, zu den Männern, die die Ministerien in der Hand halten, die alle Ernennungen beeinflussen und die Pfründen verteilen. Dort in ihrer Mitte fühlt er sich sicher, dort setzt er sich hin. Aber wie er die Augen zufällig nach oben hebt, wo die Gegner, die Radikalen, ihre Stellungen bezogen haben, begegnet er einem strengen, abweisenden Blick. Sein Freund, Maximilian Robespierre, der Advokat von Arras, hat dort seine Kämpfer um sich versammelt, und durch das gehobene Lorgnon sieht der Unbarmherzige, der, eitel auf seinen eigenen Starrsinn, keinem andern Schwanken oder Schwäche verzeiht, kalt und höhnisch auf den Opportunisten herab. In diesem Augenblick ist das Letzte ihrer Freundschaft zu Ende. Von nun ab spürt, bei jeder Geste und jeder Handlung, Fouché im Rücken diesen unbarmherzig prüfenden, streng beobachtenden Blick des ewigen Anklägers, des unerbittlichen Puritaners und weiß: er muß vorsichtig sein.

Vorsichtig: Kaum einer ist es mehr als er. In den Sitzungsberichten der ersten Monate vermißt man vollkommen den Namen Joseph Fouchés. Indes alle ungestüm und eitel zur Rednertribüne sich drängen, Vorschläge machen, Tiraden halten, einander anklagen und befeinden, betritt der Deputierte von Nantes niemals das erhobene Pult. Schwäche der Stimme, so entschuldigt er sich bei seinen Freunden und Wählern, behindern ihn an der öffentlichen Rede. Und da alle die andern gierig und ungeduldig sich das Wort vom Munde reißen, fällt das Schweigen dieses scheinbar Bescheidenen nur sympathisch auf.

Aber in Wahrheit ist seine Bescheidenheit Berechnung. Der Exphysiker kalkuliert erst das Parallelogramm der Kräfte, er beobachtet, er zögert mit seiner Stellungnahme, weil er die Wage noch ständig schwanken sieht. Vorsichtig spart er sein entscheidendes Votum erst für den Augenblick, da sie sich endgültig auf die eine oder andere Seite zu senken beginnt. Nur nicht zu früh sich verbrauchen, nur nicht vorzeitig sich festlegen, nur sich nicht binden für immer! Denn noch ist es nicht entschieden, ob die Revolution fortschreiten wird oder zurückebben: als rechter Seemannssohn wartet er, um auf den Rücken der Welle zu springen, erst auf den rechten Wind und hält sein Fahrzeug im Hafen.

Und dann: schon von Arras her, noch hinter Klostermauern hat er beobachtet, wie rasch in einer Revolution die Popularität sich verbraucht, wie rasch der Volksruf vom „Hosianna“ in das „Crucifige“ überschlägt. Alle, oder fast alle, die während der Epoche der Generalstände und der Gesetzgebenden Versammlung in den Vordergrund getreten waren, sind heute vergessen oder verhaßt. Mirabeaus Leichnam, gestern noch im Pantheon, ist heute schmählich daraus entfernt worden; Lafayette, vor wenigen Wochen noch im Triumph als Vater des Vaterlandes gefeiert, heute schon Verräter; Custine, Petion, vor wenigen Wochen noch umjubelt, schleichen sich bereits ängstlich in den Schatten der Öffentlichkeit hinein. Nein, nur nicht zu früh ans Licht, nur nicht zu rasch sich festlegen, erst die andern sich abnutzen, sich verbrauchen lassen! Eine Revolution, er weiß es, der Früherfahrene, gehört niemals dem Ersten, der sie beginnt, sondern immer dem Letzten, der sie endet und wie eine Beute an sich reißt.

So duckt sich der Kluge absichtsvoll ins Dunkel. Er nähert sich den Mächtigen, aber er vermeidet jede öffentliche, jede sichtbare Macht. Statt auf der Tribüne, in den Zeitungen zu lärmen, läßt er sich lieber in die Ausschüsse und Kommissionen wählen, wo man Einsicht in die Verhältnisse, Einfluß auf die Geschehnisse im Schatten gewinnt, ohne kontrolliert und gehaßt zu werden. Und tatsächlich, seine zähe, seine rapide Arbeitskraft macht ihn beliebt, seine Unsichtbarkeit schützt ihn vor jedem Neid. Aus seinem Arbeitszimmer kann er unbehelligt abwartend zusehen, wie die Tiger vom Berge und die Panther der Gironde sich gegenseitig zerfleischen, wie die großen Leidenschaftlichen, wie die überragenden Gestalten eines Vergniaud, Condorcet, Desmoulins, Danton, Marat und Robespierre einander tödlich verwunden. Er sieht zu und wartet, denn er weiß: erst wenn die Leidenschaftlichen sich gegenseitig vernichtet haben, beginnt die Zeit für die Abwartenden und für die Klugen. Immer erst, wenn eine Schlacht entschieden ist, wird sich Fouche endgültig entscheiden.

Dieses Im-Dunkel-Stehen ist Joseph Fouches Haltung ein Leben lang: Niemals sichtbarer Träger der Macht zu sein und doch sie gänzlich zu halten, alle Fäden zu ziehen und niemals als verantwortlich zu gelten. Immer sich hinter einen Ersten stellen, sich hinter ihm zu verschanzen, ihn vorwärts zu treiben und, sobald er zu weit sich vorgewagt, im entscheidenden Augenblick ihn glatt zu verleugnen, das bleibt seine liebste Rolle. Er spielt sie, der vollendetste Intrigant der politischen Bühne, in zwanzig Verkleidungen, in zahllosen Episoden, unter Republikanern, Königen und Kaisern mit gleicher Virtuosität.

Manchmal tritt die Gelegenheit und damit die Versuchung an ihn heran, selbst die Hauptrolle, die Titelrolle im Weltspiel zu übernehmen. Aber er ist zu klug, sie ernstlich zu begehren. Er weiß um sein häßliches, abstoßendes Gesicht, das sich durchaus nicht eignen will für Medaillen und Embleme, für

Prunk und Popularität, und dem kein Lorbeerkranz um die Stirne etwas Heldisches zu geben vermöchte. Er weiß um seine dünne gebrechliche Stimme, die gut flüstern, einblasen und verdächtigen, niemals aber eine Masse in feuriger Beredsamkeit mitreißen kann. Er weiß sich am stärksten am Schreibtisch, im verschlossenen Zimmer, im Schatten. Dort kann er gut spähen und forschen, beobachten und bereden, Fäden ziehen und sie wieder verwirren und selber undurchdringlich und unfaßbar bleiben.

Das ist das letzte Machtgeheimnis Joseph Fouchés, daß er zwar immer die Macht will, ja sogar das Höchste an Macht, daß ihm aber, im Gegensatz zu den meisten, das Bewußtsein der Macht selbst genügt: er braucht nicht ihre Abzeichen und ihr Gewand. Fouché ist ehrgeizig im höchsten, im allerhöchsten Maße, aber nicht ruhmsüchtig; er ist ambitioniert, ohne eitel zu sein. Als echter und rechter Geistspieler liebt er nur die Spannungswerte des Herrschertums, nicht seine Insignien. Den Liktorenstab, das Königszepter, die Kaiserkrone mag beruhigt ein anderer tragen, ob stark oder Strohmann, das ist ihm gleichgültig, er gönnt ihm gern den Glanz und das zweifelhafte Glück der Volksbeliebtheit. Ihm genügt es, in die Dinge Einblick zu haben, auf die Menschen Einfluß, den scheinbaren Führer der Welt wirklich zu führen und, ohne seine Person einzusetzen, das aufregendste aller Spiele zu spielen, das ungeheure politische Spiel. Während derart die andern sich binden an ihre Überzeugungen, an ihre öffentlichen Worte und Gesten, bleibt er, der Lichtscheue und Verborgene, innerlich frei und wird so der beharrende Pol in der Erscheinungen Flucht. Die Girondisten stürzen, Fouché bleibt, die Jakobiner werden verjagt, Fouché bleibt, das Direktorium, das Konsulat, das Kaiserreich, das Königtum und wieder das Kaiserreich schwinden und gehen zugrunde: immer aber bleibt er zurück, der eine, Fouché, dank seiner raffinierten Zurückhaltung und dank seinem verwegenen Mut zur restlosen Charakterlosigkeit, zur unentwegten Überzeugungslosigkeit.

Aber ein Tag kommt im Weltengang der Revolution, ein einziger, der kein Schwanken duldet, ein Tag, da jeder mit ja oder nein, mit grad oder ungrad sein Votum abgeben muß, der 16. Januar 1793. Der Uhrzeiger der Revolution steht auf Mittag, der halbe Weg ist vollbracht, dem Königtum Zoll um Zoll seiner Macht entwunden. Aber noch lebt der König Ludwig XVI., zwar Gefangener im Temple, aber er lebt. Weder ist es gelungen (wie die Gemäßigten hofften), ihn flüchten zu lassen, noch ist es gelungen (wie die Radikalen heimlich wünschten), ihn bei jenem Palaststurm durch die Volkswut umkommen zu lassen. Man hat ihn erniedrigt, ihm die Freiheit genommen, seinen Namen und Rang; aber noch durch seinen bloßen Atem, durch sein ererbtes Blut ist ein König, ein Enkel Ludwigs des Vierzehnten, auch wenn man ihn jetzt nur noch verächtlich Louis Capet nennt, noch immer Gefahr für eine junge Republik. So stellt nach der Verurteilung der Konvent am 15. Januar die Frage nach der Bestrafung, die Frage: Leben oder Tod. Vergebens haben die Unentschiedenen, die Feigen, die Vorsichtigen, haben die Leute vom Schlage Joseph Fouchés gehofft, sie könnten einer öffentlichen und bindenden Stellungnahme durch geheime Stimmabgabe entweichen: aber unbarmherzig besteht Robespierre darauf, daß jeder Repräsentant der französischen Nation sein Ja oder Nein, sein Leben oder Tod inmitten der Versammlung ausspreche, damit von jedem das Volk und die Nachwelt wisse, wohin er gehört, ob zur Rechten oder zur Linken, ob zur Ebbe oder zur Flut der Revolution. Fouchés Einstellung ist noch am 15. Januar völlig klar. Die Zugehörigkeit zu den Girondisten, der Wunsch seiner durchaus gemäßigten Wähler verpflichtet ihn, für den König Gnade zu fordern. Er fragt seine Freunde, Condorcetvor allem, und sieht, daß sie einhellig geneigt sind, einer so unwiderruflichen Maßregel, wie der Hinrichtung des Königs, auszuweichen. Und da die Majorität grundsätzlich gegen das Todesurteil steht, tritt Fouché selbstverständlich auf ihre Seite: noch am Abend zuvor, am 15. Januar, liest er einem Freunde die Rede vor, die er bei diesem Anlaß halten und mit der er seinen Wunsch nach Gnade begründen will. Wenn man sich auf die Bänke der Gemäßigten gesetzt hat, ist man zu Mäßigung verpflichtet, und da die Majorität sich gegen jeden Radikalismus wehrt, verabscheut ihn auch der von Überzeugungen nicht belastete Joseph Fouché.

Aber zwischen jenem Abend des 15. Januar und dem Morgen des 16. liegt eine unruhige und bewegte Nacht. Die Radikalen sind nicht müßig gewesen, sie haben die mächtige Maschine der Volksrevolte, die sie so vorzüglich zu meistern wissen, in Bewegung gesetzt. In den Vorstädten donnert die Lärmkanone, die Sektionen trommeln breite Massen herbei, alle die ungeordneten Bataillone des Aufruhrs, die immer von den unsichtbar bleibenden Terroristen herangeholt werden, um politische Entscheidungen gewaltsam zu erzwingen, und die ein Fingerdruck des Braumeisters Santerre innerhalb weniger Stunden in Bewegung setzt. Man kennt sie, diese Bataillone der Vorstadtagitatoren, der Fischweiber und Abenteurer, von der glorreichen Erstürmung der Bastille her, man kennt sie von der erbärmlichen Stunde der Septembermorde. Immer wenn es gilt, den Damm des Gesetzes zu durchbrechen, wird diese riesige Volkswoge gewaltsam aufgewühlt, und immer reißt sie alles unwiderstehlich mit sich fort, zuletzt diejenigen, die sie aus ihrer eigenen Tiefe hervorgeholt. Gedrängte Massen umlagern mittags schon die Reitschule und die Tuilerien, Männer in Hemdärmeln, nackt die Brust, drohend die Piken zur Hand, höhnende, schreiende Weiber mit brennendroten Carmagnolen, Bürgergardisten und Straßenvolk. Zwischen ihnen vervielfältigen sich die Anstifter des Aufruhrs: Fourier, der Amerikaner, Guzmann, der Spanier, Theroigne de Mericour, diese hysterische Karikatur einer Jeanne d'Arc. Kommen Abgeordnete vorbei, die verdächtig sind, für Milde zu stimmen, so schüttet sich wie aus Schmutzkübeln eine Flut Schimpfwörter über sie hin, Fäuste werden gehoben, Drohungen geschleudert gegen die Volksvertreter: mit allen Mitteln des Terrors und der brutalen Gewalt arbeiten die Einschüchterer, um den Kopf des Königs unter das Beil zu bekommen. Und diese Einschüchterung wirkt auf alle schwachen Seelen. Scheu sitzen die Girondisten im Flackerlicht der Kerzen an diesem grauen, frühen Winterabend beisammen. Die gestern noch entschlossen waren, gegen den Tod des Königs zu stimmen, um den Krieg bis aufs Messer mit ganz Europa zu vermeiden, sie sind größtenteils unter dem ungeheuren Druck des Volksaufruhrs unruhig und uneinig geworden. Endlich, es ist schon spät abends, erfolgt der Namensaufruf, und einer der ersten trifft ironischerweise gerade den Führer der Girondisten, Vergniaud, den sonst so südländischen Redner, dessen Stimme immer wie ein Hammer auf das schwingende Holz der Wände schmettert. Jetzt aber fürchtet er, als Führer der Republik nicht mehr genug republikanisch zu erscheinen, wenn er dem König das Leben läßt. So tritt er, der sonst Wilde und Stürmische, langsam, schwer, das große Haupt beschämt niedergesenkt, auf die Tribüne und sagt leise „La mort", der Tod.

Das Wort tönt wie eine Stimmgabel durch den Saal. Der erste der Girondisten hat versagt. Die meisten andern bleiben fest, dreihundert unter siebenhundert Stimmen sind für Gnade, obwohl sie wissen, daß jetzt eine politische Mäßigung tausendmal mehr Kühnheit erfordert als scheinbare Entschlossenheit. Lange schwankt die Wage: ein paar Stimmen können entscheiden. Endlich wird der Deputierte Joseph Fouché de Nantes vorgerufen, derselbe, der noch gestern zuverlässig den Freunden versicherte, er werde mit hinreißender Rede das Leben des Königs verteidigen, der vor zehn Stunden noch den Entschlossensten aller Entschlossenen gespielt. Aber inzwischen hat der ehemalige Mathematiklehrer, der gute Rechner Fouché die Stimmen gezählt und gesehen, daß er damit zur falschen Partei käme, zur einzigen, zu der er sich nie bekennen wird: zur Minorität. So steigt er mit seinen lautlosen Schritten hastig die Tribüne empor, und von seinen blassen Lippen flüchten leise die beiden Worte „La mort", der Tod.

Der Herzog von Otranto wird später hunderttausend Worte sprechen und schreiben, um diese beiden Worte, die ihn, Joseph Fouché, zum „Régicide", zum Königsmörder stempeln, als Irrtum zu entschuldigen. Aber diese beiden Worte sind öffentlich gesagt und vermerkt im „Moniteur", sie sind nicht auszustreichen aus der Geschichte und denkwürdig auch in der persönlichen Geschichte seines Lebens. Denn sie sind Joseph Fouchés erster öffentlicher Umfall. Er ist Condorcet und Daunou, seinen Freunden, heimtückisch in den Rücken gefallen, er hat sie genarrt und betrogen. Aber sie brauchen sich dessen vor der Geschichte nicht zu schämen, denn noch andere, noch Stärkere, Robespierre und Carnot, Lafayette, Barras und Napoleon, die Mächtigsten ihrer Zeit, werden dieses Schicksal teilen und gleichfalls in der Stunde der Ungunst von ihm überspielt werden.

In dieser Minute aber enthüllt sich zum erstenmal in Joseph Fouchés Charakter auch noch ein anderer und sehr ausgeprägter Wesenszug: seine Frechstirnigkeit. Wenn er verräterisch eine Partei verläßt, so geschieht dies niemals langsam und vorsichtig, er schlängelt sich nicht drückerisch heimlich aus Reih und Glied. Sondern am hellichten Tag, kalt lächelnd, mit einer verblüffenden und niederschmetternden Selbstverständlichkeit geht er geradeswegs zum bisherigen Gegner über und übernimmt all dessen Worte und Argumente. Was die einstigen Parteifreunde von ihm meinen und reden, was die Menge, die Öffentlichkeit denkt, läßt ihn vollständig kalt. Wichtig bleibt ihm nur eins, immer beim Sieger, niemals bei den Besiegten zu sein. In der Blitzartigkeit dieser Umkehr, im maßlosen Zynismus seiner Charakterumstellung bewährt er ein Maß Frechheit, das unwillkürlich betäubt und zur Bewunderung zwingt. Ihm genügen vierundzwanzig Stunden, oft nur eine Stunde, oft nur eine Minute, um blank die Fahne seiner Überzeugung wegzuwerfen und eine andere rauschend zu entrollen. Er geht nicht mit einer Idee, sondern geht mit der Zeit, und je rascher sie rennt, desto geschwinder wird er ihr nachlaufen. Er weiß, seine Wähler zu Nantes werden empört sein, wenn sie morgen im „Moniteur" sein Votum lesen. So gilt es, sie zu überrennen, statt zu überzeugen. Und mit jener blitzhaften Kühnheit, mit jener Frechstirnigkeit, die in solchen Sekunden ihm beinahe einen Schein von Größe gibt, wartet er diese Empörung gar nicht ab, sondern kommt dem Angriff durch eine Attacke zuvor. Einen Tag schon nach der Abstimmung läßt Fouché ein Manifest drucken, in dem er donnernd als innerste Überzeugung proklamiert, was in Wahrheit ihm die Furcht vor parlamentarischer Mißgunst eingegeben: er will seinen Wählern nicht Zeit lassen, zu denken und nachzurechnen, sondern mit rasch zustoßender Brutalität sie terrorisieren und einschüchtern.

Marat und die hitzigsten Jakobiner können nicht blutrünstiger schreiben, als dieser gestern noch Gemäßigte an seine bravbürgerlichen Wähler: „Die Verbrechen des Tyrannen sind sichtbar geworden und haben alle Herzen mit Empörung erfüllt. Wenn sein Kopf nicht sofort unter dem Schwerte fällt, dürfen alle Räuber und Mörder erhobenen Hauptes dahingehen, und das furchtbarste Chaos würde uns bedrohen. Die Zeit ist für uns und gegen alle Könige der Erde." So proklamiert derselbe die Hinrichtung als unumgängliche Notwendigkeit, der am Tag zuvor noch ein wahrscheinlich ebenso überzeugtes Manifest gegen die Hinrichtung in der Rocktasche bereit hielt.

Und tatsächlich, der kluge Rechner hat richtig kalkuliert. Selber Opportunist, kennt er die unwiderstehliche Fallkraft der Feigheit; er weiß, daß in allen politischen Massenaugenblicken Kühnheit der entscheidende Nenner aller Berechnung ist. Er behält recht: die braven konservativen Bürger ducken sich ängstlich vor diesem frechen, unvermuteten Manifest; verwirrt und verlegen beeilen sie sich, ihre Zustimmung zu einer Entscheidung zu geben, der sie innerlich auch nicht im entferntesten zustimmen. Keiner wagt zu widersprechen. Und seit jenem Tage hat Joseph Fouché den harten und kalten Hebel in der Hand, mit dem er die schwersten Krisen bewältigt: die Verachtung der Menschen.

Von diesem Tage an, vom 16. Januar, wählt (bis auf weiteres) das Charakterchamäleon Joseph Fouché die rote Farbe, der Gemäßigte wird über Nacht Erzradikaler und Ultraterrorist. Mit einem Sprung ist er hinüber zu seinen Gegnern, und innerhalb der einstigen Gegner reiht er sich sofort auf den äußersten, den linksten, den radikalsten Flügel. Mit einer unheimlichen Geschwindigkeit redet sich dieser kalte Geist, dieser nüchterne Schreibstubenmensch, um nur ja hinter den andern nicht zurückzubleiben, in den blutrünstigen Jargon der Terroristen hinein. Er stellt scharfe Anträge gegen die Emigrierten, gegen die Priester; er hetzt, er donnert, er tobt, er massakriert mit Worten und Gesten. Eigentlich könnte er jetzt wieder Freundschaft schließen mit Robespierre und sich an dessen Seite setzen. Aber dieser unbestechliche, dieser protestantisch harte Gewissensmensch liebt die Renegaten nicht; doppelt mißtrauisch wendet er sich von dem Überläufer ab, dessen lärmender Radikalismus ihm noch verdächtiger erscheint als seine frühere Lauheit.

Fouché spürt mit seinem geschärften atmosphärischen Sinn die Gefahr solcher Überwachung, er sieht kritische Tage heranziehen. Noch hängt ein Gewitter über der Versammlung, schon zeichnen sich die tragischen Kämpfe zwischen den Führern der Revolution, zwischen Danton und Robespierre, zwischen Hébert und Desmoulins am politischen Horizonte ab; man müßte sich innerhalb des Radikalismus abermals entscheiden, und Fouché liebt nicht, sich festzulegen, ehe das Bekenntnis gefahrlos und einträglich wird. Er weiß, daß es Situationen in schicksalshaften Zeiten gibt, die ein Diplomat am klügsten bemeistert, indem er ihnen ausweicht. So zieht er es vor, die politische Arena des Konvents während des Kampfes zu verlassen und sie erst wieder zu betreten, wenn das Ringen entschieden ist. Für solchen Rückzug gibt es jetzt glücklicherweise einen ehrenvollen Vorwand, denn der Konvent wählt zweihundert Delegierte aus seiner Mitte, damit sie in den Landbezirken die Ordnung aufrecht erhalten. Fouché, der sich in der vulkanischen Atmosphäre des Sitzungssaales nicht wohl fühlt, bemüht sich sofort darum, weggeschickt zu werden, und er wird gewählt. Eine Atempause ist ihm gegönnt. Mögen sie inzwischen miteinander kämpfen und einer den anderen erledigen, mögen sie Raum schaffen, die Leidenschaftlichen, für den Ehrgeizigen! Nur jetzt nicht dabei sein, nicht Partei ergreifen zwischen den Parteien! Ein paar Monate, ein paar Wochen sind viel für jene Zeit, da die Weltuhr rasend rennt. Wird er wiederkehren, so ist die Entscheidung schon gefallen, und er kann dann geruhig und gefahrlos an die Seite des Siegers treten, zu seiner ewigen Partei: zur Majorität.

Die Geschichte der Provinz wird im allgemeinen wenig beachtet in der Französischen Revolution. Alle Darstellungen starren gleichsam auf das Zifferblatt von Paris, wo einzig der Gang der Stunde sichtbar wird. Aber das Pendelgewicht, das ihren Gang regelt, ruht im Lande und bei den Armeen. Paris ist nur das Wort, die Initiative, der Antrieb, – das riesige Land aber die Tat und die entscheidend fortwirkende Kraft. Rechtzeitig hat der Konvent erkannt, daß das Tempo der Revolution in der Stadt und jenes auf dem Lande nicht recht zusammenstimmen: die Menschen im Dorfe, in den Weilern und Gebirgen denken nicht so schnell wie die der Hauptstadt, sie saugen viel langsamer und vorsichtiger die Ideen in sich auf und verarbeiten sie in ihrem eigenen Sinn. Was im Konvent in einer Stunde Gesetz wird, sickert nur langsam und tropfenweise hinein in das flache Land, meist schon verfälscht und verwässert von den royalistischen Provinzbeamten und der Geistlichkeit, den Menschen der alten Ordnung. Immer sind darum die Landbezirke um eine Weltstunde hinter Paris zurück. Herrschen im Konvent die Girondisten, so wählt das Land noch königstreu; triumphieren die Jakobiner, so nähert sich das Land erst geistig der Gironde. Vergebens dagegen alle pathetischen Dekrete, denn nur langsam und zaghaft bricht damals das gedruckte Wort sich Bahn bis in die Auvergne und die Vendee.

So beschließt der Konvent, das lebende Wort in tätiger Gestalt in die Provinz zu schicken, um den Rhythmus der Revolution in ganz Frankreich zu beleben, dem zögernden und beinahe gegenrevolutionären Tempo der Landbezirke Schach zu bieten. Er wählt aus seiner eigenen Mitte zweihundert Abgeordnete, die seinen Willen vertreten sollen, und gibt ihnen fast unbeschränkte Gewalt. Wer die dreifarbige Schärpe und den roten Federhut trägt, hat diktatorische Rechte. Er kann Steuern einheben, Urteile fällen, Rekruten fordern, Generale absetzen: keine Behörde darf sich ihm widersetzen, der in seiner geheiligten Person symbolisch den Willen des ganzen Nationalkonvents darstellt. Seine Macht ist unbegrenzt wie einst die der Prokonsuln Roms, die in alle unterjochten Länder den Willen des Senats brachten; jeder ein Diktator, ein selbstherrlicher Gebieter, gegen dessen Entscheidung kein Appell gilt und keine Beschwerde.

Ungeheuer ist die Macht dieser erlesenen Gesandten, aber ungeheuer auch ihre Verantwortung. Innerhalb ihres zugeteilten Reiches scheinen sie jeder ein König, ein Kaiser, ein unbeschränkter Autokrat. Aber hinter eines jeden Nacken glitzert die Guillotine, denn der Wohlfahrtsausschuß überwacht jede Beschwerde und fordert von jedem über seine Geldgebarung unbarmherzig genaue Rechenschaft. Wer nicht hart genug sich gezeigt, gegen den wird man hart sein; wer wiederum zu tollwütig sich gebärdet, hat gleichfalls Rache zu erwarten. Geht die Richtung dem Terror zu, so waren terroristische Maßnahmen die richtigen; neigt sich die Wage zur Milde, so sind sie ein Fehler gewesen. Scheinbar Herren eines ganzen Landes, sind sie doch alle Knechte des Wohlfahrtsausschusses, Untertan der Strömung der Stunde: darum schielen und horchen sie auch so unablässig zurück nach Paris, um, während sie über Tod und Leben schalten, ihres eigenen gewiß zu sein. Es ist kein leichtes Amt, das sie übernehmen. Genau wie die Generale der Revolution vor dem Feind, weiß ein jeder von ihnen, daß nur eins sie vor der blanken Klinge rettet und entschuldigt: der Erfolg.

Die Stunde, da Fouché als Prokonsul abgesandt wird, gehört den Radikalen. So gebärdet sich Fouché in seinemDepartement der Loire inférieure, in Nantes und Nevers und Moulins, wütend radikal. Er wettert gegen die Gemäßigten, er überschüttet das Land mit einem Schnellfeuer von Kundmachungen, er bedroht die Reichen, die Zaghaften, die Halbschlächtigen in der grimmigsten Weise, er holt ganze Regimenter Freiwilliger mit moralischem und wirklichem Zwang aus den Dörfern heraus und schickt sie gegen den Feind. An Organisationskraft, an geschwinder Erfassung der Situation ist er jedem anderen seiner Gefährten zumindest gleich, an Verwegenheit des Wortes ihnen allen überlegen. Denn – dies eine muß festgehalten werden – Joseph Fouché bleibt nicht wie die berühmten Vorkämpfer der Revolution, Robespierre und Danton, vorsichtig in der Frage der Kirche und des Privateigentums, das jene respektvoll noch als „unverletzlich" erklärten, sondern stellt entschlossen ein radikalsozialistisches und bolschewistisches Programm auf. Das erste klare kommunistische Manifest der Neuzeit ist in Wahrheit nicht jenes berühmte von Karl Marx, nicht der „Hessische Landbote" von Georg Büchner, sondern jene sehr unbekannte von der sozialistischen Geschichtsschreibung geflissentlich übersehene „Instruction" in Lyon, die zwar von Collot d'Herbois und Fouché gemeinsam gezeichnet, aber zweifellos von Fouché allein verfaßt ist. Dieses energische, der Zeit in seinen Forderungen um hundert Jahre vorausbegehrende Dokument – eins der erstaunlichsten der Revolution – ist wohl wert, aus dem Dunkel herausgeholt zu werden; mag seine historische Geltung auch an Wert verlieren, dadurch, daß der spätere Herzog von Otranto dann verzweifelt verleugnete, was er einstmals als bloßer Bürger Joseph Fouché gefordert hat – immerhin, rein zeitgemäß betrachtet, stempelt ihn dies sein damaliges Glaubensbekenntnis zum ersten klaren Sozialisten und Kommunisten der Revolution. Nicht Marat, nicht Chaumette haben die kühnsten Forderungen der Französischen Revolution formuliert, sondern Joseph Fouché, und heller und greller als jede Beschreibung erleuchtet der Originaltext sein sonst immer ins Zwielicht flüchtendes Charakterbild. Diese „Instruction" beginnt kühn mit einer Unfehlbarkeitserklärung aller Verwegenheiten: „Alles ist denen verstattet, die im Sinne der Revolution handeln. Für den Republikaner gibt es keine Gefahr, als hinter den Gesetzen der Republik zurückzubleiben. Wer sie überschreitet, wer auch scheinbar über das Ziel hinausschießt, ist oft noch immer nicht am richtigen Ende angelangt. Solange es noch einen einzigen Unglücklichen auf Erden gibt, muß die Freiheit noch weiter und weiter fortschreiten."

Nach diesem energischen, gewissermaßen schon maximalistischen Vorklang definiert Fouché den revolutionären Geist folgendermaßen: „Die Revolution ist für das Volk gemacht: aber man verstehe darunter nicht jene durch ihren Reichtum privilegierte Klasse, welche alle Genüsse des Lebens und alle Güter der Gesellschaft an sich gerissen hat. Das Volk ist einzig die Gesamtheit der französischen Bürger und vor allem jene unendliche Klasse der Armen, die die Grenzen unseres Vaterlandes verteidigen und die Gesellschaft durch ihre Arbeit ernähren. Die Revolution wäre ein politisches und moralisches Unwesen, wollte sie sich nur um das Wohlergehen von ein paar hundert

Individuen bekümmern und das Elend von vierundzwanzig Millionen fortdauern lassen. Sie wäre darum eine beleidigende Täuschung der Menschheit, wollte man immer im Namen der Gleichheit reden, während noch solche ungeheure Unterschiede im Wohlergehen den Menschen vom Menschen trennen." Nach diesen einleitenden Worten führt Fouché seine Lieblingstheorie aus, daß der Reiche, der „mauvais riche", niemals ein rechter Revolutionär, niemals ein rechter und aufrichtiger Republikaner sein könne, daß also jede bloß bürgerliche Revolution, die alle Vermögensunterschiede weiter bestehen ließe, unvermeidlich wieder zu einer neuen Tyrannei ausarten müsse, „denn die Reichen würden immer sich als eine andere Art Menschen betrachten". Darum fordert Fouché von dem Volk die äußerste Energie und die vollkommene, die „integrale" Revolution. „Täuscht euch nicht: um wahrhaft Republikaner zu sein, muß jeder Bürger in sich selbst eine Revolution durchmachen, ähnlich wie jene, die das Antlitz Frankreichs geändert hat. Es darf nichts Gemeinsames zurückbleiben zwischen den Untertanen der Tyrannen und den Bewohnern eines freien Landes.

Alle ihre Handlungen, ihre Gefühle, ihre Gewohnheiten müssen darum vollkommen neuartig sein. Ihr seid unterdrückt, darum sollt ihr eure Unterdrücker zerschmettern, ihr seid Sklaven des kirchlichen Aberglaubens gewesen, nun dürft ihr keinen anderen Kult mehr haben als den der Freiheit ... Jedermann, dem dieser Enthusiasmus fremd bleibt, der andere Freuden und andere Sorgen kennt als das Glück des Volkes, der seine Seele den kalten Interessen öffnet, der rechnet, was ihm seine Ehre, seine Stellung, sein Talent einbringen, und sich so für einen Augenblick von der allgemeinen Nützlichkeit ablöst, jeder, dessen Blut nicht kocht beim Namen der Unterdrückung und des Überflusses, jeder, der Mitleidstränen hat für einen Feind des Volkes und nicht seine ganze Empfindungskraft für die Märtyrer der Freiheit allein zurückbehält, jeder von diesen lügt, falls er sich Republikaner zu nennen wagt. Sie mögen unser Land verlassen, sonst werden sie erkannt werden, und ihr unreines Blut wird den Boden der Freiheit tränken. Die Republik will in ihrem Kreis nur freie Menschen, sie ist entschlossen, alle anderen auszurotten, und sie erkennt nur jene als ihre Kinder, die für sie leben, kämpfen und sterben wollen." In dem dritten Absatz dieser „Instruction" wird das revolutionäre Bekenntnis dann nackt und unverhohlen zum kommunistischen Manifest (dem ersten deutlichen von 1793): „Jeder Mann, der mehr als das Nötige besitzt, muß zu dieser außerordentlichen Hilfeleistung herangezogen werden, und diese Taxe muß im Verhältnis stehen zu den großen Anforderungen des Vaterlandes: so müßt ihr zunächst in einer großzügigen und wirklich revolutionären Weise feststellen, wieviel jeder einzelne für die öffentliche Sache zu erlegen hat. Es handelt sich da nicht um eine mathematische Feststellung und auch nicht um die ängstliche zögernde Methode, die man sonst bei der Ausschreibung der öffentlichen Besteuerung anwendet: diese besondere Maßnahme muß den Charakter der Umstände tragen. Handelt also großzügig und kühn, nehmt jedem Bürger alles weg, was er nicht nötig braucht, denn alles Überflüssige (le superflu) ist eine offenkundige Verletzung der Volksrechte. Denn was ein einzelner über seine Bedürfnisse hat, kann er nicht anders brauchen, als indem er es mißbraucht. So laßt ihm nichts als das unbedingt Nötige, der ganze Rest gehört während des Krieges der Republik und ihren Armeen."

Ausdrücklich betont Fouché in diesem Manifest, daß man sich nicht mit dem Geld allein begnügen müsse. „Alle Gegenstände," fährt er fort, „deren sie im Überfluß haben und die den Verteidigern des Vaterlandes nützlich sein können, verlangt jetzt das Vaterland. So gibt es Leute, die unglaublichen Überfluß an Leinen und Hemden, an Tüchern und Stiefeln haben. Alle diese Objekte müssen Gegenstand der revolutionären Aufbringungen sein." Ebenso fordert er glatt die Auslieferung alles Goldes und Silbers, „métaux vils et corrupteurs", die der wahre Republikaner verachtet, an den nationalen Schatz, damit sie dort „das Bildnis der Republik aufgeprägt erhalten und, durch das Feuer gereinigt, nur der Allgemeinheit nützlich dienen. – Wir brauchen nur Stahl und Eisen, und die Republik wird triumphieren." Die ganze Aufforderung schließt dann mit einem furchtbaren Appell zur Rücksichtslosigkeit. „Wir werden mit aller Strenge die Autorität verwalten, die uns übertragen ist, wir werden als böswillige Absicht bestrafen alles, was unter anderen Umständen vielleicht Lässigkeit, Schwäche und Langsamkeit genannt wird. Aber die Zeit der halben Maßnahmen und der Rücksichten ist vorbei. Helft uns kräftige Schläge tun, oder sie werden auf euch selber fallen. Die Freiheit oder der Tod! – Ihr habt die Wahl."

Dieses theoretische Schriftstück läßt schon die Praxis Joseph Fouchés als Prokonsul ahnen. In dem Departement der Loire inférieure, in Nantes, Nevers und Moulins, wagt er den Kampf gegen die stärksten Mächte Frankreichs, vor denen selbst Robespierre und Danton vorsichtig zurückgeschreckt waren: gegen das Privateigentum und gegen die Kirche. Er handelt rasch und entschieden in diesem Sinn der „Égalisation des fortunes" durch die Erfindung der sogenannten „philanthropischen Komitees", denen die Vermögenden angeblich nach freiem Gutdünken Geschenke zuzuweisen haben. Aber um nicht undeutlich zu scheinen, fügt er schon von vornherein die sanfte Mahnung bei, daß, „wenn der Reiche von seinem Rechte, das Regime der Freiheit liebenswert zu machen," keinen Gebrauch mache, „die Republik ein Recht hätte, sich seines Vermögens zu bemächtigen". Er duldet keinen Überfluß und schränkt diesen Begriff des „superflu" energisch ein. „Der Republikaner braucht nichts als Eisen, Brot und vierzig Écus Einkommen." Fouché holt die Pferde aus den Ställen, das Mehl aus den Säcken, er macht die Pächter persönlich mit dem Leben verantwortlich, daß sie in ihrer Vorschreibung nicht zurückbleiben, er anbefiehlt das Kriegsbrot des Weltkriegs, das Einheitsbrot, und verbietet jedes weiße Luxusgebäck. Jede Woche stellt er derart fünftausend Rekruten auf die Beine, ausgerüstet mit Pferden, Schuhen, Kleidung und Flinten, gewaltsam bringt er die Fabriken in Gang, und alles gehorcht seiner eisernen Energie. Geld fließt ein, Steuern und Abgaben und Spenden, Lieferungen und Leistungen, und stolz schreibt er an den Konvent nach zwei Monaten Tätigkeit „on rougit ici d'être riche". „Man schämt sich, hier noch für reich zu gelten." Aber wahrhaft hätte er sagen sollen: „Man zittert hier, reich zu sein."

Gleichzeitig wie als Radikaler und Kommunist offenbart sich Joseph Fouché, der spätere millionenreiche Herzog von Otranto, der sich fromm unter der Patronanz eines Königs in der Kirche zum zweitenmal trauen lassen wird, damals noch als der wildwütigste, als der leidenschaftlichste Kämpfer gegen das Christentum. „Dieser heuchlerische Kult muß durch den Glauben an die Republik und die Moral ersetzt werden", donnert er in seinem Brandbrief, und schon fallen wie brennende Blitze die ersten Maßnahmen in die Kirchen und Kathedralen. Gesetz auf Gesetz, Dekret auf Dekret: „Kein Priester darf sein geistliches Kleid tragen außerhalb der religiösen Stätte", jedes Vorrecht wird ihm genommen, denn – „es ist Zeit," – argumentiert er, „daß diese hochmütige Klasse wieder zur Reinheit des Urchristentums zurückgeführt werde und in die bürgerliche Klasse zurücktrete." Bald genügt es Joseph Fouché nicht mehr, nur Oberster der Militärmacht, höchster Beamter der Justiz, unbeschränkter Diktator der Verwaltung zu sein, er reißt auch alle kirchlichen Befugnisse an sich. Er hebt das Zölibat auf, gebietet den Priestern, innerhalb eines Monates zu heiraten oder ein Kind zu adoptieren, er schließt Ehen und scheidet sie auf offenem Markte, er steigt auf die Kanzel (von der sorgfältig alle Kreuze und religiösen Bildnisse entfernt wurden) und hält atheistische Predigten, in denen er die Unsterblichkeit und das Dasein Gottes leugnet. Die christlichen Begräbniszeremonieen werden abgeschafft und als einzige Tröstung auf die Kirchhöfe die Inschrift gemeißelt: „Der Tod ist ein ewiger Schlaf." In Nevers führt der neue Papst bei seiner Tochter, die er nach dem Departement

„Nièvre“ nennt, als erster im Land die bürgerliche Taufe ein. Nationalgarde muß ausrücken mit Trommel und Musik, und auf offenem Markte gibt er dem Kinde ohne kirchlichen Beistand Taufe und Namen. In Moulins reitet er an der Spitze eines Zuges durch die ganze Stadt, einen Hammer in der Faust, und zerschlägt die Kreuze, Kruzifixe und Heiligenbilder, die „schändlichen“ Wahrzeichen des Fanatismus. Die geraubten Priestermitren und Altardecken werden zu einem Brandstoß aufgeschichtet, und während die Flammen grell emporschlagen, umtanzt der Pöbel jubelnd dieses atheistische Autodafé. Aber bloß gegen tote Dinge, gegen wehrlose Steinfiguren und zerbrechliche Kreuze zu wüten, wäre für Fouché nur ein halber Triumph. Der wirkliche gelingt ihm erst, als unter seiner Beredsamkeit der Erzbischof François Laurent sich die Kutte abreißt und die rote Mütze aufsetzt, als dreißig Priester ihm begeistert nachfolgen, ein Erfolg, der wie eine Brandwelle das ganze Land Frankreich durchläuft. Und stolz kann er sich gegen seinen schwächlicheren Atheistenkollegen rühmen, er habe den Fanatismus zerschmettert, das Christentum in dem ihm unterstellten Gebiet so ausgerottet wie den Reichtum.

Taten eines Wütigen, tolle Leidenschaft eines fanatischen Phantasten würde man meinen! Aber Joseph Fouché bleibt in Wahrheit auch hinter einer vorgetäuschten Leidenschaft immer Rechner, immer Realist. Er weiß, daß er dem Konvent Rechenschaft schuldet, weiß auch, daß die patriotischen Phrasen und Briefe gleichzeitig mit den Assignaten längst im Kurse gesunken sind und man, um Bewunderung zu erregen, metallische Worte finden muß. So sendet er, während die ausgehobenen Regimenter an die Grenze marschieren, den ganzen Ertrag seines Kirchenraubes nach Paris. Kisten über Kisten werden in den Konvent geschleppt, gefüllt mit goldenen Monstranzen, zerbrochenen und geschmolzenen Silberleuchtern, vollgewichtigen Kruzifixen und herausgebrochenen Juwelen. Er weiß, die Republik braucht vor allem bare Münze, und als erster, als einziger sendet er aus der Provinz solche beredsame Beute zu den Deputierten, die zunächst staunen über diese neuartige Energie, sie dann aber mit donnerndem Applaus bejubeln. Von dieser Stunde an nennt und kennt man im Konvent den Namen Fouchés als den eines eisernen Mannes, als des unerschrockensten, gewaltkräftigsten Republikaners der Republik. Als Joseph Fouché von seinen Missionen in den Konvent zurückkehrt, ist er nicht mehr der unbekannte kleine Abgeordnete von 1792. Einem Mann, der zehntausend Rekruten auf die Beine gestellt, der hunderttausend Goldmark, zwölfhundert Pfund bares Geld, tausend Barren Silber aus den Provinzen gepreßt, ohne ein einziges Mal zum „Rasoir national“, zur Guillotine, zu greifen, kann der Konvent Bewunderung, „pour sa vigilance", für „seinen Eifer", wahrhaftig nicht versagen. Der Ultrajakobiner Chaumette veröffentlicht einen Hymnus auf seine Taten. „Der Bürger Fouché", schreibt er, „hat die Wunder vollbracht, von denen ich erzählt habe. Er hat das Alter geehrt, die Schwachen unterstützt, das Unglück geachtet, den Fanatismus zerstört, den Föderalismus vernichtet. Er hat die Herstellung des Eisens wieder in Schwung gebracht, die Verdächtigen arretiert, jedes Verbrechen exemplarisch bestraft, die Ausbeuter verfolgt und eingesperrt." Ein Jahr, nachdem er sich vorsichtig und zögernd auf die Bänke der Gemäßigten gesetzt, gilt Fouché schon als der Radikalste der Radikalen, und wie jetzt der Aufstand in Lyon einen besonders energischen Mann ohne Rücksichten und Skrupel erfordert, wer könnte da geeigneter erscheinen, das furchtbarste Edikt durchzuführen, das jemals diese oder eine andere Revolution ersonnen? „Die Dienste, die Du bisher der Revolution erwiesen hast," dekretiert in seinem pompösesten Jargon der Konvent, „bieten Bürgschaft für jene, die Du noch leisten wirst. Dir ist es vorbehalten, in der Ville Affranchie (Lyon) die verlöschende Fackel des Bürgergeistes wieder zu entflammen. Vollende die Revolution, beendige den Krieg der Aristokraten, und mögen die Ruinen, die jene gestürzte Macht aufrichten will, auf sie fallen und sie zerschmettern!"

Und in dieser Gestalt des Rächers und Zerstörers, als der „Mitrailleur de Lyon", tritt nun Joseph Fouché, der zukünftige Multimillionär, der spätere Herzog von Otranto, zum erstenmal in die Weltgeschichte.

Zweites Kapitel
Der „Mitrailleur de Lyon"
1793

Im Buche der Französischen Revolution wird gerade eins der blutigsten Blätter, der Aufstand von Lyon, selten aufgeschlagen. Und doch hat sich in kaum einer Stadt, selbst in Paris nicht, der soziale Gegensatz derart schattenscharf abgezeichnet wie in dieser ersten Industriestadt des damals noch kleinbürgerlichen und agrarischen Frankreich, dieser Heimat der Seidenfabrikation. Dort formen die Arbeiter inmitten der noch bürgerlichen Revolution von 1792 zum erstenmal schon deutlich eine proletarische Masse, schroff abgeschieden von der royalistisch und kapitalistisch gesinnten Unternehmerschaft. Kein Wunder, daß gerade auf diesem heißen Boden der Konflikt die allerblutigsten und fanatischesten Formen annehmen wird, die Reaktion sowohl wie die Revolution.

Die Anhänger der jakobinischen Partei, die Scharen der Arbeiter und Arbeitslosen, gruppieren sich um einen jener sonderbaren Menschen, wie sie jeder Weltwandel plötzlich nach oben schwenkt, einen jener durchaus reinen, idealistisch gläubigen Menschen, die aber immer mehr Unheil anrichten mit ihrem Glauben und mehr Blutvergießen mit ihrem Idealismus als die brutalsten Realpolitiker und wildesten Schreckensmänner. Immer wird es gerade der reingläubige, der religiöse, der ekstatische Mensch, der Weltveränderer und Weltverbesserer sein, der in edelster Absicht Anstoß gibt zu Mord und Unheil, das er selber verabscheut. Dieser in Lyon hieß Chalier, ein entlaufener Priester und ehemaliger Kaufmann, für den die Revolution noch einmal das Christentum wurde, das richtige und wahre, und der ihr anhängt mit einer selbstaufopfernden und abergläubischen Liebe. Die Erhebung der Menschheit zur Vernunft und zur Gleichheit bedeutet diesem passionierten Leser Jean Jacques Rousseaus schon Erfüllung des Tausendjährigen Reiches; seine glühende und fanatische Menschenliebe sieht gerade im Weltbrand die Morgenröte einer neuen, unvergänglichen Humanität. Rührender Phantast: als die Bastille fällt, trägt er in seinen bloßen Händen einen Stein der Zwingburg die sechs Tage und sechs Nächte Weg zu Fuß von Paris nach Lyon und baut ihn dort um zu einem Altar. Er verehrt Marat, diesen blutheißen, dampfenden Pamphletisten, wie einen Gott, wie eine neue Pythia; er lernt seine Reden und Schriften auswendig und entflammt mit seinen mystischen und kindischen Reden wie kein anderer in Lyon die Arbeiterschaft. Instinktiv spürt das Volk in seinem Wesen brennende, mitleidige Menschenliebe und ebenso die Reaktionäre in Lyon, daß gerade ein derart reiner, vom Geist getriebener, von Menschenliebe beinahe tollwütig besessener Mensch noch gefährlicher sei als die lärmendsten jakobinischen Unruhstifter. Gegen ihn drängt sich alle Liebe, gegen ihn ballt sich aller Haß. Und als ein erster Aufruhr sich in der Stadt bemerkbar macht, werfen sie als den Rädelsführer diesen neurasthenischen und ein wenig lächerlichen Phantasten in den Kerker. Mit Mühe klaubt man dann mittels eines gefälschten Briefes eine Anklage gegen ihn zusammen und verurteilt ihn zur Warnung für die anderen Radikalen und als Herausforderung gegen den Pariser Konvent zum Tode.

Vergebens sendet der entrüstete Konvent Boten auf Boten nach Lyon, um Chalier zu retten. Er mahnt, er fordert, er droht dem unbotmäßigen Magistrat. Aber nun erst recht entschlossen, den Pariser Terroristen endlich einmal die Zähne zu zeigen, weist der Gemeinderat von Lyon selbstherrlich jeden Einspruch zurück. Ungern haben sie sich seinerzeit die Guillotine, das Schreckensinstrument, schicken lassen und unbenutzt in einen Speicher gestellt:

nun wollen sie den Anwälten des Schreckenssystems eine Lektion erteilen, indem sie das angeblich humane Werkzeug der Revolution erstmalig an einem Revolutionär erproben. Und gerade, weil die Maschine noch nicht erprobt ist, wird die Hinrichtung Chaliers durch die Ungeschicklichkeit des Henkers zu einer grausamen und niederträchtigen Folterung. Dreimal saust das stumpfe Beil nieder, ohne den Nackenwirbel des Verurteilten zu durchschlagen. Mit Grauen sieht das Volk den gefesselten blutüberströmten Leib seines Führers sich noch immer lebend unter dieser schandbaren Folter krümmen, bis schließlich der Henker mit einem mitleidigen Säbelhieb das Haupt des Unglücklichen vom Rumpfe trennt.

Aber dieses gefolterte Haupt, dreimal vom Beil zerschmettert, wird bald für die Revolution ein Palladium der Rache und ein Medusenhaupt für seine Mörder sein. Der Konvent schrickt auf bei der Nachricht dieses Verbrechens; wie, eine einzelne französische Stadt wagt offen der Nationalversammlung Trotz zu bieten? Eine solche freche Herausforderung muß sofort in Blut erstickt werden. Aber auch die Lyoner Regierung weiß, was sie nun zu erwarten hat. Offen geht sie von der Auflehnung gegen die Nationalversammlung zur Rebellion über; sie hebt Truppen aus, setzt die Verteidigungswerke instand gegen Mitbürger, gegen Franzosen, und bietet offen der republikanischen Armee Trotz. Nun müssen die Waffen entscheiden zwischen Lyon und Paris, zwischen Reaktion und Revolution.

Logisch genommen, scheint ein Bürgerkrieg in diesem Augenblick Selbstmord für die junge Republik. Denn niemals war ihre Situation gefährlicher, verzweifelter, aussichtsloser. Die Engländer haben Toulon eingenommen, die Flotte und das Arsenal geraubt, sie bedrohen Dünkirchen, indes gleichzeitig die Preußen und Österreicher am Rhein und in den Ardennen vorstoßen und die ganze Vendee in Flammen steht. Kampf und Aufruhr durchschüttelt die Republik von einer Grenze Frankreichs bis zur anderen. Aber diese Tage sind auch die wahrhaft heroischen des französischen Konvents. Aus einem unheimlichen, schicksalshaften Instinkt, Gefahr durch Herausforderung am besten zu bekämpfen, lehnen die Führer nach dem Tode Chaliers jeden Pakt mit seinen Henkern ab. „Potius mori quam foedari“, „lieber untergehen als paktieren“, lieber noch einen Krieg zu sieben Kriegen als einen Frieden, der auf Schwäche deutet. Und dieser unwiderstehliche Elan der Verzweiflung, diese illogische und berserkerische Leidenschaft hat ebenso wie die russische Revolution (gleichfalls im Westen, Osten, Norden und Süden von den Engländern und Söldnern der ganzen Welt, innen von den Legionen Wrangels, Denikins und Koltschaks gleichzeitig bedroht) im Augenblick der höchsten

Gefahr die französische gerettet. Nichts hilft es, daß die erschreckte Bürgerschaft von Lyon sich nun offen den Royalisten in die Arme wirft und einem General des Königs ihre Truppen anvertraut, – aus den Bauernhöfen, aus den Vorstädten strömen proletarische Soldaten, und am 9. Oktober wird die aufrührerische zweite Hauptstadt Frankreichs von den republikanischen Truppen erstürmt. Dieser Tag ist der vielleicht stolzeste der Französischen Revolution. Als im Konvent der Vorsitzende sich feierlich von seinem Platz erhebt und die endgültige Kapitulation Lyons meldet, springen die Abgeordneten von ihren Sitzen auf, jauchzen und umarmen sich: für einen Augenblick scheint alle Zwietracht beendet. Die Republik ist gerettet, ein herrliches Beispiel dem ganzen Lande, der Welt gegeben von der unwiderstehlichen Gewalt, von der Zornkraft und Stoßkraft der republikanischen Volksarmee. Aber verhängnisvollerweise reißt das Stolzgefühl dieses Mutes die Sieger in einen Übermut, in ein tragisches Verlangen, diesen Triumph sofort in Terror zu verwandeln. Furchtbar wie der Elan zum Sieg soll nun die Rache gegen die Besiegten sein. „Es soll ein Beispiel gegeben werden, daß die Französische Republik, daß die junge Revolution am härtesten diejenigen straft, die sich gegen die Trikolore erhoben haben." Und so schändet sich der Konvent, der Anwalt der Humanität vor der ganzen Welt, mit einem Dekret, für das Barbarossa mit seiner hunnischen Zerstörung von Mailand, für das die Kalifen die erste historische Folie gegeben haben. Am 12. Oktober entrollt der Präsident des Konvents jenes furchtbare Blatt, das nichts Minderes enthält als den Antrag auf Zerstörung der zweiten Hauptstadt Frankreichs. Dieses sehr wenig bekannte Dekret lautet wörtlich:

„1. Der Nationalkonvent ernennt auf Vorschlag des Wohlfahrtsausschusses eine außerordentliche Kommission von fünf Mitgliedern, um ohne Verzug die Gegenrevolution von Lyon militärisch zu bestrafen.

2. Alle Bewohner von Lyon sind zu entwaffnen und ihre Waffen den Verteidigern der Republik zu übergeben.

3. Ein Teil davon wird den Patrioten übergeben, die von den Reichen und Konterrevolutionären unterdrückt wurden.

4. Die Stadt Lyon wird zerstört. Alles, was von den vermögenden Leuten bewohnt war, ist zu vernichten; es dürfen nur übrig bleiben die Häuser der Armen, die Wohnungen der ermordeten oder proskribierten Patrioten, die industriellen Gebäude und die, die wohltätigen und erzieherischen Zwecken dienen.

5. Der Name Lyon wird aus dem Verzeichnis der Städte der Republik ausgestrichen. Von nun an wird die Vereinigungder übrig gebliebenen Häuser den Namen *Ville Affranchie* tragen.

6. Es wird auf den Ruinen von Lyon eine Säule errichtet, die der Nachwelt die Verbrechen und die Bestrafung der royalistischen Stadt verkündigt, mit der Inschrift: *Lyon führte Krieg gegen die Freiheit – Lyon ist nicht mehr.*" Niemand wagt gegen diesen wahnsinnigen Antrag, die zweitgrößte Stadt Frankreichs in einen Trümmerhaufen zu verwandeln, Einspruch zu erheben. Der Mut im französischen Konvent ist längst dahin, seit die Guillotine über den Häuptern aller derer gefährlich blinkt, die das Wort Gnade oder Mitleid auch nur zu flüstern versuchen. Eingeschüchtert vom eigenen Schrecken, billigt einstimmig der Konvent die Vandalentat, und Couthon, der Freund Robespierres, wird mit der Ausführung betraut.

Couthon, der Vorgänger Fouchés, erkennt sofort das Wahnwitzige und Selbstmörderische, um einer Abschreckungsgeste willen die größte Industriestadt Frankreichs und gerade ihre Kunstdenkmäler mutwillig zu zerstören. Und vom ersten Augenblick ist er innerlich entschlossen, diesen Auftrag zu sabotieren. Aber dazu ist kluge Heuchelei notwendig. Darum verdeckt Couthon seine geheime Absicht, Lyon zu schonen, mit der hinhaltenden List, daß er zunächst das wahnwitzige Dekret der völligen Zerstörung überschwenglich lobt. „Bürgerkollegen," ruft er aus, „die Lektüre eures Dekrets hat uns mit Bewunderung überwältigt. Ja, es tut not, daß diese Stadt zerstört werde und als großes Beispiel für alle andern diene, die wagen könnten, sich gegen das Vaterland zu erheben. Von allen den großen und kräftigen Maßregeln, die der Nationalkonvent bisher angeordnet, war uns bisher nur eine entgangen: nämlich diejenige der vollkommenen Zerstörung ... Aber seid ruhig, Bürgerkollegen, und versichert dem Nationalkonvent, seine Grundsätze sind die unsern, und seine Dekrete werden buchstäblich ausgeführt werden." Jedoch der so mit hymnischen Worten seinen Auftrag begrüßt, denkt in Wirklichkeit gar nicht daran, ihn auszuführen, sondern begnügt sich nur mit theatralischen Maßnahmen. An beiden Beinen gelähmt durch frühzeitige Paralyse, aber geistig von unbeugsamer Entschlossenheit, läßt er sich in einer Sänfte auf den Marktplatz von Lyon tragen, bezeichnet mit dem Schlag eines silbernen Hammers symbolisch die Häuser, die der Niederreißung verfallen sind, und kündigt Tribunale furchtbarer Rache an. Damit sind die hitzigsten Gemüter beschwichtigt. In Wirklichkeit werden unter dem Vorwand des Mangels an Arbeitern nur ein paar Frauen und Kinder hingeschickt, die pro forma ein Dutzend lässige Spatenschläge gegen die Häuser tun, und nur einige wenige Hinrichtungen werden vorgenommen.

Schon atmet die Stadt auf, von so unerwarteter Milde nach so fulminanten Ankündigungen wohltätig überrascht. Aber auch die Terroristen sind wachsam, sie erkennen nach und nach die milde Gesinnung Couthons, und so fordern sie den Konvent gewaltsam zur Gewaltsamkeit heraus. Der blutige, zerschmetterte Schädel Chaliers wird als Reliquie nach Paris gebracht, in feierlichem Pomp dem Konvent gezeigt und zur Aufreizung der Bevölkerung in Notre-Dame ausgestellt. Und immer ungeduldiger schleudern sie neue Anträge gegen den Kunktator Couthon: er sei zu lässig, zu träge, zu feige, kurzum nicht Mann genug, um solche exemplarische Rache zu üben. Ein wirklich rücksichtsloser, ein verläßlicher, ein wahrhafter Revolutionär sei vonnöten, der vor Blut nicht zurückschrecke und das Äußerste wage, ein Mann aus Eisen und Stahl. Schließlich gibt der Konvent ihrem Lärmen nach und sendet ihnen statt des allzu milden Couthon die entschlossensten seiner Tribunen, den vehementen Collot d'Herbois (von dem die Legende umgeht, er sei als Schauspieler in Lyon ausgepfiffen worden und deshalb der rechte Mann, um diese Bürger zu züchtigen) – und als zweiten den erzradikalsten aller Prokonsuln, den berüchtigten Jakobiner und Ultraterroristen, Joseph Fouché, als Henker in die unglückliche Stadt.

Der so über Nacht zum mörderischen Werk Aufgerufene, Joseph Fouché, ist er wirklich ein Henker, ein „Blutsäufer“, wie man damals die Vorkämpfer des Terrors nannte? Seinen Worten nach gewiß. Kaum ein Prokonsul hat in seiner Provinz tatkräftiger, energischer, revolutionärer, radikaler sich gebärdet als Joseph Fouché; er hat schonungslos requiriert, die Kirchen geplündert, die Vermögen ausgesackt und jeden Widerstand erdrosselt. Aber – sehr charakteristisch für ihn! – nur mit Worten, Befehlen und Einschüchterungen hat er Terror geübt, denn in all jenen Wochen seiner Herrschaft in Nevers, Clamecy fließt kein Tropfen Blut. Während in Paris die Guillotine klappert wie eine Nähmaschine, während Carrier in Nantes Verdächtige zu Hunderten in der Loire ersäuft, während das ganze Land widerhallt von Füsilladen, Morden und Menschenjagd, hat Fouché keine einzige, nicht eine einzige politische Hinrichtung in seinem Distrikt auf dem Gewissen. Er kennt – dies das Leitmotiv seiner Psychologie – die Feigheit der meisten Menschen, er weiß, daß eine wilde, kraftvolle Geste des Terrors meist den Terror selbst erspart. Und wie dann später im schönsten Blütenmai der Reaktion alle Provinzen sich als Ankläger gegen ihre einstigen Herren erheben, so können die aus seinem Distrikt nichts anderes vorbringen, als daß er sie immer bedroht habe mit dem

Tode, aber niemand vermag ihn einer wirklichen Exekution anzuklagen. Man sieht also: Fouché, den sie zum Henker von Lyon bestimmt haben, liebt keineswegs das Blut. Dieser kalte, unsinnliche Mensch, dieser Rechner und Denkspieler, mehr Fuchs als Tiger, braucht nicht den Dunst des Blutes, um seine Nerven zu erregen. Er tobt (ohne innerlich mitzufiebern) mit Worten und Drohungen, aber niemals wird er aus Freude am Mord, aus dem Koller der Macht Hinrichtungen wirklich fordern. Aus Instinkt und Klugheit (nicht aus Humanität) achtet er das menschliche Leben, solange das seine nicht gefährdet ist; er wird immer erst dann das Leben oder Schicksal eines Menschen bedrohen, wenn sein eigenes oder sein Vorteil bedroht ist. Das ist eins der Geheimnisse fast aller Revolutionen und das tragische Geschick ihrer Führer: sie lieben alle das Blut nicht und sind doch zwanghaft genötigt, es zu vergießen. Desmoulins fordert vom Schreibtisch aus schäumend das Tribunal für die Girondisten; aber als er dann im Gerichtssaal sitzt und das Wort Tod aussprechen hört über die Zweiundzwanzig, die er selbst vor den Richter geschleppt hat, da springt er auf, totenbleich, zitternd, und stürzt verzweifelt aus dem Saal: nein, er hat es nicht gewollt! Robespierre, dessen Unterschrift unter Tausenden von verhängnisvollen Dekreten steht, hat zwei Jahre früher in der beratenden Versammlung die Todesstrafe bekämpft und den Krieg als Verbrechen gebrandmarkt, Danton, obwohl der Schöpfer des Mordtribunals, das verzweifelte Wort sich aus bestürzter Seele geschrieen, „lieber guillotiniert werden als guillotinieren". Selbst Marat, der in seiner Zeitung dreihunderttausend Köpfe öffentlich fordert, sucht jeden einzelnen zu retten, sobald er unter die Klinge soll. Sie alle, später als Blutbestien geschildert, als leidenschaftliche Mörder, die sich am Geruch der Kadaver berauschen, sie alle verabscheuen, genau wie Lenin und die Führer der russischen Revolution, im Innersten jede Hinrichtung; sie wollen alle ursprünglich nur ihre politischen Gegner mit der Drohung der Hinrichtung in Schach halten: aber die Drachensaat des Mordes entspringt zwanghaft der theoretischen Billigung des Mords.

Die Schuld der französischen Revolutionäre ist also nicht, sich am Blute berauscht zu haben, sondern an blutigen Worten: sie haben die Torheit begangen, einzig, um das Volk zu begeistern und ihren eigenen Radikalismus sich selbst zu bescheinigen, einen bluttriefenden Jargon geschaffen und ununterbrochen von Verrätern und vom Schafott phantasiert zu haben. Aber dann, als das Volk, berauscht, besoffen, besessen von diesen wüsten, aufreizenden Worten, die ihnen als notwendig angekündigten "energischen Maßregeln" wirklich fordert, da fehlt den Führern der Mut, zu widerstreben: sie müssen guillotinieren, um ihr Gerede von der Guillotine nicht Lügen zu strafen. Ihre

Handlungen müssen zwanghaft ihren tollwütigen Worten nachrennen, und ein grauenhafter Wettlauf beginnt, weil keiner wagt, hinter dem anderen in dieser Jagd um die Volksgunst zurückzubleiben. Nach dem unaufhaltsamen Gesetz der Schwere zieht eine Hinrichtung die andere nach sich: was als Spiel mit blutigen Worten begann, wird immer wilderes Sichübersteigern mit Menschenköpfen; nicht aus Lust, nicht einmal aus Leidenschaft und am wenigsten aus Entschlossenheit werden so Tausende geopfert, sondern aus einer Unentschlossenheit von Politikern, von Parteimenschen, die nicht den Mut finden, sich dem Volk zu widersetzen: im letzten aus Feigheit. Leider, die Weltgeschichte ist nicht nur, wie sie meistens dargestellt wird, eine Geschichte des menschlichen Mutes, sondern auch eine Geschichte der menschlichen Feigheit, die Politik nicht, wie man durchaus glauben machen will, Führung der öffentlichen Meinung, sondern sklavisches Sichbeugen der Führer vor eben derselben Instanz, die sie selber geschaffen und beeinflußt haben. So entstehen immer die Kriege: aus einem Spiel mit gefährlichen Worten, aus einer Überreizung nationaler Leidenschaften, so die politischen Verbrechen; kein Laster und keine Brutalität auf Erden hat so viel Blut verschuldet wie die menschliche Feigheit. Wenn darum Joseph Fouché in Lyon zum Massenhenker wird, so geschieht es nicht aus republikanischer Leidenschaft (er kennt keine Leidenschaft), sondern einzig aus Furcht, als Gemäßigter zu mißfallen. Aber nicht Gedanken entscheiden in der Geschichte, sondern die Taten, und ob er auch tausendmal wider das Wort sich gewehrt, sein Name bleibt doch gezeichnet als der des „Mitrailleur de Lyon“. Und auch der Herzogsmantel wird später die Blutspur auf seinen Händen nicht verhüllen können.

Am 7. November langt Collot d'Herbois, am 10. Joseph Fouché in Lyon an. Sie gehen sofort an die Arbeit. Aber vor die eigentliche Tragödie stellen der entlassene Komödiant und sein expriesterlicher Helfer noch ein kurzes Satyrspiel, das herausforderndste und frechste vielleicht der ganzen Französischen Revolution: eine Art schwarzer Messe am hellichten Tag. Die Totenfeier für den Märtyrer der Freiheit, Chalier, bildet den Vorwand für diese Orgie atheistischen Überschwangs. Als Vorspiel werden um acht Uhr morgens alle Kirchen ihrer letzten frommen Wahrzeichen beraubt, die Kruzifixe von den Altären gerissen, Decken und Meßgewänder weggerafft; dann sammelt sich ein ungeheurer Zug durch die ganze Stadt zum Platz des Terreaux. Vier aus Paris gekommene Jakobiner tragen auf einer mit dreifarbigen Teppichen bedeckten Sänfte die Büste Chaliers, über und über mit Blumen geschmückt, neben ihr eine Urne mit seiner Asche, sowie in einem kleinen Käfig eine Taube, die den

Märtyrer im Gefängnis getröstet haben soll. Feierlich und ernst schreiten hinter der Tragbahre die drei Prokonsuln zu dem neuartigen Kirchendienst, der die Göttlichkeit des Märtyrers der Freiheit, Chalier, des „Dieu sauveur mort pour eux“ dem Volk von Lyon pomphaft bezeugen soll. Aber diese an sich schon unangenehme pathetische Zeremonie erniedrigt noch eine besonders peinliche, eine stupide Geschmacksverirrung: eine lärmende Rotte schleppt im Triumph und mit indianischem Tanz die aus den Kirchen geraubten Meßgefäße, Kelche, Ziborien und Heiligenbilder heran; hinter ihnen trottet ein Esel, dem man eine gestohlene Bischofsmitra kunstvoll über die Ohren gestülpt hat. An den Schweif des armen Grautieres haben sie ein Kruzifix und die Bibel gebunden – so pendelt am hellichten Tag, zum Gaudium eines brüllenden Pöbels, das Evangelium an einem Eselsschwanz im Straßendreck.

Endlich gebieten kriegerische Fanfaren Halt. Auf dem großen Platz, wo aus Wiesengrün ein Altar aufgerichtet ist, werden die Büste Chaliers und die Urne feierlich hingestellt, und die drei Volksrepräsentanten verbeugen sich ehrfürchtig vor dem neuen Heiligen. Zuerst peroriert der gelernte Schauspieler Collot d'Herbois, dann spricht Fouché. Der im Konvent so beharrlich zu schweigen wußte, hat plötzlich seine Stimme wiedergefunden und himmelt in überschwenglichem Anruf die gipserne Büste an: „Chalier, Chalier, du bist nicht mehr! Verbrecher haben dich, den Märtyrer der Freiheit, hingeopfert, aber das Blut dieser Verbrecher soll das einzige Sühnopfer sein, das deine erzürnten Manen erfrischen soll. Chalier! Chalier! Wir schwören vor deinem Bilde, dein Martyrium zu rächen, und das Blut der Aristokraten soll dir als Weihrauch dienen.“ Der dritte Volksbeauftragte ist weniger beredt als der zukünftige Aristokrat,als der kommende Herzog von Otranto. Er küßt nur demütig die Stirn der Büste und schmettert über den ganzen Platz ein „Tod den Aristokraten!“

Nach diesen feierlichen drei Anbetungen wird ein großer Scheiterhaufen entzündet. Ernst sieht der vor kurzem noch tonsurierte Joseph Fouché mit seinen beiden Kollegen zu, wie das Evangelium vom Eselsschweif abgeschnitten und ins Feuer geworfen wird, um dort inmitten der angefachten Lohe aus Kirchengewändern, Meßbüchern, Hostien und Holzheiligen in Rauch aufzugehn. Dann läßt man noch den grauen Vierfüßler aus einem heiligen Kelche trinken als Belohnung für seinen blasphemischen Dienst, und nach Beendigung dieser grellen Geschmacklosigkeiten tragen die vier Jakobiner die Büste Chaliers auf ihren Schultern in die Kirche zurück, wo sie feierlich auf den Altar an Stelle des zerschmetterten Christusbildes hingestellt wird.

Zum immerwährenden Gedächtnis dieses würdigen Festes wird in den nächsten Tagen eine eigene Gedenkmünze geschlagen. Aber sie ist heute unauffindbar geworden, wahrscheinlich weil der spätere Herzog von Otranto alle Exemplare aufkaufte und verschwinden ließ, genau wie die Bücher, welche diese krassen Heldentaten seiner ultrajakobinischen und atheistischen Zeit zu genau beschrieben. Er selbst hatte ein gutes Gedächtnis. Aber daß auch die andern sich erinnerten oder erinnert werden könnten an die schwarze Messe von Lyon, war doch für Son Excellence Monseigneur le sénateur ministre eines allerchristlichsten Königs später allzu unbequem und unangenehm.

So widerlich auch dieser erste Tag Joseph Fouchés in Lyon anhebt, immerhin, er bietet nur Theater und läppisches Maskenspiel: noch ist kein Blut geflossen. Aber schon am nächsten Morgen versperren sich die Konsuln unzugänglich in ein abgelegenes Haus, das mit bewaffneten Posten vor jedem Unberufenen geschützt wird: jeder Milde, jeder Bitte, jeder Nachsicht soll symbolisch die Tür verrammelt sein. Ein revolutionäres Tribunal wird gebildet, und welche furchtbare Bartholomäusnacht die Volkskönige Fouché und Collot planen, kündigt ihr Brief an den Konvent gefährlich an: „Wir verfolgen", so schreiben die beiden, „unsere Mission mit der Energie charaktervoller Republikaner, und wir werden von der Höhe, auf die das Volk uns gestellt hat, nicht niedersteigen, um uns mit den erbärmlichen Interessen von ein paar mehr oder weniger schuldigen Leuten zu befassen. Wir haben von uns alle Leute entfernt, weil wir keine Zeit zu verlieren, keine Gunst zu gewähren haben. Wir sehen nur die Republik, die uns befiehlt, ein großes Beispiel, eine weithin sichtbare Lektion zu geben. Wir hören nur auf den Schrei des Volkes, das verlangt, daß das Blut der Patrioten auf einmal in einer raschen und fürchterlichen Art gerächt werde, damit die Menschheit es nicht nochmals strömen sehen müsse. In der Überzeugung, daß es in dieser niederträchtigen Stadt keine anderen Unschuldigen gibt als diejenigen, die von den Mördern des Volkes unterdrückt und in den Kerker geworfen worden waren, verhalten wir uns mißtrauisch gegen die Tränen der Reue. Nichts wird unsere Strenge entwaffnen können. Wir müssen es euch gestehen, Bürgerkollegen, wir betrachten die Nachsicht als eine gefährliche Schwäche, die nur geeignet ist, verbrecherische Hoffnungen gerade in dem Augenblick neu zu entzünden, wo man sie gänzlich auslöschen muß. Gewährt man einem Individuum Nachsicht, so gewährt man sie allen seiner Art und macht damit die Wirkung eurer Justiz unwirksam. Die Demolierungen arbeiten zu langsam, die republikanische Ungeduld verlangt raschere Mittel: die Explosion der Minen, die verzehrende

Tätigkeit der Flammen allein können die Gewalt des Volkes ausdrücken. Sein Wille darf nicht angehalten werden wie derjenige der Tyrannen, er muß die Wirkung eines Gewitters haben."

Dieses Gewitter, es bricht programmgemäß am 4. Dezember los, und sein Echo rollt bald schaurig durch ganz Frankreich. Frühmorgens werden sechzig junge Leute aus den Gefängnissen geführt, je zwei und zwei zusammengebunden. Aber man führt sie nicht zur Guillotine, die nach den Worten Fouchés „zu langsam" arbeitet, sondern hinaus auf die Ebene von Brotteaux, jenseits der Rhone. Zwei parallele Gräben, in Eile ausgehoben, lassen die Opfer schon ihr Schicksal erraten und die zehn Schritte von ihnen aufgestellten Kanonen die Methode der Massenschlächterei. Man rottet und bindet die Wehrlosen zusammen in einen schreienden, schauernden, heulenden, tobenden, vergebens sich wehrenden Klumpen menschlicher Verzweiflung. Ein Kommando – und aus dieser tödlichen Nähe schmettert von den atemnahen Mündungen gehacktes Blei in die von Angst geschüttelten Menschenmassen. Freilich dieser erste Salvenschuß erledigt nicht alle Opfer, einigen ist nur ein Arm oder Bein weggefetzt, andern sind bloß die Gedärme aufgerissen, ein paar sind sogar durch Zufall heil geblieben. Aber während das Blut schon in breitem, rieselndem Quell in die Gräben strömt, werfen sich jetzt auf ein zweites Kommando die Kavalleristen mit Säbel und Pistolen auf die noch aufgesparten Opfer, hämmern und schießen mitten in die zuckende, stöhnende, schreiende, und doch nicht fliehen könnende Menschenherde hinein, bis die letzte röchelnde Stimme erstickt ist. Zur Belohnung für die Schlächterei dürfen die Henker dann Kleider und Schuhe von den noch warmen sechzig Leichen abziehen, ehe man die Kadaver nackt und zerfetzt in den Laufgräben verscharrt.

Das ist die erste der berühmten Mitrailladen Joseph Fouchés, des späteren Ministers eines allerchristlichsten Königs, und stolz rühmt sich ihrer am nächsten Morgen eine flammende Proklamation: „Die Volksrepräsentanten werden fühllos bei der ihnen aufgetragenen Mission bleiben, das Volk hat in ihre Hände den Donner seiner Rache gelegt, und sie werden ihn nicht lassen, ehe nicht alle Feinde der Freiheit zerschmettert sind. Sie werden den Mut haben, über weite Gräberreihen von Verschwörern hinwegzuschreiten, um über Ruinen zum Glück der Nation und zur Erneuerung der Welt zu gelangen." Noch am selben Tage wird dieser traurige „Mut" abermals durch die Kanonen von Brotteaux mörderisch bekräftigt und an einer noch stattlicheren Herde. Diesmal sind es zweihundertzehn Stück Schlachtvieh, die mit auf den Rücken gebundenen Händen hinausgeführt und in wenigen Minuten durch das gehackte Blei der Kartätschen und durch Salven der Infanterie umgelegt werden. Die Prozedur bleibt dieselbe, nur erleichtert man den Fleischerknechten diesmal das unbequeme Handwerk, indem man ihnen erläßt, nach so anstrengender Massakrierung auch noch Totengräber ihrer Opfer zu sein. Wozu noch Gräber für diese Schurken? Man zieht die blutigen Schuhe von den verkrallten Füßen, dann wirft man die nackten und oft noch zuckenden Kadaver einfach in das strömende Grab der Rhone.

Aber selbst diesem schauerlichen Horror, den das ganze Land und die Weltgeschichte angeekelt empfindet, legt Joseph Fouché noch den beschwichtigenden Mantel hymnischer Worte um. Daß die Rhone verpestet wird von diesen nackten Leichen, rühmt er als politische Tat, weil sie, hinabschwimmend bis nach Toulon, dort sinnliches Zeugnis der unerbittlichen fürchterlichen republikanischen Rache ablegen. „Es tut not," schreibt er, „daß die blutigen Kadaver, die wir in die Rhone werfen, beide Ufer entlang bis an ihre Mündung, zum infamen Toulon schwimmen, damit sie vor den Augen der feigen und grausamen Engländer den Eindruck des Schreckens und das Bildnis der Volks-Allmacht verdeutlichen." In Lyon freilich ist eine solche Verdeutlichung nicht mehr nötig, denn Hinrichtung folgt auf Hinrichtung, Hekatombe auf Hekatombe. Die Eroberung Toulons begrüßt er „mit Freudentränen" und außerdem damit, daß er zur Feier des Tages „zweihundert Rebellen vor die Mündung der Gewehre schickt". Vergeblich bleibt jeder Ruf nach Gnade. Zwei Frauen, die zu leidenschaftlich um die Freigabe ihrer Männer vor dem Blutgericht gefleht hatten, werden gebunden neben der Guillotine aufgestellt, niemand auch nur in die Nähe des Hauses der Volksbeauftragten gelassen, um Milderungen zu erbitten. Aber je wilder die Gewehre knattern, um so lauter dröhnen die Worte der Prokonsuln: „Ja, wir wagen es zu behaupten, wir haben viel unreines Blut vergossen, aber einzig aus Menschlichkeit und Pflicht ... Wir werden den Blitz, den ihr in unsere Hände gelegt habt, nicht lassen, bevor ihr es nicht durch euren Willen bekundet habt. Bis dahin werden wir fortfahren, ohne Unterbrechung unsere Feinde niederzuschlagen, wir werden sie in der vollkommensten, fürchterlichsten und schnellsten Weise ausrotten."

Und sechzehnhundert Hinrichtungen in wenigen Wochen bezeugen, daß diesmal ausnahmsweise Joseph Fouché die Wahrheit gesprochen hat. Über die Organisation dieser Schlächtereien und ihre selbstbegeisterten Berichte vergessen Joseph Fouché und sein Kollege nicht den traurigen anderen Auftrag des Konvents, den sie in Lyon zu erfüllen haben. Gleich am ersten Tage führen sie Klage nach Paris, die anbefohlene Demolierung der Stadt habe sich unter ihrem Vorgänger „zu langsam“ vollzogen – „nun werden die Minen das Werk der Zerstörung beschleunigen, schon haben die Sappeure begonnen zu arbeiten, und innerhalb zweier Tage werden die Bauwerke von Bellecourt in die Luft fliegen.“

Diese berühmten Fassaden, unter Ludwig dem Vierzehnten begonnen, von einem Schüler Mansards erbaut, sind, weil die schönsten, als erste zum Untergang bestimmt. Mit Brutalität werden die Bewohner dieser Häuserreihen ausgetrieben, und Hunderte von Arbeitslosen, Männer und Frauen, schmettern in wenigen Wochen sinnloser Zerstörung die prachtvollen Kunstwerke zusammen. Die unglückselige Stadt hallt wider von Seufzern und Stöhnen, von Kanonenschüssen und stürzenden Mauerwerken; während das Komitee „de justice“ die Menschen umlegt, das Komitee „de demolition“ die Häuser, führt das Komitee „des substances“ gleichzeitig in rücksichtsloser Weise die Requisition der Lebensmittel, Stoffe und Wertgegenstände durch. Jedes Haus wird vom Keller bis zum Dach durchstöbert nach versteckten Menschen und verborgenen Kostbarkeiten, überall waltet der Terror der beiden Männer, die, selbst unsichtbar und unzugänglich, von Posten geschützt, in einem Hause sich verborgen halten, Fouché und Collot.

Schon sind die schönsten Paläste niedergerissen, die Gefängnisse, obwohl immer aufs neue vollgepfropft, halb geleert, die Kaufläden ausgeräumt und die Felder von Brotteaux mit dem Blute von tausend Menschen getränkt, da endlich entschließen sich ein paar kühne Bürger (es kann ihnen den Kopf kosten!), nach Paris zu eilen und dem Konvent eine Bittschrift zu überreichen, er möge doch nicht die ganze Stadt dem Erdboden gleichmachen lassen. Selbstverständlich ist der Text dieser Bitte sehr vorsichtig, sogar kriecherisch gehalten, auch sie beginnen feige mit einer Verbeugung und rühmen das herostratische Dekret als eins, „das vom Genie des römischen Senats diktiert zu sein scheint“. Dann aber bitten sie um „Gnade für die aufrichtige Reue, für die verirrte Schwäche, Gnade – wir wagen es zu sagen – für die verkannten Unschuldigen“.

Aber rechtzeitig sind die Konsuln von der verdeckten Anklage verständigt worden, und mit der Eilpost saust Collot d'Herbois als der Beredtere nach Paris, um rechtzeitig den Schlag zu parieren. Am nächsten Tage hat er die Kühnheit, im Konvent und bei den Jakobinern die Massenhinrichtungen, statt sie zu entschuldigen, noch als eine Form der „Humanität“ zu rühmen. „Wir wollten“, sagt er, „die Menschheit von dem furchtbaren Schauspiel zu vieler aufeinanderfolgender Hinrichtungen befreien, darum beschlossen die Kommissäre, an einem Tage alle Verurteilten und Verräter auf einmal zu vernichten; dieser Wunsch entsprang einer wirklichen Gefühlsregung (véritable sensibilité)," und bei den Jakobinern begeistert er sich noch inbrünstiger für das neue „humanitäre" System. „Ja, wir haben zweihundert Verurteilte mit einer Salve niedergeschmettert, und man macht uns einen Vorwurf daraus. Weiß man denn nicht, daß auch dies noch ein Akt der Gefühlsmäßigung war! Wenn man zwanzig guillotiniert, so sterben die letzten zwanzigmal voraus, hier aber gingen zwanzig Verräter gemeinsam zugrunde." Und tatsächlich, diese abgenutzten Phrasen, hastig aus dem blutigen Tintenfaß des revolutionären Jargons herausgeholt, machen Eindruck, der Konvent und die Jakobiner nehmen Collots Erklärungen zustimmend auf und geben damit den Prokonsuln einen Freibrief zu weiteren Exekutionen. Am gleichen Tage feiert Paris die Beisetzung Chaliers im Pantheon – eine Ehre, die bisher nur Jean Jacques Rousseauund Marat erwiesen worden war, – und seine Konkubine erhält wie die Marats eine Pension. Öffentlich ist damit der Märtyrer zum Nationalheiligen gemacht und jede Gewalttätigkeit Fouchés und Collots als berechtigte Rache gebilligt.

Immerhin: eine gewisse Unsicherheit hat sich doch der beiden bemächtigt, denn die gefährliche Situation im Konvent, das Schwanken zwischen Danton und Robespierre, zwischen Mäßigung und Terror, erfordert erhöhte Vorsicht. So beschließen die beiden, die Rollen zu teilen: Collot d'Herbois bleibt in Paris, um die Stimmung in den Komitees und dem Konvent zu überwachen, jeden möglichen Angriff im voraus mit seiner brutalen Rednervehemenz niederzudröhnen, die Fortsetzung der Massaker bleibt der „Energie" Fouchés zugeteilt. Dies ist wichtig, festzustellen, daß während jener Zeit Joseph Fouché unumschränkter Alleingebieter war, denn in geschickter Weise hat er später versucht, alle Gewalttätigkeiten auf seinen offenherzigeren Kollegen abzuschieben: aber die Tatsachen zeigen, daß auch in der Zeit, da er allein gebietet, die Sense nicht minder mörderisch sauste. Vierundfünfzig, sechzig, hundert Menschen am Tage werden hingeknattert, auch in der Abwesenheit Collots stürzen die Mauern nieder, werden Häuser gebrandschatzt und die Gefängnisse durch Exekutionen geleert, und immer noch überbrüllt Joseph Fouché seine eigenen Taten mit begeisterten Blutworten: „Die Urteile dieses Tribunals mögen dem Verbrecher Schreck einflößen, aber sie beruhigen und trösten das Volk, das ihnen Gehör schenkt und sie billigt. Zu Unrecht denkt man von uns, wir hätten den Schuldigen auch nur ein einziges Mal die Ehre einer Begnadigung erwiesen: wir haben nicht eine einzige gewährt!"

Aber plötzlich – was ist geschehen? – ändert Fouché seinen Ton. Mit seiner feinen Witterung spürt er von ferne, der Wind im Konvent muß plötzlich umgeschlagen haben, denn auf seine grellen Exekutionsfanfaren tönt seit einiger Zeit kein rechtes Echo zurück. Seine jakobinischen Freunde, seine atheistischen Gesinnungsgenossen Hébert, Chaumette, Ronsin, sind auf einmal schweigsam geworden – sehr schweigsam und für immer, denn unerwartet zugreifend hat sie die unbarmherzige Hand Robespierres an der Gurgel gepackt. Zwischen den Allzuwilden und Allzumilden immer geschickt hin- und herpendelnd, bald nach rechts, bald nach links sich die Ellbogen freimachend, hat sich dieser moralische Tiger plötzlich aus dem Dunkel auf die Ultraradikalen geworfen. Er hat veranlaßt, daß Carrier, der in Nantes genau so radikal ersäufte, wie Fouché in Lyon füsilierte, zur Berichterstattung vor die Versammlung gefordert wird; er hat durch seinen Seelenknecht Saint-Just in Straßburg den wilden Eulogius Schneider auf die Guillotine holen lassen; er hat atheistische Volksschauspiele, wie Fouché sie in der Provinz und in Lyon gefeiert, öffentlich als Dummheiten gebrandmarkt und in Paris abgestellt. Und scheu und gehorsam wie immer folgen die beunruhigten Abgeordneten seinem Wink.

Die alte Angst überkommt Fouché: nicht mehr bei der Majorität zu sein. Die Terroristen sind umgelegt – wozu also länger Terrorist sein? Lieber rasch hinüber zu den Gemäßigten, zu Danton und Desmoulins, die jetzt ein „Tribunal der Milde“ fordern, nur rasch den Mantel umgehängt nach der neuen Richtung des Windes. Plötzlich, am 6. Februar, befiehlt er, die Mitrailladen einzustellen, und nur zögernd setzt die Guillotine (von der er in seinen Pamphleten behauptet hat, sie arbeite zu langsam) ihren Dienst fort, schäbige zwei, drei Köpfe höchstens am Tag, wahrhaftig eine Kleinigkeit, verglichen mit den früheren Nationalfesten auf der Ebene von Brotteaux. Dafür schaltet er mit einemmal seine ganze Energie gegen die Radikalen ein, gegen die Veranstalter seiner Feste und Exekutoren seiner Befehle, aus einem revolutionären Saulus wird plötzlich ein humaner Paulus.

Glatt wirft er sich auf die Gegenseite, bezeichnet die Freunde Chaliers als eine „Arena der Anarchisten und des Aufruhrs“, löst brüsk ein oder zwei Dutzend revolutionäre Komitees auf. Und nun geschieht etwas sehr Merkwürdiges: die verängstigte, zu Tode erschreckte Bevölkerung von Lyon sieht auf einmal in dem Helden der Mitrailladen, Fouché, ihren Retter. Und die Revolutionäre von Lyon wiederum schreiben einen wütenden Brief nach dem andern, ihn der Lauheit, des Verrates und der „Unterdrückung der Patrioten“ zu beschuldigen. Diese kühnen Wendungen, diese frechen Hinüber am hellichten

Tag ins andere Lager, diese Fluchten zum Sieger sind Fouchés Geheimnis im Kampf. Und sie allein haben ihm das Leben gerettet. Er hat nach beiden Seiten gespielt. Wird er nun in Paris der übergroßen Milde angeschuldigt, so kann er auf die tausend Gräber hindeuten und auf die zerschmetterten Fassaden von Lyon. Klagt man ihn wiederum als Schlächter an, so vermag er sich auf die Anklagen der Jakobiner zu berufen, die ihn wegen seines „Moderantismus", seiner allzu großen Mäßigung beschuldigen. Er kann, je wie der Wind weht, aus der rechten Tasche einen Beweis für Unerbittlichkeit und aus der linken für Menschlichkeit hervorholen, er kann jetzt sowohl als der Henker wie als der Retter von Lyon auftreten. Und tatsächlich, mit diesem geschickten Taschenspielertrick ist es ihm ja auch später gelungen, die ganze Verantwortung für die Massaker seinem offenherzigeren und geradlinigeren Kollegen Collot d'Herbois um den Hals zu hängen. Aber nur die Nachwelt gelingt es ihm zu täuschen: unerbittlich wacht in Paris Robespierre, der Feind, der ihm nicht verzeihen kann, daß er seinen eigenen Mann, Couthon, aus Lyon verdrängt hat. Er kennt vom Konvent her diesen Doppelzüngigen, unbestechlich verfolgt er alle diese Wendungen und Schiebungen Fouchés, der sich jetzt eilig vor dem Gewitter ducken will. Und das Mißtrauen Robespierres hat eiserne Krallen: ihnen entkommt man nicht. Am zwölften Germinal erzwingt er im Wohlfahrtsausschuß das drohende Dekret an Fouché, sofort nach Paris zu kommen und sich wegen der Vorgänge in Lyon zu verantworten. Der selbst grausam drei Monate zu Gericht gesessen, muß nun selbst vor das Tribunal. Vor das Tribunal, weshalb? Weil er zweitausend Franzosen in drei Monaten massakrieren ließ? Als Kollege Carriers und der andern Massenhenker, möchte man vermuten. Aber jetzt erst erkennt man die politische Genialität dieser verblüffend frechen letzten Wendung Fouchés: nein, er hat sich zu verantworten, die radikale „Société populaire" unterdrückt, die jakobinischen Patrioten verfolgt zu haben. Der „Mitrailleur de Lyon", der Exekutor von zweitausend Opfern ist angeklagt – unvergeßliche Farce der Geschichte! – des edelsten Vergehens, das die Menschheit kennt: der übergroßen Menschlichkeit.

Drittes Kapitel
Der Kampf mit Robespierre
1794

Am 3. April erfährt Joseph Fouché, daß ihn der Wohlfahrtsausschuß zur Verantwortung nach Paris beordert hat, am 5. besteigt er den Reisewagen. Sechzehn dumpfe Schläge begleiten seine Abfahrt, sechzehn Schläge der Guillotine, die zum letztenmal in seinem Auftrag ihre scharfe Pflicht verrichtet. Und noch zwei allerletzte Verurteilungen werden an diesem Tage in Eile vorgenommen, zwei sehr sonderbare, denn die beiden Nachzügler des großen Massakers, die ihre Köpfe (nach dem jovialen Ausdruck der Zeit) in den Korb spucken müssen, wer sind sie? Niemand anders als der Scharfrichter von Lyon und sein Gehilfe. Eben dieselben, die im Auftrag der Reaktion Chalier und seine Freunde, die dann im Auftrag der Revolution die Reaktionäre zu Hunderten gleichmütig guillotinierten, sie kommen jetzt selbst unter das Messer. Welches Verbrechen man ihnen zuschreibt, kann man aus den Gerichtsakten mit bestem Willen nicht klar ersehen; wahrscheinlich werden sie nur geopfert, um den Nachfolgern Fouchés und der Nachwelt nicht allzuviel über Lyon zu erzählen. Tote verstehen am besten zu schweigen.

Dann rollt der Wagen. Fouché hat allerhand nachzudenken auf der Fahrt nach Paris. Immerhin, so mag er sich trösten, noch ist nichts verloren; er hat ja manche einflußreichen Freunde im Konvent, vor allem den großen Gegenspieler Robespierres, Danton: vielleicht wird es doch gelingen, den Furchtbaren in Schach zu halten. Aber wie kann er ahnen, Fouché, daß in diesen Schicksalsstunden der Revolution die Ereignisse viel rascher rollen als die Räder einer Postkutsche von Lyon nach Paris? Daß bereits seit zwei Tagen sein Intimus Chaumette im Gefängnis sitzt, daß das riesige Löwenhaupt Dantons gestern von Robespierre unter die Guillotine gestoßen wurde, daß am gleichen Tage Condorcet, der geistige Führer der Rechten, hungernd in der Umgebung von Paris herumirrt und am nächsten Tage, um dem Gericht zu entgehen, sich vergiften wird? Sie alle hat ein einziger Mann gestürzt, und gerade dieser eine Mann, Robespierre, ist sein erbittertster politischer Gegner. Erst abends am 8. in Paris angelangt, erfährt er den ganzen Umfang der Gefahr, der er in den Rachen gerannt. Weiß Gott, er wird wenig geschlafen haben, der Prokonsul Joseph Fouché, in dieser seiner ersten Nacht in Paris.

Gleich am nächsten Morgen begibt sich Fouché in den Konvent, ungeduldig die Eröffnung der Sitzung erwartend. Aber sonderbar, der weite Saal will sich durchaus nicht füllen, die Hälfte, ja mehr als die Hälfte der Plätze bleibt noch immer leer. Gewiß: eine Anzahl der Deputierten mag auf Missionen sein oder anderweitig verhindert, aber doch, welche gähnende Leere dort auf der Rechten, wo einst die Führer saßen, die Girondisten, die herrlichen Redner der Revolution! Wo sind sie hin? Die zweiundzwanzig kühnsten, Vergniaud, Brissot, Pétion, haben auf dem Schafott geendet oder durch Selbstmord oder wurden auf ihrer Flucht von Wölfen zerrissen. Dreiundsechzig ihrer Freunde, die sie zu verteidigen wagten, hat die Majorität in den Bann getan – mit einem einzigen fürchterlichen Schlage hat Robespierre sich eines Hunderts seiner Gegner zur Rechten entledigt. Aber nicht minder energisch hat seine Faust in den eigenen Reihen auf dem „Berge“ zugeschlagen: Danton, Desmoulins, Chabot, Hébert, Fabre d'Églantine, Chaumette und zwei Dutzend andere, sie alle, die gegen seinen Willen, gegen seine dogmatische Eitelkeit sich auflehnten, er hat sie bis hinunter in die Kalkgrube gestoßen.

Alle hat dieser unscheinbare Mann beseitigt, dieser kleine magere Mann mit dem gallig fahlen Gesicht, der niedern zurückfliehenden Stirn, den kleinen wasserfarbenen, kurzsichtigen Augen, der unscheinbar, lange von den Riesengestalten seiner Vorgänger verdeckt war. Aber die Sense der Zeit hat ihm den Weg freigemacht: Seit Mirabeau, Marat, Danton, Desmoulins, Vergniaud, Condorcet erledigt sind, also der Tribun, der Aufrührer, der Führer, der Schriftsteller, der Redner und der Denker der jungen Republik, ist er nun alles in einer Person, ihr Pontifex maximus, Diktator und Triumphator. Beunruhigt sieht Fouché auf seinen Gegner, um den sich mit zudringlichem Respekt jetzt alle servilen Deputierten drängen und der mit unerschütterlichem Gleichmut diese Huldigungen sich darbieten läßt; in seine „Tugend“ gehüllt wie in einen Panzer, unnahbar, undurchdringlich, mustert mit seinem kurzsichtigen Blick der Unbestechliche die Arena im stolzen Bewußtsein, daß sich jetzt keiner mehr wider seinen Willen zu erheben wage.

Aber einer wagt es doch. Einer, der nichts mehr zu verlieren hat, Joseph Fouché, und verlangt das Wort zur Rechtfertigung seines Verhaltens in Lyon.

Dieses Verlangen nach Rechtfertigung vor dem Konvent ist eine Herausforderung des Wohlfahrtsausschusses, denn nicht der Konvent, sondern der Ausschuß hat von ihm Aufschluß gefordert. Er aber wendet sich als an die höhere, als an die eigentliche Instanz, an die Versammlung der Nation. Die Kühnheit dieses Anspruchs ist unverkennbar. Aber doch, der Präsident gibt ihm das Wort. Immerhin, Fouché ist nicht der erste beste, zu oft hat man seinen Namen genannt in diesem Saal, noch sind seine Verdienste, seine Berichte, seine Taten nicht vergessen. Fouché tritt auf die Tribüne und liest einen umständlichen Bericht. Die Versammlung hört zu, ohne ihn zu unterbrechen, ohne ein Zeichen des Beifalls oder des Mißfallens. Aber am Ende der Rede rührt sich keine Hand. Denn der Konvent ist ängstlich geworden. Ein Jahr Guillotine hat alle diese Männer seelisch entmannt. Die einst frei ihrer Überzeugung sich hingaben wie einer Leidenschaft, die laut, kühn und offen sich in den Streit der Worte und Gesinnungen warfen, sie alle lieben nicht mehr, sich zu bekennen. Seit wie Polyphem der Henker in ihre Reihen greift, bald links, bald rechts, seit die Guillotine wie ein blauer Schatten hinter jedem ihrer Worte lastet, schweigen sie lieber, statt zu reden. Jeder duckt sich hinter den andern, jeder schielt nach rechts und links, ehe er eine Bewegung wagt, wie ein drückender Nebel liegt die Angst grau auf ihren Gesichtern; und nichts erniedrigt den Menschen und besonders eine Masse von Menschen mehr als die Angst vor dem Unsichtbaren. So wagen sie auch diesmal nicht eine Meinung. Nur keine Einmengung in die Domäne des Ausschusses, des unsichtbaren Tribunals! Die Rechtfertigung Fouchés, sie wird nicht abgelehnt, sie wird nicht angenommen, sondern einfach dem Ausschuß zur Prüfung überschickt; das heißt, sie landet an demselben Ufer, das Fouché so sorgfältig vermeiden wollte. Seine erste Schlacht ist verloren.

Nun fährt auch ihm die Furcht in den Nacken. Er hat sich zu weit vorgewagt, ohne das Gelände zu kennen: nun besser einen raschen Rückzug. Lieber kapitulieren, als allein gegen den Mächtigsten kämpfen. So beugt Fouché reumütig das Knie, so beugt er das Haupt. Denn noch am selben Abend begibt er sich in die Wohnung Robespierres, um sich mit ihm auszusprechen oder ehrlicher gesagt: um Pardon von ihm zu erbitten. Bei dieser Besprechung ist niemand Zeuge gewesen. Nur ihr Ausgang ist bekannt, und man kann sie sich vorstellen aus der Analogie jenes Besuches, den Barras in seinen Memoiren grauenhaft deutlich beschrieben. Auch Fouché muß wohl, ehe er die Holztreppe in dem kleinenBürgerhause in der Rue Saint-Honoré emporsteigt, wo Robespierre seine Tugend und Armut ins Schaufenster stellt, das Examen der Wirtsleute bestehen, die ihren Gott und Mieter wie eine heilige Beute bewachten. Auch ihn wird wohl Robespierre genau wie Barras, in dem kleinen engen, nur eitel mit den eigenen Bildern geschmückten Zimmer kaum zum Sitzen aufgefordert, sondern kalt aufrecht mit beabsichtigt verletzendem Hochmut wie einen erbärmlichen Verbrecher empfangen haben. Denn dieser Mann, der leidenschaftlich die Tugend liebt und ebenso leidenschaftlich und lasterhaft in seine eigene Tugend verliebt ist, kennt keine Nachsicht und Verzeihung für einen, der jemals anderer Meinung als er selbst gewesen. Unduldsam und fanatisch, ein Savonarola der Vernunft und der „Tugend", weist er jedes Paktieren, ja sogar jedes Kapitulieren seiner Gegner zurück; selbst dort, wo Politik gebieterisch zu Verständigung drängte, hemmt ihn seine Haßhärte und sein dogmatischer Stolz. Was immer Fouché Robespierre damals gesagt hat und sein Richter ihm geantwortet – nur dies weiß man: es war kein guter Empfang, sondern ein niederschmetterndes, ein unbarmherziges Herunterkanzeln, eine unverhüllte kalte Drohung, ein Todesurteil in effigie. Und der, von Zorn bebend, die Treppe der Rue Saint-Honoré hinuntergeht, gedemütigt, zurückgewiesen, bedroht, Joseph Fouché, er weiß, daß es nun nur noch eine Rettung gibt für seinen Kopf: wenn der des andern, wenn der Robespierres eher als der seine in den Korb fällt. Krieg auf Tod und Leben ist erklärt. Der Zweikampf zwischen Robespierre und Fouché hat begonnen. Dieser Zweikampf Robespierres und Fouchés gehört zu den spannendsten, zu den psychologisch erregendsten Episoden der Revolutionsgeschichte. Beide klug, beide Politiker, haben sie doch beide, der Herausgeforderte wie der Herausfordernde, einen Irrtum gemeinsam: sie unterschätzen lange einer den anderen, weil sie sich von früher zu kennen glauben. Für Fouché ist Robespierre noch immer der abgeschundene, dürre Advokat, der in seiner Provinz in Arras mit ihm zusammen im Klub kleine Scherze gemacht, der damals süßliche Verslein in der Art des Grécourt fabrizierte und dann die Versammlung von 1789 durch seinen Redeschwall langweilte. Fouché hat nicht oder zu spät bemerkt, wie in zäher, beharrlicher Selbstarbeit und im Aufschwung der Aufgabe aus einem Demagogen Robespierre ein Staatsmann, aus einem geschmeidigen Intriganten ein präzis denkender Politiker, aus einem Rhetor ein Redner geworden ist. Fast immer steigert die Verantwortung den Menschen zur Größe: so ist Robespierre am Gefühl seiner Sendung gewachsen, denn er fühlt inmitten von gierigen Verdienern und lauten Schreiern die Rettung der Republik als die ihm allein vom Schicksal auferlegte Lebensaufgabe. Als heilige Mission für die Menschheit empfindet er die Notwendigkeit, gerade seine Konzeption der Republik, der Revolution, der Sittlichkeit und selbst der Göttlichkeit zu verwirklichen. Diese Starre Robespierres ist zugleich die Schönheit und die Schwäche seines Charakters. Denn berauscht von seiner eigenen Unbestechlichkeit, verzaubert in seine dogmatische Härte, betrachtet er jede andere Meinung als die seine nicht nur als andersartig, sondern als Verrat, und mit der frostigen Faust eines Ketzerrichters stößt er darum jeden Andersdenker als Ketzer auf den neuen Scheiterhaufen, die Guillotine. Zweifellos: eine große, eine reine Idee lebt in dem Robespierre von 1794. Aber besser gesagt, sie lebt nicht, sie ist erstarrt in ihm. Sie kann nicht völlig aus ihm heraus und er nicht völlig aus ihr (Schicksal aller dogmatischen Seelen), und dieser Mangel an mitteilsamer Wärme, an hinreißender Humanität nimmt seiner Tat die wahrhaft zeugende Kraft. Nur in der Starre ist seine Stärke, nur in der Härte seine Kraft: das Diktatorische ist für ihn Sinn und Form seines Lebens geworden. So kann er sein Ich nur der Revolution aufprägen, oder es muß zerbrechen.

Ein solcher Mann duldet keinen Widerspruch, keine andere Meinung in geistigen Dingen, kein Nebenihm und noch weniger ein Gegenihn. Er kann Menschen nur ertragen, sofern sie spiegelhaft seine eigenen Anschauungen zurückwerfen, solange sie ihm Seelensklaven sind wie Saint-Just und Couthon; jeden andern scheidet die grimmige Lauge seines galligen Temperaments unerbittlich aus. Wehe aber denen, die nicht nur von seiner Meinung abwichen (auch diese hat er verfolgt), sondern sogar seinen Willen gekreuzt, die seine Unfehlbarkeit nicht geachtet haben. Das nun hat Joseph Fouché getan. Er hat niemals seinen Rat eingeholt, nie sich vor dem einstigen Freunde gebeugt, er hat auf den Bänken seiner Feinde gesessen, ist kühn über die von Robespierre gesetzten Grenzen eines mittleren, vorsichtigen Sozialismus hinausgegangen, indem er den Kommunismus predigte und den Atheismus. Aber bisher hat sich Robespierre nicht ernstlich mit ihm beschäftigt; Fouché schien ihm zu gering. Für ihn ist dieser Deputierte nichts anderes als der kleine Priesterlehrer, den er noch in der Soutane gekannt und dann als Brautwerber seiner Schwester, ein kleiner schäbiger Ehrgeizling, der seinem Gott und seiner Braut und allen Überzeugungen untreu geworden ist. Er verachtet ihn mit dem ganzen Gruppenhaß der Starre gegen die Biegsamkeit, der Unbedingtheit gegen die Erfolgsschleicherei, mit dem Mißtrauen der religiösen Natur gegen die profane; aber dieser Haß hat sich bisher noch nicht gegen die Person Fouchés bemüht, nur gegen die Gattung, deren Spielart er ist. Hochmütig hat er ihn bisher selbst übersehen: wozu sich Mühe nehmen für einen solchen Intriganten, den man jederzeit unter dem Fuß zertreten kann? Nur weil er ihn so lange verachtet, hat Robespierre bisher Fouché nur beobachtet, aber nicht ernstlich bekämpft.

Jetzt erst bemerken beide, wie sehr einer den andern unterschätzt. Fouché erkennt die ungeheure Macht, die Robespierre in seiner Abwesenheit zugewachsen: alle Ämter sind ihm untertänig, die Armee, die Polizei, das Gericht, die Ausschüsse, der Konvent und die Jakobiner. Ihn zu bekämpfen, scheint aussichtslos. Aber Robespierre hat ihn zum Kampf gezwungen, und Fouché weiß, daß er verloren ist, wenn er nicht siegt. Immer kommt aus letzter Verzweiflung eine letzte Kraft, und so wirft er sich, zwei Schritte vom Abgrund, plötzlich dem Verfolger entgegen, wie ein Hirsch, bis zum äußersten gehetzt, aus einem letzten Dickicht den Jäger mit dem Mute der Verzweiflung anfällt. Die ersten Feindseligkeiten eröffnet Robespierre. Nur eine Lektion will er dem Vorlauten zunächst erteilen, eine Warnung, einen Fußtritt. Anlaß dazu bietet jene berühmte Rede am 6. Mai, die alle Geistigen der Republik aufruft, „die Existenz eines höchsten Wesens und die Unsterblichkeit als lenkende Macht des Weltalls anzuerkennen". Nie hat Robespierre eine schönere, eine aufgeschwungenere Ansprache gehalten als diese, die er angeblich auf dem Landsitz Jean Jacques Rousseaus geschrieben: hier wird der Dogmatiker beinahe zum Dichter, der unklare Idealist zum Denker. Den Glauben vom Unglauben und andererseits vom Aberglauben zu trennen, eine Religion zu schaffen, die sich einerseits erhebt über das landläufige bilderanbetende Christentum und ebenso über den leeren Materialismus und Atheismus, also gleichfalls die Mitte zu bewahren, wie er es immer, in allen geistigen Fragen versucht, das bildet die Grundidee seiner Ansprache, die trotz ihrer schwülstigen Phraseologie von aufrichtigem Ethos, von leidenschaftlichem Willen zur Erhebung der Menschheit erfüllt ist. Aber selbst in dieser oberen Sphäre kann er sich, der Ideologe, nicht vom Politischen befreien, selbst in die zeitlosen Gedanken mengt seine gallige, mißlaunige Rankūne persönliche Angriffe. Gehässig erinnert er an die Toten, die er selbst auf die Guillotine gestoßen, und höhnt die Opfer seiner Politik, Danton und Chaumette, als verächtliche Beispiele der Unmoral und Gottlosigkeit. Und plötzlich, mit einem ins Herz treffenden Stoß, wirft er sich gegen den einzigen der Atheistenprediger, die seinen Zorn überlebt haben, gegen Joseph Fouché. „Sage uns doch, wer hat dir die Mission zugeteilt, dem Volke zu verkünden, es gebe keine Gottheit! Welche Vorteile siehst du darin, dem Menschen einzureden, eine blinde Gewalt bestimme sein Geschick, schlage ganz zufällig bald die Tugend und bald das Laster, und daß seine Seele nichts als dünner Atem wäre, der an der Pforte des Grabes erlischt! Unglückseliger Sophist, mit welchem Recht maßt du dir an, der Unschuld das Zepter der Vernunft zu entreißen, um es den Händen des Lasters zu überantworten? Der Natur einen Totenschleier überzuwerfen, das Unglück noch verzweifelter zu machen, das Verbrechen zu entlasten, die Tugend zu verdüstern und die Menschheit zu erniedern! ... Nur ein Verbrecher, verächtlich vor sich selbst und widerlich allen andern, kann glauben, die Natur vermöge uns nichts Schöneres zu schenken als das Nichts."

Grenzenloser Beifall umbraust die großartige Rede Robespierres. Mit einemmal fühlt sich der Konvent der Niederungen des täglichen Streites enthoben, und einstimmig beschließt er das von Robespierre vorgeschlagene Fest zu Ehren des höchsten Wesens. Nur Joseph Fouché bleibt stumm und beißt die Lippen. Zu einem solchen Triumph des Gegners muß man schweigen. Er weiß, daß er sich offen mit diesem meisterlichen Rhetor nicht messen kann. Wortlos, blaß, nimmt er diese Schlappe in offener Versammlung hin, nur im Innern entschlossen, sich zu rächen und sie zu vergelten. Einige Tage, einige Wochen hört man nichts von ihm. Robespierre meint ihn erledigt: der Fußtritt hat wohl für den Frechen genügt. Aber wenn man nichts sieht und nichts hört von Fouché, so ist es, weil er unterirdisch arbeitet, zäh, planhaft, maulwurfhaft. Er macht Besuche in den Komitees, er sucht Bekanntschaften unter den Abgeordneten, er ist freundlich, verbindlich zu den einzelnen Menschen und sucht jeden zu gewinnen. Am meisten tut er sich um bei den Jakobinern, wo das geschickte, geschmeidige Wort viel gilt und seine Leistung zu Lyon ihm ein paar Steine ins Brett geschoben. Niemand weiß deutlich, was er will, was er plant, was er vorhat, dieser vielgeschäftige, promenierende, überall Fäden spinnende, unscheinbare Mann.

Und plötzlich wird alles klar, unerwartet für alle und am unerwartetsten für Robespierre: denn am 18. Prairial wird mit großer Stimmeneinheit Joseph Fouché zum Präsidenten des Jakobinerklubs erwählt.

Robespierre zuckt auf: eine solche Kühnheit hat niemand für möglich gehalten. Jetzt erst erkennt er, an einen wie verschlagenen und verwegenen Gegner er mit Fouché geraten ist. Seit zwei Jahren war ihm dies nicht mehr geschehen, daß ein Mann, den er öffentlich angriff, noch wagte, sich zu behaupten. Alle waren sie sofort verschwunden, kaum daß sein Blick ihnen entgegengefahren; ein Danton hatte sich auf sein Landgut geflüchtet, die Girondisten sich in die Provinz gerettet, die anderen blieben in ihren Häusern und ließen nichts von sich hören. Und dieser, dieser Freche, den er mit ausgestrecktem Finger in offener Nationalversammlung als unrein gebrandmarkt, der flüchtet in das Sanktuarium, ins Allerheiligste der Revolution, in den Jakobinerklub und erschleicht dort die höchste Würde, die einem Patrioten verliehen werden kann? Denn dies darf nicht vergessen werden und muß erinnert sein, welche ungeheure moralische Macht geradein dem letzten Jahr der Revolution dieser Klub in Händen hat. Die vollgültigste, reinste Goldprobe eines Patrioten, sie ist erst bestanden, sobald der Jakobinerklub ihn mit seiner Aufnahme ehrt; und wen er wieder ausstößt, wen er verwirft, der ist gekennzeichnet für das Beil. Generale, Volksführer, Politiker, alle treten sie gebeugten Hauptes vor diesen Richterstuhl als vor die höchste, fast priesterliche Instanz des Bürgersinnes. Gewissermaßen die Prätorianer der Revolution stellt dieser Klub dar, die Leibgarde und Leibwache für das heilige Haus. Und diese Prätorianer, diese strengsten, ehrlichsten, unbeugsamsten Republikaner haben einen Joseph Fouché zu ihrem Führer erwählt! Robespierres Wut ist maßlos. Denn am hellichten Tag ist dieser Schurke eingebrochen in sein Reich, in seine Domäne, gerade an diejenige Stelle, wo er selbst seine Feinde anklagt, wo er seine eigene Kraft stählt im Kreis der Geprüften. Und nun soll er, wenn er eine Rede halten will, Joseph Fouché um Erlaubnis bitten müssen, er, Maximilian Robespierre, sich der Laune oder Mißlaune eines Joseph Fouché unterwerfen?

Sofort spannt er alle Kraft. Diese Niederlage muß blutig vergolten werden. Herunter mit ihm, sofort herunter, nicht nur vom Präsidentenstuhl, sondern auch hinaus aus der Gesellschaft der Patrioten! Sofort hetzt er Fouché einige Bürger aus Lyon auf den Hals, die gegen ihn Klage führen, und als der Überraschte, immer hilflos im offenen Redekampf, sich ungeschickt verteidigt, greift er selber ein und mahnt die Jakobiner, „sich nicht von Betrügern täuschen zu lassen“. Beinahe gelingt es ihm schon, bei diesem ersten Stoß Fouché zu werfen. Aber noch hat Fouché die Präsidentschaft in Händen und damit das Mittel, vorzeitig die Debatte abzuschließen. Höchst unrühmlich bricht er die Diskussion ab und flüchtet ins Dunkel zurück, um einen neuen Angriff vorzubereiten.

Doch nun weiß Robespierre Bescheid. Er hat die Kampfweise Fouchés erkannt; er weiß, dieser Mann stellt sich nicht zum Zweikampf, sondern flüchtet immer wieder zurück, um aus dem Schatten heimlich seine Rückenstöße vorzubereiten. Einen solchen zähen Intriganten genügt es nicht, bloß zurückzupeitschen und zu schlagen, ihn muß man verfolgen bis in den äußersten Schlupfwinkel und mit dem Fuße zertreten. Man muß ihm den letzten Atem aus dem Halse pressen, ihn unschädlich machen, endgültig und für immer. Darum stürmt Robespierre noch einmal gegen ihn an. Er erneuert seine öffentliche Anklage bei den Jakobinern gegen ihn und fordert, Fouché solle in der nächsten Sitzung erscheinen und sich rechtfertigen. Natürlich hütet sich Fouché. Er kennt seine Stärke und kennt seine Schwäche, er will nicht Robespierre öffentlich den Triumph gönnen, ihn vor dreitausend Menschen Aug in Auge zu erniedrigen. Lieber ins Dunkel zurück, lieber sich besiegen lassen und Zeit gewinnen, kostbare Zeit! Deshalb schreibt er den Jakobinern höflich ab, leider müsse er ablehnen, sich öffentlich zu entschuldigen; ehe die beiden Ausschüsse über sein Verhalten entschieden hätten, möchten die Jakobiner das Gericht über ihn noch vertagen.

Auf diesen Brief springt Robespierre wie auf eine Beute. Jetzt gilt es, ihn zu fassen, jetzt endgültig Joseph Fouché zu zerschmettern. Die Rede, die er damals am 23. Messidor (11. Juni) gegen Joseph Fouché hält, ist der erbittertste Angriff, der gefährlichste und galligste, den Robespierre je gegen einen Gegner geschleudert. Aus den ersten Worten schon spürt man, daß Robespierre seinen Feind nicht nur treffen, sondern tödlich treffen, daß er ihn nicht nur erniedrigen, sondern ihn erledigen will. Er setzt an mit geheuchelter Ruhe. Die erste Erklärung klingt noch lau, daß das „Individuum" Fouché ihn gar nicht interessiere: „Ich war früher vielleicht mit ihm in gewissen Bindungen, weil ich ihn für einen Patrioten hielt, und wenn ich ihn hier anklage, so ist es weniger seiner Verbrechen wegen, sondern weil er sich verbirgt, um noch andere zu begehen, und weil ich ihn als den Chef der Verschwörung betrachte, die wir zu vernichten haben. Ich prüfe den Brief, der soeben vorgelesen wurde, und sage, daß er von einem Mann geschrieben ist, der, angeklagt, sich weigert, sich vor seinen Mitbürgern zu rechtfertigen. Damit ist der Beginn eines Systems von Tyrannei gegeben, denn wer sich weigert, vor einer Volksgemeinschaft, deren Mitglied er ist, sich zu rechtfertigen, greift die Autorität dieser Volksgemeinschaft an. Es ist erstaunlich, daß eben derselbe, der früher um die Billigung der Gesellschaft buhlte, sie mißachtet, sobald er angeklagt ist, und daß er gewissermaßen die Hilfe des Konvents gegen die Jakobiner anzurufen scheint." Und nun bricht sein Haß plötzlich persönlich hervor, selbst die körperliche Häßlichkeit Fouchés nimmt er zum willkommenen Anlaß, ihn zu erniedrigen. „Fürchtet er etwa", höhnt er, „die Augen und die Ohren des Volkes, fürchtet er, daß sein tristes Aussehen nur zu offenbar sein Verbrechen enthülle? Daß sechstausend auf ihn gerichtete Blicke seine ganze Seele in seinen Augen entdecken, obwohl die Natur sie so heimtückisch verborgen gestaltet hat? Fürchtet er, daß seine Sprache die Verwirrung, den Widerspruch eines Schuldigen enthülle? Jeder vernünftige Mensch muß erkennen, daß die Furcht der einzige Grund seines Verhaltens ist, und jedermann, der die Blicke seiner Mitbürger fürchtet, ist schuldig. Ich rufe hier Fouché vor Gericht. Er möge sich verantworten und sagen, ob er oder wir würdiger die Rechte einer Volksvertretung gewahrt, und wer von uns mutiger alle Parteiungen niedergeschmettert hat." Er nennt ihn dann noch einen „niedrigen und verächtlichen Betrüger", dessen Verhalten das Bekenntnis seines Verbrechens sei, und spricht mit perfiden Andeutungen „von Männern, deren Hände voll sind von Beute und Verbrechen", und schließt mit den drohenden Worten: „Fouché hat sich selbst genug charakterisiert, ich habe diese Bemerkungen nur gemacht, damit die Verschwörer ein für allemal wissen, daß sie der Wachsamkeit des Volkes nicht entkommen werden.“

Obwohl diese Worte deutlich ein Todesurteil ankündigen, gehorcht die Versammlung Robespierre. Und ohne Zögern stößt sie ihren ehemaligen Präsidenten als unwürdig aus dem Jakobinerklub aus.

Nun ist Joseph Fouché gezeichnet für die Guillotine wie ein Baum für das Beil. Ausschließung aus dem Klub der Jakobiner bedeutet Brandmal, Anklage Robespierres, und gar eine so erbitterte, meist soviel wie sichere Verurteilung. Fouché trägt jetzt am hellichten Tage sein Totenhemd. Jeder erwartet von jetzt ab stündlich seine Verhaftung und am meisten er selbst. Längst schläft er nicht mehr daheim im eigenen Bett, aus Furcht, wie Danton, wie Desmoulins nachts durch die Gendarmen aus dem Haus geholt zu werden. Er kriecht unter bei einigen tapferen Freunden, denn Mut ist vonnöten, einen so offenkundig Geächteten zu beherbergen, Mut sogar, öffentlich mit ihm zu sprechen. Hinter jeden seiner Schritte heftet sich die von Robespierre geleitete Polizei des Sicherheitsausschusses und meldet seinen Umgang, seine Besuche. Unsichtbar ist er umstellt, in jeder Bewegung gebunden und schon ans Messer geliefert. Tatsächlich, von allen siebenhundert Deputierten ist Fouché damals der Gefährdetste, und man sieht keine Möglichkeit des Entkommens für ihn. Er hat noch einmal versucht, sich irgendwo anzuklammern: bei den Jakobinern, aber die grimmige Faust Robespierres hat ihn losgerissen, nun sitzt sein Kopf nur auf Borg auf seinen Schultern. Denn was kann er vom Konvent erwarten, von dieser feigen, verschüchterten Hammelherde, die geduldig ihr Ja blökt, sobald der Ausschuß einen der ihren fordert für die Guillotine? Sie haben alle ihre einstigen Führer ohne Widerstand ans Revolutionstribunal abgegeben, Danton, Desmoulins, Vergniaud, nur um nicht durch Widerstand die Aufmerksamkeit auf sich zu lenken – warum nicht Fouche? Stumm, ängstlich, betroffen sitzen sie, die einst so Mutigen und Leidenschaftlichen, auf ihren Bänken. Das gräßliche, nervenzerrüttende, seelenzermalmende Gift der Angst lähmt ihren Willen.

Aber dies ist allzeit ein Geheimnis des Giftes, daß es Heilkraft in sich schließt, wenn man es künstlich destilliert und seine verborgenen Kräfte zusammenpreßt. So kann auch hier– paradoxerweise – gerade die Furcht vor Robespierre zur Rettung vor Robespierre werden. Man verzeiht es einem Menschen nicht, wenn er einen wochenlang, monatelang unablässig zur Furcht zwingt, wenn er durch Ungewißheit die Seele zerstört und den Willen lähmt:

nie kann die Menschheit oder ein Teil von ihr, eine einzelne Gruppe, die Diktatur eines einzigen Menschen lange ertragen, ohne ihn zu hassen. Und dieser Haß der Gebändigten gärt unterirdisch in allen Kreisen. Fünfzig, sechzig der Deputierten, die wie Fouché nicht mehr wagen, zu Hause zu schlafen, beißen die Lippen zusammen, wenn Robespierre an ihnen vorüberschreitet, viele ballen die Fäuste hinter dem Rücken, während sie seine Reden bejubeln. Je härter und länger der Unbestechliche herrscht, um so mehr wächst der Unwillen gegen seinen übermächtigen Willen. Nach und nach hat er sie alle getroffen und beleidigt, den rechten Flügel, weil er die Girondisten auf das Schafott führte, den linken, weil er die Köpfe der Extremisten in den Sack warf, den Wohlfahrtsausschuß, weil er ihm seinen Willen aufzwang, die Geldverdiener, weil er sie in ihren Geschäften bedrohte, die Ehrgeizigen, weil er ihnen den Weg versperrte, die Neidischen, weil er herrscht, und die Verträglichen, weil er sich ihnen nicht verbindet. Gelänge es, diesen hundertköpfigen Haß, diese viele verstreute Feigheit in einen Willen zu fassen, in eine Spitze, deren Stoß Robespierre ins Herz fährt, dann wären sie alle gerettet, Fouché, Barras, Tallien, Carnot, alle seine heimlichen Feinde. Aber um dies zu ermöglichen, müßte man zuerst vielen dieser schwachen Charaktere die Überzeugung beibringen, sie seien von Robespierre bedroht; man müßte die Sphäre der Furcht und des Mißtrauens noch verbreitern, die Spannung, die jener übt, selber noch künstlich erhöhen. Man müßte die bleierne Schwüle, diesen Druck der Unbestimmtheit in Robespierres düsteren Reden noch mehr auf den Nerven der einzelnen lasten machen, die Furcht noch furchtbarer, die Angst noch angsthafter steigern: dann vielleicht wäre die Masse mutig genug, um diesen einzelnen anzufallen.

Hier setzt die eigentliche Tätigkeit Fouchés ein. Vom frühen Morgen bis zum späten Abend schleicht er vom einen zum andern Abgeordneten, munkelt von den geheimnisvollen neuen Konskriptionslisten, die Robespierre vorbereite. Und jedem einzelnen flüstert er zu: „Du bist auf der Liste“ oder „Du kommst zum nächsten Schub“. Und wirklich, so verbreitet sich allmählich unterirdisch eine panische Angst, denn einem solchen Cato, einer derart restlosen Unbestechlichkeit gegenüber haben die wenigsten Deputierten ein vollkommen reines Gewissen. Der eine hat vielleicht in der Geldgebarung etwas zu fahrlässig gehandelt, der zweite einmal Robespierre widersprochen, der dritte sich zuviel mit Frauen abgegeben (alles Verbrechen in den Augen dieses republikanischen Puritaners), der vierte hat vielleicht einmal mit Danton oder einem anderen der hundertfünfzig Verurteilten Freundschaft gepflogen, der fünfte einen Verurteilten bei sich aufgenommen, der sechste einen Brief eines Emigranten empfangen. Kurzum, jeder zittert, jeder hält einen Angriff gegen sich für möglich, keiner fühlt sich rein genug, um dem überstrengen Anspruch, den Robespierre an die Bürgertugend stellt, völlig gerecht zu werden. Und immer wieder schießt, wie die Spule am Webstuhl, Fouché vom einen zum andern, immer neue Fäden ziehend, immer neue Maschen knüpfend, immer mehr einfangend in dieses Spinnennetz von Mißtrauen und Verdacht. Aber es ist ein gefährliches Spiel, das er treibt, denn nur ein Spinnennetz flicht er, und eine einzige brüske Bewegung Robespierres, ein Wort des Verrats, kann sein Gewebe zerreißen.

Diese geheimnisvolle, verzweifelte, gefährliche und hintergründige Rolle Fouchés in der Verschwörung gegen Robespierre ist in den meisten Darstellungen nicht genug betont worden, und in den oberflächlichen wird er oft gar nicht genannt. Geschichte wird fast immer bloß nach dem Augenschein geschrieben, und so schildern die Darsteller jener aufregenden letzten Tage gewöhnlich nur die dramatisch pathetische Gebärde Talliens, der auf der Tribüne den Dolch schwingt, mit dem er sich durchbohren will, die brüske Energie Barras', der die Truppen zusammenruft, die Anklagerede Bourdons; sie schildern kurzum die Schauspieler, die Akteure des großen Dramas, das sich dann am 9. Thermidor entrollt, und übersehen Fouché. Tatsächlich hat er in jenen Tagen auf der Bühne des Konvents nicht mitgespielt. Seine Leistung war eine des Hintergrunds, die schwierigere des Regisseurs, des Spielleiters in diesem verwegen gefährlichen Spiel. Er hat die Szenen bestimmt, die Schauspieler eingespielt, er hat unsichtbar im Dunkel geprobt und die Stichworte gegeben – im Dunkel, das ja immer seine wahre Sphäre bildet. Aber wenn die späteren Geschichtsschreiber seine Rolle übersahen – einer hat seine tätige Gegenwart schon damals wissend gefühlt, Robespierre, und am hellichten Tage Fouché mit dem richtigen Namen genannt: „Chef de la Conspiration“, das Haupt der Verschwörung.

Denn daß sich im geheimen etwas gegen ihn vorbereitet, spürt dieser mißtrauische, argwöhnische Geist. Er spürt es an dem plötzlich aufbrechenden Widerstand in den Ausschüssen und noch deutlicher vielleicht an der übertriebenen Höflichkeit und Unterwürfigkeit mancher Abgeordneten, die er seine Feinde weiß. Irgendeinen Schlag aus dem Dunkel fühlt Robespierre geplant; er kennt auch die Hand, die ihn führen soll, den „Chef de la Conspiration“, und ist auf seiner Hut. Vorsichtig tasten seine Fühler aus: eine eigene Polizei, private Spione melden Robespierre Schritt für Schritt jeden Gang, jede Begegnung, jedes Gespräch Talliens, Fouchés und der andern Verschwörer; anonyme Briefe warnen ihn oder reizen ihn auf, rasch die Diktatur an sich zu reißen und die Feinde niederzuschlagen, ehe sie sich sammeln. Und um sie nun seinerseits zu verwirren und zu täuschen, nimmt er plötzlich die Maske der Gleichgültigkeit gegen die politische Macht um. Er erscheint nicht mehr im Konvent, nicht mehr im Ausschuß. Von seinem großen Neufundländer begleitet, sieht man ihn allein, ein Buch in der Hand, mit verschlossenem Munde auf den Straßen oder in den nahen Wäldern herumstreifen, scheinbar nur mit seinen geliebten Philosophen beschäftigt und gleichgültig gegen die Macht. Aber wenn er abends zurückkommt in sein Zimmer, so bosselt er stundenlang an seiner großen Rede. Endlos arbeitet er daran, und das Manuskript zeigt zahllose Änderungen und Ergänzungen, denn diese große, entscheidende Rede, mit der er alle seine Feinde auf einmal zerschmettern will, soll unvermutet hervorgeholt und schneidend sein wie ein Beil, voll rhetorischen Schwungs, blinkend von Geist und geschliffen von Haß. Mit dieser Waffe will er plötzlich losschlagen auf die Überraschten, ehe sie sich sammeln und verständigen können. Nicht genug kann er sich tun, ihre Schneide zu schärfen und tödlich zu vergiften, und über dieser unheimlichen Arbeit vergehen lange, kostbare Tage.

Aber es ist keine Zeit mehr zu verlieren, denn immer dringlicher berichten die Spione von geheimen Konventikeln. Am 5. Thermidor fällt Robespierre ein Brief Fouchés in die Hände, an dessen Schwester gerichtet, in dem es geheimnisvoll heißt: „Ich habe nichts von den Verleumdungen Maximilian Robespierres zu befürchten . . . in kurzer Zeit wirst Du von dem Ausgang dieser Angelegenheit hören, die, wie ich hoffe, zum Vorteil der Republik ausfallen wird." – In kurzer Zeit also: Robespierre ist gewarnt. Er läßt seinen Freund Saint-Just zu sich kommen und schließt sich mit ihm ein in seiner engen Mansarde der Rue Saint-Honoré. Dort wird Tag und Methode des Angriffs bestimmt. Am 8. Thermidor soll Robespierre den Konvent mit seiner Rede überraschen und lähmen. Und am 9. dann Saint-Just die Köpfe seiner Feinde fordern, die Köpfe der Widerspenstigen im Ausschuß und vor allem jenen Joseph Fouchés.

Die Spannung ist kaum mehr zu ertragen, auch die Verschworenen fühlen den Blitz im Gewölk. Aber noch immer zögern sie, den gewaltigsten Mann Frankreichs anzugreifen, ihn, den Mächtigen, der alle Mächte in seinen Händen hat, die Stadtverwaltung und die Armee, die Jakobiner und das Volk und den Ruhm und die Gewalt eines untadeligen Namens. Noch immer scheinen sie sich nicht sicher, noch nicht zahlreich, noch nicht entschlossen, noch nicht verwegen genug, um diesen Riesen der Revolution in offener Schlacht anzugehen, und schon schwenken manche vorsichtig ein, reden von Rückzug und Versöhnung. Die Verschwörung, mühsam zusammengekleistert, droht zu zerfallen.

In diesem Augenblick wirft das Schicksal, genialer als alle Dichter, ein entscheidendes Gewicht in die schwankende Schale. Gerade Fouché ist ausersehen, die Mine zur Zündung zu bringen. Denn in diesen Tagen erlebt der von allen Hunden verzweifelt Gehetzte, vom Blitz des Beils stündlich Bedrohte zu seinem politischen Mißgeschick noch ein letztes, äußerstes Unglück in seinem eigenen Leben. Hart, kalt, intrigant und unmitteilsam in der Öffentlichkeit und Politik, ist dieser sonderbare Mann daheim der rührendste Gatte, der zärtlichste Familienvater. Leidenschaftlich liebt er seine erschreckend häßliche Frau und vor allem jenes kleine Mädchen, das sie ihm in den Tagen des Prokonsulats geboren hat und das er mit eigener Hand auf dem Marktplatz in Nevers „Nièvre" getauft hat. Dieses kleine, zarte, blasse Kind, sein Liebling, wird plötzlich schwer krank in jenen Thermidortagen, und zu den Sorgen um sein eigenes Leben wächst nun fürchterlich die neue um das seiner Tochter. Grausamste Prüfung: er weiß das schwache, brustkranke, geliebte Wesen sterbend bei seiner Frau und darf, von Robespierre gejagt, nicht nachts am Bett seines todkranken Kindes sitzen, sondern muß sich in fremden Wohnungen und Dachkammern verstecken. Er muß, statt für sie zu sorgen und ihrem entfliehenden Atem zu lauschen, mit brennenden Sohlen von einem Deputierten zum andern laufen, lügen, betteln, beschwören, sein eigenes Leben verteidigen. Die Sinne verstört, das Herz zerrissen, so irrt der Unglückliche in den glühenden Julitagen (den heißesten seit Jahren und Jahren) unermüdlich hin und her in den politischen Kulissen und kann nicht dabei sein, wie sein geliebtes Kind leidet und stirbt.

Am 5. oder 6. Thermidor ist diese Prüfung zu Ende. Fouché begleitet einen kleinen Sarg hinaus auf den Kirchhof: das Kind ist gestorben. An solchen Prüfungen wird man hart. Den Tod seines Kindes vor dem Antlitz, fürchtet er nicht mehr den eigenen Tod. Eine neue Kühnheit, die der Verzweiflung, stählt seinen Willen. Und wie jetzt die Verschworenen immer noch zögern und immer noch den Kampf hinausschieben wollen, da spricht er endlich, Fouché, er, der nichts mehr zu verlieren hat auf Erden als sein Leben, das entscheidende Wort: „Morgen muß zugeschlagen werden." Und dieses Wort ist gesagt am 7. Thermidor. Der Morgen des 8. Thermidor bricht an – welthistorischer Tag. Frühmorgens lastet schon wolkenlose Juliglut über der ahnungslosen Stadt. Und nur im Konvent herrscht frühzeitig eine seltsame Erregung: in den Ecken stehen die Abgeordneten beisammen und flüstern; nie hat man so viele

Fremde und Neugierige auf den Gängen und auf den Tribünen gesehen. Geheimnis und Spannung geistert körperlos im Raum, denn auf unerklärliche Weise hat sich das Gerücht verbreitet, heute werde Robespierre Abrechnung halten mit seinen Feinden. Vielleicht hat jemand Saint-Just belauscht und beobachtet, wie er abends aus dem verschlossenen Zimmer zurückkehrte, und man kennt im Konvent zu gut die Wirkung dieser geheimen Beratungen. Oder hat anderseits Robespierre Nachricht von den Kriegsplänen seiner Gegner? Alle Verschworenen, alle, die sich bedroht wissen, mustern ängstlich die Gesichter ihrer Kollegen: hat einer von ihnen, und welcher, das gefährliche Geheimnis verplaudert? Wird Robespierre ihnen zuvorkommen, oder werden sie ihn erdrücken können, ehe er das Wort nimmt? Und wird die unsichere, feige Masse der Mehrheit – „le marais“–sie preisgeben oder beschützen? Jeder schwankt und schauert. Und wie die Schwüle des bleigrauen Himmels über der Stadt, lastet seelische Unruhe drohend über der Versammlung.

Und tatsächlich, – kaum ist die Sitzung eröffnet, da meldet sich Robespierre zum Wort. Feierlich wie zu jenem Fest des höchsten Wesens hat er sich angetan, er trägt das schon historisch gewordene himmelblaue Kleid mit den weißen Seidenstrümpfen, und langsam auch, mit beabsichtigter Feierlichkeit, schreitet er nun die Tribüne hinauf. Nur hält er diesmal nicht wie damals eine Fackel in den Händen, sondern rund, wie die Liktoren den Griff ihres Beils, eine umfangreiche Papierrolle: seine Rede. In diesen verschlossenen Blättern seinen Namen zu wissen, bedeutet Verderben für jeden einzelnen, darum endet plötzlich wie abgerissen das Schwätzen und Surren auf den Bänken. Aus dem Garten, von den Tribünen hasten die Deputierten heran und nehmen Platz auf ihren Sitzen. Jeder mustert ängstlich den Ausdruck dieses allzu bekannten schmalen Gesichts. Aber eisig in sich selbst verschlossen, undurchdringlich für jede Neugier, entrollt Robespierre jetzt langsam seine Rede auf der Tribüne. Ehe er mit seinen kurzsichtigen Augen zu lesen beginnt, hebt er, um die Spannung zu steigern, den Blick und läßt ihn von rechts nach links, von links nach rechts, von der Tiefe zur Höhe, von der Höhe zur Tiefe, langsam, kalt und drohend die gleichsam narkotisierte Versammlung umkreisen. Da sitzen sie, seine wenigen Freunde, die vielen Ungewissen und der feige Klüngel der Verschworenen, der auf sein Verderben lauert. Blick in Blick sieht er sie an. Nur einen sieht er nicht. Ein einziger von seinen Feinden fehlt in dieser entscheidenden Stunde: Joseph Fouché.

Aber sonderbar: nur der eine Name dieses Abwesenden, nur der Name Joseph Fouché wird in der Debatte genannt. Und gerade an seinem Namen entzündet sich der letzte, der entscheidende Kampf.

Robespierre spricht lange, weitschweifig und ermüdend; nach seiner alten Gewohnheit läßt er das Beil immer wieder über Ungenannten kreisen, er spricht von Verschwörungen und Konspirationen, von Unwürdigen und Verbrechern, von Verrätern und Machenschaften, aber er nennt keinen Namen. Ihm genügt es, die Versammlung zu hypnotisieren: den tödlichen Schlag soll dann morgen Saint-Just gegen die gelähmten Opfer führen. Drei Stunden lang läßt er seine vage und vielfach phrasenhafte Rede sich ins Leere verlängern, und als er schließlich endet, ist die Versammlung mehr entnervt als erschreckt.

Zunächst rührt sich keine Hand. Unsicherheit liegt über allen. Keiner kann sagen, ob dieses Schweigen eine Niederlage bekräftigt oder einen Sieg: erst die Debatte wird es entscheiden.

Endlich fordert einer seiner Satelliten, der Konvent möge den Druck der Rede beschließen und sie somit billigen. Niemand spricht dagegen. Feige, sklavisch und gewissermaßen erlöst, daß heute nicht mehr von ihr gefordert wurde, nicht neue Köpfe, neue Verhaftungen, neue Selbstbeschränkungen, stimmt die Mehrheit zu. Da, im letzten Augenblick, wirft sich einer der Verschworenen vor – der Name gehört in die Weltgeschichte: Bourdon de l'Oise – und spricht gegen die Drucklegung. Und diese eine Stimme befreit alle andern. Die Feigheit schart sich allmählich zusammen und rottet sich zu einem verzweifelten Mut; einer nach dem andern beschuldigt Robespierre, daß er seine Erklärungen und Drohungen zu undeutlich formuliere, er solle endlich deutlich aussprechen, wen er eigentlich beschuldige. Innerhalb einer Viertelstunde hat sich die Szene geändert: Robespierre, der Angreifer, ist in die Verteidigung gedrängt, er schwächt seine Rede ab, statt sie zu verstärken, er erklärt, er habe niemand angeklagt und niemand beschuldigt.

In diesem Augenblick gellt plötzlich eine Stimme, die eines kleinen unbedeutenden Abgeordneten, der ihm entgegenruft: „Et Fouché?"–"Und Fouché?" Der Name ist genannt, der Name dessen, den er schon einmal als Anführer der Verschwörung, als Verräter der Revolution gebrandmarkt. Nun könnte, nun müßte Robespierre zustoßen. Aber seltsam, unerklärlich seltsam, Robespierre weicht aus: „Ich will mich jetzt nicht mit ihm beschäftigen, ich höre nur auf die Stimme meiner Pflicht."

Diese ausweichende Antwort Robespierres gehört zu den Geheimnissen, die er mit sich ins Grab genommen. Warum schont er, da er schon fühlt, daß es um Tod und Leben geht, seinen bittersten Feind? Warum schmettert er ihn nicht nieder, warum greift er den Abwesenden, den einzig Abwesenden von allen, nicht an? Warum entlastet er damit nicht alle übrigen, die sich geängstigt fühlen und Fouché zweifellos preisgeben würden, um sich selbst zu retten? Am selben Abend – so behauptet Saint-Just – habe Fouché noch einmal versucht, sich Robespierre zu nähern. Ist es eine Finte, oder ist es wahr? Es wollen verschiedene Zeugen ihn in diesen Tagen auf einer Bank mit Charlotte Robespierre, seiner einstigen Braut, sitzen gesehen haben: hat er wirklich das alternde Mädchen noch einmal zu bereden gesucht, Fürsprecherin bei ihrem Bruder für ihn zu sein? Wollte wirklich der Verzweifelte, um seinen eigenen Kopf zu retten, die Verschworenen verraten? Oder wollte er, um Robespierre sicher zu machen und die Verschwörung zu decken, ihm Reue und Ergebenheit heucheln? Hat dieser Zwiespältigste aller, wie tausendmal auch diesmal mit doppelten Karten gespielt? Und war der unbestechliche und gleichfalls bedrohte Robespierre, nur um sich aufrecht zu halten, bereit, den gehaßtesten Feind in jener Stunde zu schonen? War dies Ausweichen vor einer Anklage Fouchés Zeichen einer geheimen Vereinbarung oder nur Ausflucht?

Man weiß es nicht. Um Robespierres Gestalt schwebt heute nach so vielen Jahren noch immer ein Schatten von Geheimnis, niemals wird die Geschichte diesen Undurchdringlichen vollkommen erraten. Nie wird man seine letzten Gedanken wissen: ob er wahrhaft die Diktatur für sich wollte oder die Republik für alle, ob er die Revolution retten wollte oder sie beerben wie Napoleon. Niemand hat seine geheimsten Gedanken gekannt, die Gedanken seiner letzten Nacht vom 8. zum 9. Thermidor.

Denn es ist seine letzte Nacht, in ihr fällt die Entscheidung. Im Mondlicht der erstickend schwülen Julinacht geistert blank die Guillotine. Wird ihre kalte Schneide morgen dem Trifolium Tallien, Barras und Fouché in den Nackenwirbel fahren oder Robespierre? Keiner der sechshundert Abgeordneten geht schlafen in dieser Nacht, beide Parteien rüsten zum Endkampf. Robespierre ist aus dem Konvent zu den Jakobinern gestürzt; vor flackernden Wachskerzen, bebend vor Erregung, liest er ihnen seine von den Abgeordneten zurückgewiesene Rede vor. Irrwitziger Beifall umjubelt ihn noch einmal, zum letztenmal, er aber, voll bitteren Vorgefühls, läßt sich nicht täuschen, weil diese Dreitausend sich schreiend um ihn scharen, und nennt die Rede sein Testament. Unterdessen kämpft sein Siegelbewahrer, Saint-Just, im Ausschuß bis zum Morgengrauen wie ein Verzweifelter gegen Collot, Carnot und die anderen Verschworenen, und gleichzeitig flicht sich in den Gängen des Konvents das Netz, das Robespierre morgen umstricken soll. Zweimal, dreimal, wie im Webstuhl die Spule, gehen die Fäden von der Rechten zur Linken, von der Bergpartei zu der alten Reaktion, bis sie endlich im Frühlicht gesponnen sind zum festen, unzerreißbaren Pakt. Hier taucht plötzlich Fouché wieder auf, denn die Nacht ist sein Element, die Intrige seine wahrhafte Sphäre. Sein bleifarbenes, von der Angst noch weißer gekalktes Gesicht geistert gespenstisch in den halberleuchteten Räumen. Er flüstert, schmeichelt, verspricht, er ängstigt, erschreckt und bedroht einen nach dem andern, und er rastet nicht, ehe der Pakt geschlossen ist. Um zwei Uhr morgens sind schließlich alle Gegner einig, den gemeinsamen zu erledigen, Robespierre. Nun erst kann sich Fouché endlich zur Ruhe legen.

Auch in der Sitzung des 9. Thermidor fehlt Joseph Fouché. Aber er darf ruhen und fehlen, denn sein Werk ist getan, das Netz geknotet und endlich die Mehrheit entschlossen, den allzu Starken und allzu Gefährlichen nicht mehr lebend entkommen zu lassen. Kaum beginnt Saint-Just, der Schwertträger Robespierres, die vorbereitete tödliche Rede gegen die Verschworenen, so fährt schon Tallien dazwischen, denn sie haben gestern vereinbart, keinen der Redegewaltigen, weder Saint-Just noch Robespierre, zu Wort kommen zu lassen. Die beiden müssen erwürgt werden, ehe sie sprechen, ehe sie anklagen können, und so stürzt jetzt, geschickt geleitet von dem willfährigen Präsidenten, ein Redner nach dem andern auf die Tribüne, und wenn Robespierre sich verteidigen will, schreit, brüllt, trommelt man seine Stimme nieder – die niedergehaltene Feigheit von sechshundert unsichern Seelen, der Haß und Neid von Wochen und Monaten wirft sich jetzt gegen den Mann, vor dem sie alle einzeln gezittert. Um sechs Uhr abends ist alles entschieden, Robespierre geächtet und ins Gefängnis abgeführt; vergebens, daß seine Freunde, daß die wahrhaft Revolutionären, die in ihm die harte und leidenschaftliche Seele der Republik bewundern, ihn befreien und in das Rathaus retten: nachts stürmen die Truppen des Konvents diese Hochburg der Revolution, und um zwei Uhr morgens, vierundzwanzig Stunden, nachdem Fouché und die Seinen den Pakt zu seiner Vernichtung besiegelt, liegt Maximilian Robespierre, der Feind Fouches und gestern noch der mächtigste Mann Frankreichs, blutüberströmt mit zerschmetterter Kinnlade quer über zwei Sesseln im Vorraum des Konvents. Das große Wild ist gejagt, Fouché gerettet. Am nächsten Nachmittag rattert der Karren zum Richtplatz. – Der Terror ist zu Ende, aber auch der feurige Geist der Revolution erloschen, die heldische Ära vorbei. Nun kommt die Stunde der Erben, der Glücksritter und Gewinner, der Beutemacher und Doppelseelen, der Generale und Geldmänner, die Stunde der neuen Gilde. Nun kommt, so meinte man, auch die Stunde Joseph Fouchés.

Während der Karren Maximilian Robespierre und die Seinen durch die Rue Saint-Honoré, den tragischen Weg Ludwigs des Sechzehnten, Dantons und Desmoulins und der unzähligen andern Opfer langsam zur Guillotine rollt, drängt jauchzend begeisterte Neugierde zu. Hinrichtung ist noch einmal zum Volksfest geworden, Fahnen und Wimpel wehen von Dächern, Jubelrufe stürzen aus allen Fenstern, eine Welle der Freude braust über Paris. Als das Haupt Robespierres in den Korb fällt, erdonnert der riesige Platz von einem einzigen ekstatischen Jubelschrei. Die Verschworenen staunen: warum jubelt das Volk so leidenschaftlich über die Hinrichtung dieses Mannes, den Paris, den Frankreich noch gestern wie einen Gott verehrte? Und sie staunen noch mehr, Tallien und Barras, wie jetzt beim Eingang zum Konvent eine stürmische Volksmenge sie mit bewunderndem Zuruf empfängt als Tyrannentöter, als die Bekämpfer des Terrors. Sie staunen. Denn indem sie diesen überlegenen Mann kaltmachten, haben sie doch nichts gewollt, als sich eines unbequemen Tugendbolds zu entledigen, der ihnen zu genau auf die Finger paßte – aber die Guillotine rosten zu lassen, den Terror zu enden, daran hat keiner von ihnen gedacht. Nun sie aber sehen, wie unbeliebt die Massenhinrichtungen geworden sind und wie beliebt sie sich machen können, wenn sie ihrer privaten Rache Motive der Menschlichkeit nachträglich unterstellten, beschließen sie rasch, das Mißverständnis auszunützen. Alle Gewalttaten der Revolution hat einzig Robespierre auf dem Gewissen, werden sie von nun ab behaupten (denn aus der Kalkgrube kann man nicht antworten), sie aber seien immer Apostel der Milde gewesen und gegen alle Härten und Übertreibungen.

Nicht die Hinrichtung Robespierres, sondern erst diese feige und lügenhafte Einstellung seiner Nachfolger gibt dem 9. Thermidor seinen welthistorischen Sinn. Denn bis zu diesem Tage hatte die Revolution alles Recht für sich gefordert, jede Verantwortung ruhig auf sich genommen – von diesem Tage an gesteht sie ängstlich zu, auch Unrecht begangen zu haben, und ihre Führer beginnen, sie zu verleugnen. Jeder geistige Glaube aber, jede Weltanschauung ist, sobald sie ihr unbedingtes Recht, ihre Unfehlbarkeit leugnet, schon in ihrer innersten Kraft gebrochen. Und indem die traurigen Sieger Tallien und Barras die Leichen ihrer großen Vorgänger Danton und Robespierre als Kadaver von Mördern beschimpfen und sich ängstlich auf die Bänke der Rechten setzen, zu den Gemäßigten, zu den geheimen Feinden der Republik, verraten sie nicht nur die Geschichte und den Geist der Revolution, sondern sich selbst.

Jeder erwartet Fouché an ihrer Seite zu sehen, ihn, den Hauptverschwörer, den grimmigsten Feind Robespierres. Er, als der am meisten Bedrohte, er, der

„Chef de la Conspiration", hätte doch wohl Anrecht auf ein besonders saftiges Stück aus der Beute. Aber merkwürdig – Fouché setzt sich nicht mit den andern auf die Bänke der Rechten, sondern auf seinen alten Platz auf dem „Berge" zu den Radikalen und hüllt sich in Schweigen. Zum erstenmal (man erstaunt) geht er nicht mit der Majorität. Warum handelt Fouché so eigenwillig? haben damals und später manche gefragt. Die Antwort ist einfach: Weil er klüger und weitsichtiger denkt als die andern, weil sein überlegener Politikerverstand profunder den Sachverhalt überschaut als die Schwachköpfe Tallien und Barras, denen nur die Gefahr eine kurzatmige Energie gegeben. Er, der ehemalige Physikprofessor, kennt das Gesetz der Bewegungskräfte, demzufolge eine Welle nicht starr in der Luft stehen bleiben kann. Sie muß, er weiß es, vorwärts- oder zurückfluten. Hebt nun also der Rücklauf an, beginnt jetzt eine Reaktion, so wird sie ebensowenig im Stoße innehalten wie vordem die Revolution; sie wird genau wie jene bis zum Äußersten laufen, bis in ihr Extrem, bis zur Gewalt. Dann aber muß dieses hastig geknüpfte Bündnis unbedingt zerreißen, und wenn die Reaktion siegt, dann sind alle Vorkämpfer der Revolution verloren. Denn mit neuen Ideen wechseln auch gefährlich die Maßstäbe für die Taten von gestern. Was gestern als republikanische Pflicht und Tugend galt – zum Beispiel sechzehnhundert Menschen niederzukartätschen und die Kirchen zu plündern –, wird dann notwendigerweise als Verbrechen gelten, die Ankläger von gestern werden die Angeklagten von morgen sein. Fouché, der allerhand auf dem Gewissen hat, will den ungeheuren Irrtum der andern Thermidoristen (so nennen sich nun die Beseitiger Robespierres) nicht teilen, die sich ängstlich an das Rad der Reaktion klammern – er weiß, es hilft nichts: wenn die Reaktion einmal ins Rollen kommt, so reißt sie alle mit. Nur aus Klugheit und Voraussicht bleibt Fouché der Linken, bleibt er den Radikalen treu, denn er fühlt, bald wird es gerade den Kühnsten an Hals und Kragen gehn.

Und Fouché behält recht. Um sich beliebt zu machen, um eine nie vorhanden gewesene Humanität zu bekräftigen, opfern die Thermidoristen die energischsten der Prokonsuln, sie lassen Carrier hinrichten, der sechstausend Menschen in der Loire ertränkte, Joseph Lebon, den Tribun von Arras, und Fouquier-Tinville. Sie berufen, um der Rechten gefällig zu sein, die dreiundsiebzig ausgestoßenen Mitglieder der Gironde zurück und merken zu spät, daß sie durch diese Verstärkung der Reaktion nun selbst von ihr abhängig geworden sind. Sie müssen jetzt gehorsam ihre eigenen Mithelfer gegen Robespierre anklagen, Billaud-Varenne und Collot d'Herbois, den Kollegen

Fouchés in Lyon. Immer näher rückt die Reaktion Fouché an den Hals. Diesmal rettet er sich noch, indem er feige alle Mitschuld an Lyon leugnet (obwohl er gemeinsam mit Collot jedes Blatt unterzeichnet hatte) und ebenso lügnerisch behauptet, nur wegen seiner übergroßen Milde von dem Tyrannen Robespierre verfolgt worden zu sein. Damit täuscht der Gerissene tatsächlich für eine Weile den Konvent. Er darf unbehelligt auf seinem Platze bleiben, während Collot auf die „Trockene Guillotine" kommt, das heißt auf die Fieberinseln Westindiens geschickt wird, wo er schon nach wenigen Monaten zugrunde geht. Aber Fouché ist zu klug, um sich nach dieser ersten Abwehr schon sicher zu fühlen; er kennt die Unerbittlichkeit politischer Leidenschaften, er weiß, eine Reaktion frißt sich ebensowenig wie eine Revolution an Menschen satt, solange man ihr nicht die Zähne ausbricht; sie wird nicht eher innehalten in ihrer Rachgier, als der letzte der Jakobiner vor Gericht gefordert und die Republik zerstört ist. Und so sieht er nur eine Rettung für die Revolution, an die er unlöslich durch seine Blutschuld gebunden ist: daß man sie erneuert. Und er sieht nur eine Rettung für sich: wenn die Regierung stürzt. Wiederum der Bedrohteste aller, genau wie vor sechs Monaten, eröffnet er, allein gegen die Übermacht, den Verzweiflungskampf um sein Leben.

Immer, wenn es um die Macht geht und um sein Leben, entfaltet Fouché erstaunliche Kräfte. Er sieht, auf rechtmäßigem Wege kann man nicht mehr den Konvent an der Verfolgung der einstigen Terroristen hindern, so bleibt kein anderes Mittel als das so oft während der Revolution bewährte: der Terror. Schon einmal, bei der Verurteilung der Girondisten, bei der Verurteilung des Königs hat man die feigen und vorsichtigen Abgeordneten (darunter den damals noch konservativen Joseph Fouché) eingeschüchtert, indem man die Straße gegen das Parlament mobilisierte, indem man aus den Vorstädten die Arbeiterbataillone mit ihrer proletarischen Kraft, mit ihrem unwiderstehlichen Elan heranholte und die rote Fahne der Revolte auf dem Rathaus hißte. Warum nicht nochmals diese alte Garde der Revolution, die Bastillestürmer und die Männer des zehnten August gegen den feiggewordenen Konvent werfen und mit ihren Fäusten die Übermacht zerschlagen? Nur die krasse Angst vor der Revolte, vor proletarischer Erbitterung, könnte die Thermidoristen einschüchtern –so beschließt Fouché, das Volk von Paris, die breiten Massen aufzuwiegeln und gegen seine Feinde, seine Ankläger zu werfen.

Freilich, in die Vorstädte zu gehen, dort feurige revolutionäre Reden zu halten oder wie Marat unter Lebensgefahr aufreizende Broschüren ins Volk zu schleudern, dazu ist Fouché zu vorsichtig. Er liebt nicht, sich bloßzustellen, er biegt gern der Verantwortlichkeit aus: seine Meisterkunst ist nicht die der lauten hinreißenden Rede, sondern die des Einflüsterns, das Sich-hinter-einen-andern-Stellen. Und auch diesmal findet er einen geeigneten Mann, der, kühn und entschlossen vortretend, ihn mit seinem Schatten deckt.

In Paris irrt damals geächtet und unterdrückt ein ehrlicher, leidenschaftlicher Republikaner herum, François Baboeuf, der sich Gracchus Baboeuf nennt. Ein strömendes Herz, ein mittelmäßiger Verstand. Proletarier aus der Tiefe, ehemaliger Feldmesser und Buchdrucker, hat er nur wenige, primitive Ideen, die aber nährt er mit männlicher Leidenschaft und hitzt sie an der Glut wahrhaft republikanischer und sozialistischer Überzeugung. Vorsichtig haben die Bürgerrepublikaner und sogar Robespierre die sozialistischen und manchmal bolschewistischen Ideen Marats vom Ausgleich des Vermögens zur Seite gelegt; sie haben vorgezogen, sehr, sehr viel von Freiheit zu reden, viel auch von der Brüderlichkeit, aber wenig von der Gleichheit, sofern sie dem Geld und dem Besitz gilt. Baboeuf nimmt die Gedanken Marats auf, die halbzertretenen, facht sie an mit seinem Atem und trägt sie wie eine Fackel durch die Proletarierviertel von Paris. Und diese Flamme kann plötzlich hochschlagen, in ein paar Stunden ganz Paris, das ganze Land verzehren, denn langsam begreift das Volk den Verrat, den die Thermidoristen, um ihres eigenen Vorteils willen, an ihrer, an der proletarischen Revolution begehen. Hinter diesen Gracchus Baboeuf nun stellt sich Fouché. Er zeigt sich nicht öffentlich mit ihm Arm in Arm, aber heimlich flüstert er ihm zu, das Volk zu erregen.

Er beredet ihn, aufreizende Broschüren zu schreiben, und korrigiert selbst die Druckbogen. Denn nur, so denkt er, wenn die Arbeiter aufmarschieren, wenn wieder die Vororte mit ihren Piken und Trommeln ausrücken, wird sich dieser feige Konvent besinnen. Nur durch Terror, durch Angst und Einschüchterung kann die Republik gerettet werden, nur durch einen energischen Ruck von links diese gefährliche Neigung zur Rechten ausgeglichen werden. Und zu diesem verwegenen, wahrhaft lebensgefährlichen Vorstoß dient ihm dieser anständige, lautere, gutgläubige, aufrechte Mensch wunderbar als Vordermann: hinter seinem breiten Proletarierrücken kann man sich gut verstecken. Baboeuf wiederum, der sich stolz Gracchus und Tribun des Volkes nennt, fühlt sich hochgeehrt, daß der berühmte Deputierte Fouché ihn berät. Ja, das ist noch ein letzter ehrlicher Republikaner, meint er, einer, der auf den Bänken des Berges sitzen geblieben ist, der nicht Gemeinschaft gemacht hat mit der Jeunesse dorée und den Armeelieferanten. Willig läßt er sich beraten und stürmt nun, von dieser geschickten Hand im Rücken gestoßen, vor, gegen Tallien, die Thermidoristen und die Regierung.

Aber nur ihn, den Gutmütigen und geradlinig Denkenden, vermag Fouché zu täuschen. Die Regierung erkennt bald die Hand, die das Gewehr gegen sie lädt, und in offener Sitzung schuldigt Tallien Fouché an, der Hintermann Baboeufs zu sein. Wie immer verleugnet prompt Fouché seinen Bundesgenossen (genau so wie Chaumette bei den Jakobinern, genau so wie Collot bei Lyon) – nein, er kenne Baboeuf nur flüchtig, er verurteile seine Übertreibungen, kurzum er rückt mit größter Geschwindigkeit ab. Und wieder trifft der Gegenstoß seinen Vordermann: bald wird Baboeuf verhaftet, bald in einem Kasernenhof erschossen sein (immer zahlt der andere mit seinem Blut für die Worte und die Politik Fouchés).

Dieser kühne Gegenstoß Fouchés ist mißlungen, er hat nichts erreicht, als wieder auf sich aufmerksam zu machen, und das war nicht gut. Denn man erinnert sich jetzt von neuem an Lyon und an die blutgetränkten Felder von Brotteaux. Immer wieder und nun doppelt energisch hetzt die Reaktion Ankläger aus den Provinzen heran, in denen er geschaltet. Kaum hat er die Anwürfe von Lyon mit Mühe abgewehrt, so meldet sich schon Nevers und Clamecy. Immer lauter, immer lärmender wird Joseph Fouché des Terrorismus vor der Barre des Konvents angeklagt. Er verteidigt sich listig, energisch und nicht ohne Glück; sogar Tallien, sein Gegner, bemüht sich jetzt, ihn zu schützen, denn selbst ihm wirds unheimlich vor der Übermacht der Reaktion, und er beginnt an seinen eigenen Kopf zu denken. Aber schon ist es zu spät: am 22. Thermidor 1795, ein Jahr und zwölf Tage nach Robespierres Fall, wird nach langer Debatte die Anklage gegen Joseph Fouché wegen seiner Terrorakte erhoben. Und am 23. Thermidor beschließt man seine Verhaftung. Wie nach Robespierre der Schatten Dantons, greift nun nach Fouché der Schatten Robespierres. Aber man schreibt – und dies hat der kluge Politiker richtig errechnet – den Thermidor des vierten Jahres der Republik und nicht mehr des dritten. 1793 bedeutete Anklage den Verhaftungsbefehl, Verhaftung den Tod: abends eingebracht in die Conciergerie, wurde man tags darauf vernommen und saß nachmittags schon im Karren. Aber 1794 hält nicht mehr der stählerne Griff des „Unbestechlichen“ die Zügel des Gerichts; die Gesetze sind locker geworden, man kann zwischen ihnen durchschlüpfen, wenn man geschmeidig ist. Und Fouché wäre nicht Fouché, wenn er, der so oft schon gefährlich Umstrickte, durch derlei nachgiebige Netze nicht durchkäme. Er erreicht es durch Schliche und Hintertreppen, daß man ihn nicht sofort verhaftet, daß man ihm Zeit läßt zu einer Erwiderung, zu einer Antwort, zu einer Rechtfertigung: und Zeit ist damals alles. Nur sich ins Dunkel stellen, und man wird vergessen, nur leise sein, während die anderen schreien, und man wird übersehen! Nach dem berühmten Rezept Sièyes', der während der ganzen Terrorjahre im Konvent gesessen, ohne den Mund aufzumachen, und später befragt, was er die ganze Zeit getan habe, lächelnd die geniale Antwort gibt: „J'ai vécu", „Ich habe gelebt", so stellt sich jetzt Fouché wie manche Tiere scheintot, damit man sie nicht töte. Nur jetzt noch, die kurze Frist des Übergangs, sein Leben retten, und man ist gerettet. Denn der geübte Witterer des Winds spürt, die ganze Herrlichkeit und Kraft dieses Konvents dauert nur noch ein paar Wochen, ein paar Monate. So rettet Joseph Fouché sein Leben, und das ist viel in jener Zeit. Freilich nur das nackte Leben rettet er, nicht seinen Namen, seine Stellung, denn man wählt ihn nicht mehr in die neue Versammlung. Vergeblich die ungeheure Anstrengung, verschwendet ein Unmaß von Leidenschaft und List, von Verwegenheit und Verrat: nur das nackte Leben rettet er sich zurück. Er ist nicht mehr Joseph Fouché de Nantes, Deputierter des Volkes, nicht mehr Lehrer des Oratoriums, er ist nichts als ein vergessener, verachteter Mensch ohne Rang, ohne Vermögen, ohne Bedeutung, ein erbärmlicher Schatten, den nur das Dunkel schützt. Und drei Jahre lang spricht in Frankreich kein Mensch mehr seinen Namen aus.

Viertes Kapitel
Minister des Direktoriums und des Konsulats
1799 – 1802

Hat schon jemand den Hymnus des Exils gedichtet, dieser schicksalsschöpferischen Macht, die im Sturz den Menschen erhöht, im harten Zwange der Einsamkeit neu und in anderer Ordnung die erschütterten Kräfte der Seele sammelt? Immer haben die Künstler das Exil nur angeklagt als scheinbare Störung des Aufstiegs, als nutzloses Intervall, als grausame Unterbrechung. Aber der Rhythmus der Natur will solche gewaltsame Zäsuren. Denn nur wer um die Tiefe weiß, kennt das ganze Leben. Erst der Rückschlag gibt dem Menschen seine volle vorstoßende Kraft. Der schöpferische Genius, er vor allem braucht diese zeitweilig erzwungene Einsamkeit, um von der Tiefe der Verzweiflung, von der Ferne des Ausgestoßenseins den Horizont und die Höhe seiner wahren Aufgabe zu ermessen. Die bedeutsamsten Botschaften der Menschheit, sie sind aus dem Exil gekommen, die Schöpfer der großen Religionen, Moses, Christus, Mohammed, Buddha, alle mußten sie erst eingehen in das Schweigen der Wüste, in das Nicht-unter-Menschen-Sein, ehe sie entscheidendes Wort erheben konnten. Miltons Blindheit, Beethovens Taubheit, das Zuchthaus Dostojewskis, der Kerker Cervantes', die Einschließung Luthers auf der Wartburg, das Exil Dantes und Nietzsches selbstwillige Einbannung in die eisigen Zonen des Engadins, alle waren sie gegen den wachen Willen des Menschen geheim gewollte Forderung des eigenen Genius.

Aber auch in der niedern, in der irdischeren, in der politischen Welt schenkt ein zeitweiliges Außensein dem Staatsmann neue Frische des Blicks, ein besseres Überdenken und Berechnen des politischen Kräftespiels. Nichts Glücklicheres kann darum einer Laufbahn geschehen als ihre zeitweilige Unterbrechung, denn wer die Welt einzig immer nur von oben sieht, aus der Kaiserwolke, von der Höhe des elfenbeinernen Turmes und der Macht, der kennt nur das Lächeln der Unterwürfigen und ihr gefährliches Bereitsein: wer immer selbst das Maß in Händen hält, verlernt sein wahres Gewicht. Nichts schwächt den Künstler, den Feldherrn, den Machtmenschen mehr als das unablässige Gelingen nach Willen und Wunsch; erst im Mißerfolg lernt der Künstler seine wahre Beziehung zum Werk, erst an der Niederlage der Feldherr seine Fehler, erst an der Ungnade der Staatsmann die wahre politische Übersicht. Immerwährender Reichtum verweichlicht, immerwährender Beifall macht stumpf; nur die Unterbrechung schafft dem leerlaufenden Rhythmus neue Spannung und schöpferische Elastizität. Nur das Unglück gibt Tiefblick und Weitblick in die Wirklichkeit der Welt. Harte Lehre, aber Lehre und Lernen ist jedes Exil: dem Weichlichen knetet es den Willen neu zusammen, den Zögernden macht es entschlossen, den Harten noch härter. Immer ist dem wahrhaft Starken das Exil keine Minderung, sondern nur Kräftigung seiner Kraft. Das Exil Joseph Fouchés dauerte mehr als drei Jahre, und die einsame, unwirtliche Insel, auf die er verschickt wird, heißt: Armut. Gestern noch Prokonsul und Mitgestalter des Schicksals der Revolution, stürzt er von den höchsten Stufen der Macht in ein solches Dunkel, in solchen Schmutz und Schlamm hinab, daß man seine Spuren nicht mehr findet. Der einzige, der ihn damals gesehen, Barras, gibt ein erschütterndes Bild von der jämmerlichen Dachkammer, jener Höhle knapp unter dem Himmel, wo Fouché haust mit seiner häßlichen Frau und zwei kleinen ungesunden, rothaarigen Kindern, Albinos von seltener Häßlichkeit. Fünf Treppen hoch, in einem unsaubern, dumpfigen, von der Sonne bebrüteten Raum, versteckt sich der Gestürzte, vor dessen Worten Zehntausende gezittert und der in ein paar Jahren wieder als Herzog von Otranto am Steuer europäischen Geschickes stehen wird, nun aber nicht weiß, von welchem Gelde am nächsten Tag den Kindern

Milch kaufen, die erbärmliche Miete bezahlen und gleichzeitig noch dies jämmerliche Leben verteidigen vor unsichtbar-unzählbaren Feinden, vor den Rächern Lyons.

Niemand, selbst sein getreuester, genauester Biograph Madelin, weiß erschöpfend anzugeben, wovon Joseph Fouché während dieser Elendsjahre sein Dasein gefristet hat. Er bezieht kein Gehalt mehr als Deputierter, sein Familienvermögen hat er verloren beim Aufstand von San Domingo, keiner wagt den „Mitrailleur de Lyon" öffentlich anzustellen oder zu beschäftigen, alle Freunde haben ihn verlassen, jeder weicht ihm aus. Die seltsamsten, dunkelsten Geschäfte soll er betrieben haben – wahrhaftig, es ist keine Fabel, der spätere Herzog von Otranto befaßt sich damals mit der Mästung von Schweinen. Aber bald wählt er ein noch unsaubereres Geschäft, nämlich das eines Spiones für Barras, den einzigen von den neuen Machthabern, der mit einem merkwürdigen Mitleid den Gestürzten noch immer empfängt. Freilich nicht im Audienzzimmer des Ministeriums, sondern irgendwo im Dunkeln; dort wirft er ihm, dem unermüdlichen Bettler, ab und zu ein kleines schmieriges Geschäftchen hin, eine Armeeschiebung, eine Inspektionsreise, immer so eine winzige Einträglichkeit, die den Lästigen wieder für vierzehn Tage über Wasser hält. Aber bei diesen vielfachen Versuchen entdeckt sich das eigentliche Talent Fouchés. Denn Barras hat schon damals allerhand politische Pläne, er mißtraut seinen Kollegen und kann dazu einen Privatspitzel gut brauchen, einen unterirdischen Zubringer und Ausflüsterer, der nicht zur offiziellen Polizei gehört, eine Art Privatdetektiv. Dazu eignet sich Fouché vorzüglich. Er lauscht und belauscht, dringt auf Hintertreppen in die Häuser, lockt allen Bekannten den Schwatz des Tages eifrig heraus und trägt diesen schmutzigen Schleim der Öffentlichkeit heimlich Barras zu. Und je ehrgeiziger Barras wird, je gieriger seine Pläne einen Staatsstreich visieren, um so notwendiger braucht er Fouché. Längst stören ihn im Direktorium (dem Rate der Fünf, der jetzt Frankreich beherrscht) die zwei anständigen Leute, Carnot vor allem, der geradeste Mann der Französischen Revolution, und er sinnt, sich ihrer zu entledigen. Wer aber einen Staatsstreich plant und Verschwörungen anzettelt, braucht vor allem skrupellose Hin- und Herläufer, Männer à tout faire, Bravos und Bulos, wie sie die Italiener nennen, Menschen, einerseits charakterlos und doch in dieser Charakterlosigkeit verläßlich", dazu eignet sich Fouché wie kein zweiter. Das Exil wird seine Schule für die Karriere, und in ihr entfaltet er sein zukünftiges Talent des Meisters der Polizei. Endlich, endlich, nach langer, langer Nacht in Lebensfrost, in Armutsdunkel, wittert Fouché Morgenluft. Ein neuer Herr ist im Lande, eine neue Macht im Entstehen, und er beschließt, ihr zu dienen. Diese neue Macht ist das Geld. Kaum liegen Robespierre und die Seinen auf dem harten Holzbrett, da ist es auferstanden, das allmächtige Geld, und hat wieder tausend Schranzen und Knechte. Equipagen mit schön gestriegelten, neubezäumten Pferden fahren wieder durch die Straßen, und innen sitzen, halbnackt wie griechische Göttinnen, bezaubernde Frauen in kostbarem Taft und Musselin. Im Bois reitet die Jeunesse dorée aus in straffen weißen Nankinghosen, gelben, braunen, roten Fräcken. In der beringten Hand tragen sie elegante Reitpeitschen mit goldenen Griffen, die sie gern auch gegen die einstigen Terroristen anwenden; man macht gute Geschäfte in den Parfümerieläden und bei den Juwelieren, fünfhundert, sechshundert, tausend Tanzbuden, Kaffeehäuser tauchen plötzlich auf, man baut Villen und kauft Häuser, man geht ins Theater, man spekuliert und wettet, kauft und verkauft und spielt um Tausende hinter den damastenen Vorhängen des Palais Royal. Das Geld ist wieder da, selbstherrlich, frech und verwegen.

Aber wo war es gewesen, das Geld, zwischen 1791 und 1795, in Frankreich? Es war immer da, es hat sich nur versteckt. Genau wie in Deutschland und Österreich zur Zeit der Kommunistenangst, 1919, haben sich plötzlich die reichen Leute scheintot gestellt und in abgerissenen Kleidern geklagt, denn wer unter Robespierre nur den geringsten Luxus um sich duldete, ja wer sich nur ihm näherte, galt als „mauvais riche" (um mit Fouché zu reden), galt als verdächtig: es wurde unbehaglich, als reich zu gelten. Heute wieder gilt nur, wer reich ist. Und glücklicherweise kommt jetzt eine herrliche Zeit (wie immer im Chaos), sich Geld zu machen. Denn die Vermögen schichten sich um; Güter werden verkauft: man verdient daran. Emigrantenbesitz wird versteigert: man verdient daran. Den Verurteilten werden ihre Vermögen konfisziert: man verdient daran. Die Assignaten sinken von Tag zu Tag im Kurs, ein wildes Inflationsfieber schüttelt das Land: man verdient daran. An allem kann man verdienen, wenn man nur flinke, freche Hände und Verbindungen zur Regierung hat. Aber unvergleichlich herrlich strömt eine Quelle vor allem: der Krieg. Schon 1791, gleich zu Anfang hatten ein paar einzelne (genau wie ein paar einzelne 1914) die Entdeckung gemacht, daß man an dem menschenfressenden, wertzerstörenden Krieg auch Profit machen könnte, aber damals waren Robespierre und Saint-Just, die Unbestechlichen, grimmig den „accapareurs" an die Gurgel gesprungen. Jetzt aber, nachdem diese Catos Gott sei Dank! erledigt sind und die Guillotine im Speicher rostet, spüren die Schieber und Armeelieferanten goldene Zeit. Jetzt darf man getrost schlechte Schuhe liefern für gutes Geld, an Vorschüssen und Requisitionen sich ausgiebig die Taschen füllen. Voraussetzung freilich, daß man Lieferungen zugewiesen bekommt.

Deshalb erfordern solche Geschäftchen immer einen richtigen Mittler, einen wohlakkreditierten und doch empfänglichen Schrittmacher, der den Spekulanten die Stalltür von rückwärts zur reichlichen Krippe des Staates und des Krieges aufklinkt. Für solche schmutzige Geschäfte ist Joseph Fouché jetzt der ideale Mann.

Das Elend hat ihm sein republikanisches Gewissen gründlich weggeputzt, er hat den Geldhaß ruhig in den Rauchfang gehängt, man kann den Halbverhungerten billig kaufen. Und andererseits hat er die besten „Beziehungen", geht er doch (als Spion) im Vorzimmer Barras', des Präsidenten des Direktoriums, aus und ein. So wird über Nacht der Radikalkommunist von 1793, der durchaus das „Brot der Gleichheit" backen lassen wollte, Intimus der neugebackenen republikanischen Bankiers und besorgt gegen gute Prozente alle ihre Wünsche und Geschäfte. Zum Beispiel steht der Schieber Hinguerlot, einer der frechsten und skrupellosesten Geldmacher der Republik (Napoleon hat ihn erbittert gehaßt), gerade vor einer lästigen Anklage: er hat ein wenig zu frech geschoben und bei Lieferungen sich zu liebevoll die Tasche beliefert. Nun hängt ihm ein Prozeß im Nacken, der viel Geld und vielleicht den Kopf kosten kann. Was tut man in solchen Situationen (damals wie heute)? Man wendet sich an irgendeinen Mann, der gute Verbindungen nach „oben", der politischen oder privaten Einfluß hat und die ärgerliche Affäre „richten" kann. Man wendet sich also an Fouché, den Zuträger Barras', der sofort seine Sohlen schmiert und zum Allmächtigen läuft (der Brief ist gedruckt in dessen Memoiren), und tatsächlich, die unsaubere Affäre wird still und schmerzlos erstickt. Dafür nimmt ihn nun Hinguerlot mit bei Armeelieferungen, Börsengeschäften, und „l'appétit vient en mangeant". Fouché entdeckt 1797, daß Geld bedeutend besser riecht als das Blut von 1793, und gründet dank seiner neuen „Beziehungen" einerseits zur neuen Großfinanz, anderseits zur korrupten Regierung eine neue Belieferungskompagnie für die Armee Scherer. Die Soldaten des braven Generals werden schlechte Stiefel kriegen und in ihren dünnen Mänteln frieren, sie werden geschlagen werden auf den Ebenen von Italien, aber das Wichtigste: die Kompagnie Fouché-Hinguerlot und wahrscheinlich auch Barras selbst ziehen festen Profit. Verschwunden der Abscheu vor dem „verächtlichen und verderberischen Metall", den der Ultrajakobiner und Suprakommunist Fouché noch vor drei Jahren so beredt ausposaunte, vergessen auch die Haßausbrüche gegen die „bösen Reichen", vergessen, daß „der gute Republikaner nichts braucht als Brot und Eisen und vierzig Écus pro Tag": jetzt heißt es, endlich einmal selber reichwerden. Denn im Exil hat Fouche die Macht des Geldes erkannt und dient ihr wie jeder Macht. Zu lange Zeit, zu schmerzhaft hat er das Unten erlitten, das gräßliche Untensein im Schmutz der Verachtung und Entbehrung – nun spannt er alle seine Kräfte, um nach Oben zu kommen, hinauf in jene Welt, wo man für Geld Macht kauft und aus Macht wieder Geld prägt. Der erste Stollen ist gegraben in dieses ergiebigste aller Bergwerke, der erste Schritt getan auf dem phantastischen Weg von einer Dachkammer des fünften Stockwerkes zu einem Herzogssitz, aus dem Nichts zu einem Vermögen von zwanzig Millionen Franken.

Nun Fouché den unangenehmen Ballast der revolutionären Prinzipien gründlich vom Rücken geworfen, ist er beweglich geworden: und über Nacht hat er den Fuß wieder im Steigbügel. Sein Freund Barras macht nicht nur dunkle Geldtransaktionen, sondern auch schmierige politische Geschäfte. Er will in aller Stille die Republik an Ludwig XVIII. gegen einen Herzogstitel und eine dicke Stange Geld verkaufen. Dabei stört ihn einzig die Gegenwart anständiger, republikanisch gesinnter Kollegen, wie Carnot, die noch immer an die Republik glauben und nicht verstehen wollen, daß Ideale doch nur da sind, um an ihnen zu verdienen. Und bei Barras' Staatsstreich vom achtzehnten Fructidor, der ihn dieser lästigen Wächter entledigt, hat zweifellos Fouché durch Unterminierungen reichlich seinem Geschäftskumpan geholfen, denn kaum ist sein Protektor Barras nun unbeschränkter Herr des Fünferrats, des erneuerten Direktoriums, so drängt der Lichtscheue schon stürmisch vor und fordert seinen Preis. Barras soll ihn beschäftigen, in der Politik, bei der Armee, an irgendeiner Stelle, in irgendeiner Mission, wo man sich die Taschen vollsacken und von den Jahren des Elends erholen kann. Barras, der diesen Menschen braucht, kann dem Diener seiner dunklen Geschäfte kaum nein sagen, aber immerhin, der Name Fouchés, des Mitrailleurs von Lyon, stinkt noch zu sehr nach vergossenem Blut, als daß man in den Flitterwochen der Reaktion sich in Paris offen mit ihm kompromittiere. So wird er von Barras als Vertreter der Regierung zunächst nach Italien zur Armee und dann zur batavischen Republik nach Holland geschickt, um geheime Verhandlungen zu führen. Denn daß er Meister ist im unterirdischen Intrigenspiel, das weiß Barras nun schon aus Erfahrung: er wird es bald am eigenen Leibe noch gründlicher erfahren. 1798 ist Fouche also Gesandter der Französischen Republik: er hat den Fuß wieder im Steigbügel. Genau wie einst in seiner blutigen Mission, entwickelt er nun in der diplomatischen die gleiche kalte Energie; besonders in Holland erzielt er blitzschnell Erfolge. An tragischen Erfahrungen gealtert, von stürmischen Zeiten gereift, in der harten Esse des Elends geschmeidigt, bewährt Fouché seine alte Tatkraft, mit einer neuen Vorsicht gepaart. Bald erkennen sie oben, die neuen Herren: das ist ein Mann, der sich brauchen läßt, der nach dem Winde tanzt und mit dem Gelde springt, gefällig nach oben, rücksichtslos gegen unten, der rechte und geschickte Seemann bei hohem Wellengang. Und da das Schiff derRegierung immer gefährlicher schwankt und bei seinem unsichern Kurse jeden Augenblick zu scheitern droht, faßt das Direktorium am 3. Thermidor 1799 einen unerwarteten Entschluß: Joseph Fouché, in geheimer Mission in Holland, wird plötzlich über Nacht zum Polizeiminister der Französischen Republik ernannt.

Joseph Fouché Minister! Paris schrickt auf wie von einem Kanonenschuß. Beginnt noch einmal der Terror, daß sie diesen Bluthund von der Kette lassen, den Mitrailleur von Lyon, den Hostienschänder und Kirchenplünderer, den Freund des Anarchisten Baboeuf? Wird man – Gott behüte! –jetzt auch Collot d'Herbois und Billaud von den Fieberinseln von Guayana zurückholen und die Guillotine wieder auf den Republikplatz stellen? Wird man am Ende wieder das „Brot der Gleichheit" backen, die philanthropischen Komitees einführen, die den reichen Leuten ihr Geld abknöpfen? Paris, das längst beruhigte, mit seinen eintausendfünfhundert Tanzlokalen, seinen blendenden Läden, seiner Jeunesse dorée, entsetzt sich, – die Reichen und die Bürger zittern wieder wie Anno 1792. Nur die Jakobiner sind zufrieden, die letzten Republikaner. Endlich, nach furchtbaren Verfolgungen, ist wieder einer der ihren an der Macht, der kühnste, der radikalste, der unbeugsamste; nun wird endlich der Reaktion Schach geboten werden, die Republik gesäubert von den Royalisten und Verschwörern! Aber sonderbar, beide, die einen und die andern, fragen sich nach wenigen Tagen: Heißt dieser Polizeiminister wirklich Joseph Fouché? Wieder einmal hat sich das weise Wort Mirabeaus bewährt (heute noch gültig für Sozialisten), daß Jakobiner als Minister nicht mehr jakobinische Minister sind: denn siehe, die Lippen, die früher von Blut troffen, fließen jetzt über vom Öl der Versöhnungsworte. Ordnung, Ruhe, Sicherheit, diese Phrasen kehren unablässig wieder in den Polizeiproklamationen des Exterroristen, und Bekämpfung der Anarchie ist seine erste Devise. Die Freiheit der Presse muß eingeschränkt, den ewigen Hetzreden ein Ende gemacht werden. Ordnung, Ordnung, Ruhe und Sicherheit–kein Metternich, kein Seldnitzki, kein Erzreaktionär des österreichischen Kaiserreiches verfaßt konservativere Dekrete als Joseph Fouché, der „Mitrailleur de Lyon".

Die Bürger atmen auf: Welch ein Paulus ist aus diesem Saulus geworden! Aber die wahrhaften Republikaner toben vor Entrüstung in ihren Versammlungssälen. Sie haben wenig gelernt in diesen Jahren, noch immer halten sie ingrimmige Reden, Reden und Reden, sie bedrohen das Direktorium, die Minister und die Verfassung mit Zitaten aus dem Plutarch. Sie tun so wild, als lebten noch Danton und Marat, als könnten noch wie damals die Sturmglocken Hunderttausende aus den Vorstädten zusammenrotten. Immerhin: ihre lästigen Quengeleien machen schließlich das Direktorium unruhig. Was soll man dagegen tun? bestürmen die Kollegen den neugewählten Polizeiminister.

„Den Klub schließen", antwortet der Unerschütterliche. Ungläubig sehen ihn die andern an und fragen, wann er zu dieser verwegenen Maßnahme schreiten würde. „Morgen", antwortet gemächlich Fouche. Und tatsächlich, am nächsten Abend begibt sich Fouché, der ehemalige Präsident der Jakobiner, in den radikalen Klub der Rue du Bac. In diesem Kreis hat all diese Jahre das Herz der Revolution geschlagen. Es sind dieselben Männer, vor denen Robespierre, Danton und Marat, vor denen er selbst leidenschaftliche Reden gehalten: nach dem Sturz Robespierres, nach der Niederlage Baboeufs lebt einzig im Klub de Manège noch die Erinnerung an die Sturmtage der Revolution.

Aber Sentimentalität ist nicht Fouchés Sache, er kann, wenn er will, auf unheimlich rasche Weise seine Vergangenheit vergessen. Der einstige Mathematikprofessor aus dem Oratorium mißt immer nur das Parallelogramm der realen Kräfte. Er weiß den republikanischen Gedanken erledigt, die besten Führer, die Männer der Tat, unter der Erde: so sind alle die Klubs längst herabgesunken zu geselligen Schwatzbuden, wo einer dem andern die Phrasen aus dem Munde holt. Anno 1799 sind die Zitate aus dem Plutarch und die patriotischen Worte mit den Assignaten im Kurs gefallen: man hat zu viele Phrasen gedroschen und zu viele Banknoten gedruckt. Frankreich ist (wer weiß es besser als der Polizeiminister, der die öffentliche Meinung kontrolliert!) müde der Advokaten und Redner und Neuerer, müde der Dekrete und Gesetze, es will nur noch Ruhe, Ordnung, Frieden und klare Finanzen; wie nach ein paar Jahren Krieg, kommt auch nach ein paar Jahren Revolution, nach jeder Gemeinsamkeitsekstase, immer der unaufhaltsame Egoismus des einzelnen, der Familie wieder zum Recht.

Gerade hält einer der Republikaner, einer der längst ausgewerteten, eine hitzige Rede, da wird die Türe aufgestoßen, und in der Uniform des Ministers tritt Fouché herein, von Gendarmen begleitet. Mit einem kalten Blick mißt er erstaunt die aufspringende Versammlung: was für erbärmliche Gegner! Längst sind die Tatmenschen, die Geistmenschen der Revolution, ihre Helden und Desperados dahin: nur die Schwätzer sind geblieben, und gegen die Schwätzer genügt eine entschlossene Geste. Ohne zu zögern, steigt er die Tribüne hinauf, zum erstenmal nach sechs Jahren hören die Jakobiner wieder seine eisige, nüchterne Stimme, aber nicht, um wie früher zur Freiheit aufzurufen und zum Haß gegen die Despoten, sondern ruhig erklärt der hagere Mann klipp und klar den Klub für geschlossen. Die Überraschung ist so groß, daß niemand Widerstand leistet. Sie toben nicht, sie stürzen nicht, wie sie es immer geschworen, mit Dolchen gegen den Vernichter der Freiheit. Sie stammeln nur, sie schleichen zurück und verlassen bestürzt den Raum. Fouché hat richtig gerechnet: gegen Männer muß man kämpfen, Schwätzer schlägt man mit einer Geste nieder. Nun der Saal geräumt ist, schreitet er gemächlich zur Tür, schließt sie ab und steckt den Schlüssel in die Tasche. Und mit dieser Schlüsseldrehung ist eigentlich die Französische Revolution zu Ende. Ein Amt ist immer nur das, was ein Mann aus ihm macht. Als Joseph Fouché das Ministerium der Polizei übernimmt, bekommt er damit eine durchaus subalterne Funktion, eine Art Unterpräfektur des Ministeriums des Innern. Er soll überwachen und informieren, als Kärrner das Material zusammenschaffen für die innere und äußere Politik, mit dem dann die Herren des Direktoriums wie die Könige bauen. Aber kaum hat Fouché drei Monate lang die Macht in Händen, so merken seine Gönner erschreckt, erstaunt und schon wehrlos, daß er nicht nur nach Unten überwacht, sondern auch nach Oben, daß der Polizeiminister die anderen Minister, das Direktorium, die Generale, die ganze Politik kontrolliert. Sein Netz überzieht alle Ämter und Obliegenheiten, in seine Hände münden alle Nachrichten, er macht Politik neben der Politik, Krieg neben dem Krieg, überallhin schiebt er die Grenzen seiner Befugnisse vor, bis schließlich Talleyrand ärgerlich die Stellung des Polizeiministers neu definieren muß: „Der Polizeiminister ist ein Mann, der sich zunächst um alle Dinge kümmert, die ihn angehen; und sodann in zweiter Linie um alle, die ihn nichts angehen."

Großartig ist diese komplizierte Maschine, dieser Universalkontrollapparat eines ganzen Landes aufgebaut. Tausend Nachrichten münden jeden Tag in das Haus am Quai Voltaire, denn nach ein paar Monaten hat dieser Meister das ganze Land mit Spionen, Geheimagenten und Zuträgern durchsetzt. Aber man stelle sich diese seine Spitzel nicht bloß als die üblichen plumpen Kleinbürgerdetektive vor, die bei den Hausmeistern und im Weinhaus, in Bordellen und Kirchen den Tagesschwatz belauschen: Fouchés Agenten tragen auch goldene Tressen und Diplomatenröcke und zarte Spitzenroben, sie plaudern in den Salons des Faubourg Saint-Germain und schleichen sich anderseits wieder, patriotisch verkleidet, in die Geheimsitzungen der Jakobiner. In der Liste seiner Söldlinge finden sich Marquis und Herzoginnen mit den klingendsten Namen Frankreichs, ja, er darf sich rühmen (phantastisches Faktum!), die höchste Frau des Reiches, Josephine Bonaparte, die spätere Kaiserin, in seinen Diensten zu haben. Im Bureau seines späteren Herrn und Kaisers ist der Sekretär an ihn verkauft, in Hartwell in England der Koch des Königs Ludwig XVIII. von ihm bestochen. Jeder Schwatz wird gemeldet, jeder Brief wird geöffnet. Bei der Armee, bei den Kaufleuten, bei den Deputierten, in der Weinstube und Versammlung horcht der Polizeiminister unsichtbar mit, und alle diese tausend Nachrichten laufen täglich in der Richtung seines Schreibtisches zusammen. Dort werden die teilweise richtigen und wichtigen, teils bloß schwatzhaften Denunziationen geprüft, gesiebt und verglichen, bis sich aus tausend Chiffren klare Nachricht ergibt.

Denn Nachricht ist alles; im Krieg wie im Frieden, in der Politik wie in der Finanz. Nicht mehr der Terror, sondern nur das Wissen ist 1799 die Macht in Frankreich. Das Wissen um jeden dieser traurigen Thermidoristen, wieviel Geld er nimmt, von wem er bestochen wird,, für wieviel er käuflich ist, um ihn in Schach zu halten und so den Übergeordneten zum Untertanen zu machen; das Wissen um die Verschwörungen, teils um sie niederzuschlagen, teils um sie zu fördern und so in der Politik immer nach der rechten Seite zu lavieren; das Vorauswissen der Nachrichten vom Kriegsschauplatz und den Friedensverhandlungen, um mit gefälligen Finanzleuten an der Börse zu operieren und sich endlich einmal an ein Vermögen festzuankern. So schafft diese Nachrichtenmaschine in Fouchés Händen ständig Geld, und Geld wiederum dient als Öl, das sie geräuschlos im Rollen hält. Aus den Spielhäusern, den Bordellen, aus den Bankhäusern fließen diskrete Abgaben in Millionenbeträgen in seine Hand, um sich dort in Bestechung umzusetzen, die Bestechung wiederum bringt Informationen: so stockt und versagt niemals diese ungeheure, raffinierte Maschinerie der Polizei, die ein einzelner Mensch aus dem Nichts innerhalb weniger Monate dank seiner ungeheuren Arbeitskraft und seines psychologischen Genies erschafft.

Aber das Genialste an dieser unvergleichlichen Maschinerie Fouchés ist dies: sie funktioniert nur in einer und einer einzigen Hand. Irgendwo hat sie eine eingebaute Schraube: nimmt man diese heraus, so stockt sofort der sausende Umschwung. Fouché sorgt von dem ersten Augenblick an für den Fall einer Ungnade. Er weiß, wenn man ihn verabschiedet, genügt ein Handgriff, um die von ihm konstruierte Maschine sofort außer Gang zu setzen. Denn nicht für den Staat, nicht für das Direktorium, nicht für Napoleon schafft dieser Machtmensch sein Werk, sondern einzig für sich selbst. Nicht etwa, daß er daran dächte, das Destillat aller Nachrichten, das chemisch in seiner Retorte gewonnen wird, pflichtgemäß seinen Vorgesetzten zu übermitteln; er gibt rücksichtslos egoistisch nur das weiter, was er weitergeben will;wozu die Tölpel im Direktorium klüger machen und sie in seine Karten sehen lassen? Ausschließlich, was ihm nützt, was unbedingt notwendig ist für seinen eigenen Vorteil, läßt er aus seinem Laboratorium heraus, alle andern Pfeile und Gifte verwahrt er sorgfältig in seinem Privatarsenal für persönliche Rache und politischen Meuchelmord. Immer weiß Fouché mehr, als man im Direktorium weiß, daß er weiß, und dadurch wird er für jeden gefährlich und unentbehrlich zugleich. Er weiß von den Verhandlungen Barras' mit den Royalisten, von dem Kronprätendententum Bonapartes, von den Treibereien bald der Jakobiner, bald der Reaktionäre, aber niemals enthüllt er diese Geheimnisse, sobald er sie erfährt, sondern immer erst im Augenblick, wenn ihm die Enthüllung vorteilhaft erscheint. Manchmal fördert er die Verschwörungen, manchmal hemmt er sie, manchmal stiftet er sie künstlich an, manchmal deckt er sie geräuschvoll auf (und mahnt gleichzeitig die Beteiligten, sich rechtzeitig in Sicherheit zu bringen); immer spielt er doppeltes, dreifaches, vierfaches Spiel, und das Täuschen und Narren nach allen Seiten, an allen Tischen wird allmählich seine Leidenschaft. Dazu gehört freilich voller Einsatz an Kraft und Zeit: damit spart Fouché, der Zehnstundenarbeiter, nicht. Lieber, als einem Zweiten Einblick in Polizeigeheimnisse zu gewähren, sitzt er von morgens bis abends in seinem Bureau, überprüft alle Papiere persönlich und erledigt jeden einzelnen Akt. Jeden wichtigen Angeklagten verhört er allein bei geschlossenen Türen in seinem Kabinett, damit er, nur er und nicht einmal seine Unterbeamten, die entscheidendenEinzelheiten erfahre, und so hat er allmählich als ein unbestallter Beichtiger des ganzen Landes die Geheimnisse aller Menschen in seiner Hand. Wiederum herrscht er durch Terror wie einst in Lyon, nur ist es nicht mehr das plumpe, tödlich niederknirschende Beil, sondern das seelische Gift der Angst, des Schuldbewußtseins, des Sich-belauscht-Fühlens und Sich-entdeckt-Wissens, mit dem er Tausenden den Atem auspreßt. Die Maschine von 1792, die Guillotine, erfunden, um jeden Widerstand gegen den Staat niederzuhalten, ist ein plumpes Werkzeug, verglichen mit der raffinierten und aus geistiger Überlegenheit kombinierten Polizeimaschinerie Joseph Fouchés von 1799.

Auf diesem Instrument, das er sich selbst in die Hand gebaut, spielt Fouché als vollendeter Künstler. Er kennt das höchste Geheimnis der Macht: sie heimlich zu genießen, sie sparsam zu nützen. Vorbei die Zeiten von Lyon, wo grimmige Revolutionsgarden mit gezücktem Bajonett Zutritt wehrten zu des Allmächtigsten Gemach. Jetzt drängen sich in seinem Vorzimmer die Damen des

Faubourg Saint-Germain und werden gern vorgelassen. Er weiß, was sie wollen. Die eine bittet um die Streichung eines Verwandten von der Emigriertenliste, die andere möchte einem Vetter gute Stellung vermitteln, die dritte peinlichen Prozeß niederschlagen. Zu allen gibt sich Fouché gleich liebenswürdig. Warum sich unbeliebt machen bei irgendeiner Partei, bei den Jakobinern oder Royalisten, bei den Gemäßigten oder Bonapartisten, solange man noch nicht weiß, welche morgen ans Ruder kommen? So spielt der einst gefürchtete Terrorist den Mann bezaubernder Konzilianz; öffentlich, in seinen Reden und Proklamationen, donnert er zwar mächtig gegen Royalisten und Anarchisten, aber heimlich, unter der Hand, warnt er oder besticht er sie. Er vermeidet laute Prozesse, grimmige Bluturteile: ihm genügt die Geste der Gewalt statt der Gewalt, die wirkliche unterirdische Macht im Staate statt einer leeren Attrappe, wie sie Barras und seine Kollegen auf ihren Federhüten tragen.

So geschiehts, daß in wenigen Monaten aus dem Gottseibeiuns Fouché der Liebling aller geworden ist, denn welcher Minister und Staatsmann wird allzeit und allorts beliebter, als der mit sich reden läßt, der gemächlich zuschaut oder gar mithilft, Geld zu verdienen, Ämterchen zu erlangen, der jedem Konzessionen macht und die strengen Augen freundlich niederschlägt, sofern man nur die Nase nicht zu tief in die Politik steckt oder ihn bei seinen eigenen Plänen hindert? Ist es nicht besser, den Leuten ihre Überzeugungen abzukaufen und abzuschmeicheln, statt Kanonen auffahren zu lassen? Genügt es nicht, unruhige Köpfe ins Geheimkabinett zu rufen und ihnen dort ihr Todesurteil ausgefertigt in einer Lade zu zeigen, statt es wirklich durchzuführen? Freilich, wo sich wirklicher Aufruhr regt, da greift die alte harte Hand unbarmherzig zu. Aber wer stille hält und nicht gegen den Stachel leckt, gegen den entwickelt der alte Terrorist seine noch ältere priesterliche Duldung. Er kennt die Schwäche der Menschheit für das Geld, für den Luxus, für die kleinen Laster, für die privaten Pläsiere – gut, habeant! Nur sich ruhig verhalten! Die großen Bankiers, unter der Republik bisher mit allen Hunden gehetzt, können jetzt geruhig schieben und verdienen, Fouché steckt ihnen Nachrichten zu und sie ihm dafür Anteil an den Gewinnen. Die Presse, unter Marat und Desmoulins ein bissiger blutgieriger Köter, ei, wie gefällig wedelt sie ihm um die Beine, auch sie nimmt lieber Zuckerbrot als die Peitsche. Nach ganz kurzer Zeit ist das Gelärme der privilegierten Patrioten einer schmatzenden Stille gewichen, Fouché hat jedem einen Knochen hingeworfen oder sie mit ein paar festen Hieben in die Ecke gescheucht. Und schon wissen seine Kollegen, wissen alle Parteien, daß es ebenso angenehm und einträglich ist, Fouché zum Freunde zu haben, als unbehaglich, ihm die Krallen aus den Samtpfoten herauszuärgern; so hat plötzlich dieser Verachtetste aller, weil er alles weiß und jeden durch sein Schweigen verpflichtet, eine Unzahl guter Freunde. Noch ist die zersprengte Stadt an der Rhone nicht aufgebaut, und schon sind die Mitrailladen von Lyon vergessen, schon ist Joseph Fouché beliebt.

Über alles, was im Reiche vorgeht, hat Joseph Fouché die ersten, die besten Nachrichten: niemand sieht so genau, dank einer tausendköpfigen, tausendohrigen Wachsamkeit in alle Falten der Geschehnisse hinein, keiner weiß besser um die Stärke oder Schwäche der Parteien und der Menschen als dieser kaltnervige, rechnerische Beobachter an seinem Registrierapparat, der die kleinsten Schwingungen der Politik verzeichnet. So dauert es nur ein paar Wochen, ein paar Monate, und Joseph Fouché erkennt klar: das Direktorium ist verloren. Die fünf Männer sind untereinander uneinig, einer spielt dem andern in den Rücken und wartet nur die Sekunde ab, ihn zur Seite zu puffen. Die Armeen geschlagen, die Finanzen durcheinander, das Land unruhig – so geht es nicht weiter. Fouché wittert ein baldiges Umspringen des Winds. Agenten informieren ihn, daß Barras schon heimlich mit Ludwig XVIII. verhandelt, um für eine Herzogskrone die Republik an die bourbonische Dynastie zu verschachern. Seine Kollegen wiederum liebäugeln mit dem Herzog von Orleans oder träumen von der Wiederherstellung des Konvents. Aber alle, alle wissen sie: so geht es nicht weiter. Denn die Nation ist von inneren Aufständen geschüttelt, die Assignaten zerblättern zu wertlosem Papier, die Soldaten versagen bereits; ballt nicht eine neue Kraft die zerstreuten Kräfte zusammen, so stürzt die Republik.

Ein Diktator allein kann helfen, und alle Blicke greifen ins Leere, um einen zu finden. „Wir brauchen einen Kopf und einen Säbel", äußert Barras zu Fouché, heimlich sich selber für den Kopf haltend, und auf der Suche nach dem richtigen Säbel. Aber Hoche und Joubert, die siegreichen, sind sehr zur Unzeit für ihre Karriere gestorben, Bernadotte gebärdet sich noch zu jakobinisch, und der einzige, von dem alle wissen, daß er beides in einem wäre, der Säbel und der Kopf, Bonaparte, der Held von Arcole und Rivoli, den haben sie sich aus Angst weit weg vom Hals geschafft, der manövriert jetzt im ägyptischen Wüstensand zwecklos herum. Auf ihn, den meilenfernen, meinen sie, sei nicht zu zählen. Von allen Ministern weiß nur Fouché damals schon, daß dieser General Bonaparte, den die andern noch im Schatten der Pyramiden vermuten, gar nicht so meilenfern ist und demnächst in Frankreich landen wird. Sie haben ihn weggeschickt, den allzu ehrgeizigen, den allzu populären, befehlshaberischen Mann, ein paar tausend Meilen weit von Paris; sie haben vielleicht sogar heimlich aufgeatmet, als Nelson bei Abukir die Flotte vernichtete, denn was liegt Intriganten und Politikern an ein paar tausend Toten, sofern nur ein Konkurrent beseitigt ist. Nun schlafen sie beruhigt, sie wissen ihn festgenagelt an die Armee und hüten sich wohl, ihn zurückzurufen. Nicht einen Augenblick wagen sie zu vermuten, er könne die Kühnheit haben, eigenmächtig das Kommando einem anderen General zu übertragen und sie von ihren Polstern aufzustören: mit allen Möglichkeiten rechnen sie, nur mit Bonaparte nicht.

Fouché aber weiß mehr, und zwar aus bester Quelle. Denn die ihm alles verrät, jeden Brief, jede Maßnahme zubringt, dieser beste, informierteste, treueste seiner bezahlten Spione ist niemand anderes als – Bonapartes eigene Frau, Josephine Beauharnais. Diese leichtfertige Kreolin zu korrumpieren, bedeutete an sich keine große Leistung, denn, tolle Verschwenderin, steckt sie ständig in Geldnöten, und ob ihr auch freigebigst Napoleon Hunderttausende aus den Staatskassen zuweist, sie versickern wie Tropfen bei einer Frau, die sich dreihundert Hüte und siebenhundert Kleider im Jahre anschafft, die nicht zu sparen weiß, weder mit Geld noch mit ihrem Körper noch mit ihrem guten Ruf, und der außerdem im Augenblick nicht sonderlich wohl zumute ist. Mein Gott, sie hat, während der kleine heißblütige General im Felde steht, der sie durchaus in das langweilige Mamluckenland mithaben wollte, mit einem netten hübschen Charles geschlafen und vielleicht mit ein paar andern auch, wahrscheinlich sogar wieder mit ihrem alten Geliebten, Barras. Das haben ihr die dummen Intrigantenbrüder Joseph und Lucien übelgenommen und brühwarm ihrem hitzigen und wie ein Türke eifersüchtigen Gemahl berichtet. So braucht sie jemand, der ihr hilft und die brüderlichen Spione bespitzelt, der alle Korrespondenzen überwacht. Deshalb und außerdem für ein paar Rollen Dukaten – er selbst in den Memoiren sagt glatt: tausend Louisdors – liefert die zukünftige Kaiserin Fouché alle Geheimnisse aus und vor allem das wichtigste und allergefährlichste von Bonapartes bevorstehender Rückkehr.

Fouché genügt es, informiert zu sein. Selbstverständlich denkt der Bürger Polizeiminister nicht daran, seine Vorgesetzten zu informieren. Zunächst verdichtet er nur seine Freundschaft mit der Gattin des Prätendenten, nützt die Nachrichten im stillen und sieht, wie immer wohlvorbereitet, der Entscheidung entgegen, die, wie er nun weiß, nicht lange auf sich warten lassen wird.

Am 11. Oktober 1799 läßt das Direktorium hastig Fouché rufen. Unglaubliche Nachricht meldet der Spiegeltelegraph: Bonaparte ist aus Ägypten zurück und in Fréjus gelandet, eigenmächtig, ohne zurückberufen zu sein. Was nun tun? Den General, der ohne Befehl, als Deserteur, seine Armee verließ, sofort verhaften oder ihn höflich empfangen? Fouché, der sich noch überraschter stellt, als die andern es in Wahrheit sind, rät zur Nachgiebigkeit. Abwarten! Abwarten! Denn er hat sich noch nicht entschlossen, ob er für oder gegen Bonaparte sein wird, er will erst die Ereignisse ruhig auslaufen lassen. Aber während die fünf kopflosen Köpfe im Direktorium noch emsig diskutieren, ob man Bonaparte trotz seiner Fahnenflucht begnadigen oder festnehmen solle, hat die Stimme des Volkes längst gesprochen. Avignon, Lyon, Paris empfangen ihn als Triumphator, alle Städte sind illuminiert auf seinem Wege, von der Bühne der Theater wird die Nachricht den aufjubelnden Zuhörern verkündet: nicht ein Untergebener kehrt zurück, sondern ein Herr, eine Großmacht. Kaum ist er in Paris in seiner Wohnung, Rue Chantereine (bald wird sie ihm zu Ehren Rue Victoire heißen), so drängen sich alle seine Freunde heran und auch jene, die es für nützlich halten, baldigst als solche zu gelten. Generale, Deputierte, Minister, sogar Talleyrand erweisen dem Mann des Säbels ihre gehorsame Reverenz, und so dauert es nicht lange, und auch der Polizeiminister macht sich höchst persönlich auf die Beine. Er fährt in die Rue Chantereine und läßt sich bei Bonaparte melden. Aber dem scheint dieser Herr Fouché ein ziemlich gleichgültiger und unbedeutender Besuch. So läßt er ihn eine gute geschlagene Stunde im Vorzimmer warten wie einen lästigen Bittsteller. Fouché, dieser Name sagt ihm nicht viel: persönlich kennt er ihn nicht, er erinnert sich nur vielleicht, daß ein Mann dieses Namens eine ziemlich traurige Rolle in den Jahren des Schreckens in Lyon gespielt, vielleicht ist ihm auch ein kleiner Polizeispitzel, abgerissen und heruntergekommen, im Vorzimmer seines Freundes Barras begegnet. Jedenfalls: kein Mann von Belang, irgendein kleiner Geschäftemacher, der sich jetzt ein kleines Ministerium herausgeschlichen. So einen läßt man antichambrieren. Und wirklich, Joseph Fouché wartet geduldig eine geschlagene Stunde im Vorzimmer des Generals und würde vielleicht noch eine zweite und dritte dort auf dem Sessel sitzen, den ihm ein Diener mitleidig hingeschoben, wenn nicht zufällig Real, einer der Mitverschworenen Bonapartes für den zukünftigen Staatsstreich, den Allgewaltigen, zu dem ganz Paris in Audienz läuft, in so kümmerlicher Lage bemerkt hätte. Erschrocken über den unglückseligen Verstoß, stürzt er zum General ins Zimmer, erklärt ihm aufgeregt den ungeheuren Fehler, gerade diesen Mann so beleidigend warten zu lassen, der mit einem Druck seiner Hand die ganze Anzettelung aufspringen lassen kann wie eine Bombe. Und sofort eilt Bonaparte hinaus, bittet sehr höflich und eindringlich Fouché zu sich, entschuldigt sich und unterhält sich mit ihm zwei Stunden lang ohne Zeugen. Zum erstenmal stehen sich die beiden gegenüber: sorgfältig prüft und mißt einer den andern, ob er ihm zu seinen persönlichen Zwecken tauglich sei. Und immer erkennen sich Überlegenheiten im Fluge. Sofort erkennt Fouché an der unerhörten Dynamik dieses Machtmenschen den unbezwinglichen Genius der Herrschaft, sofort erkennt mit seinem scharf zustoßenden Raubtierblick Bonaparte in Fouché den brauchbaren, zu allem verwendbaren, den alles rapid begreifenden und energisch in die Tat umsetzenden Helfer. Niemand habe ihm damals – erzählt er auf Sankt Helena – so knapp und übersichtlich die ganze Situation Frankreichs und des Direktoriums dargestellt wie Fouché in diesem ersten zweistündigen Gespräch. Und daß Fouché, unter dessen Tugenden Offenherzigkeit sonst nicht glänzt, dem Kronprätendenten sofort die Wahrheit sagt, zeigt, daß auch er entschlossen war, sich ihm zur Verfügung zu stellen. Gleich in der ersten Stunde sind die Rollen ausgeteilt, Herr und Diener, Weltgestalter und Zeitpolitiker: nun kann ihr Zusammenspiel beginnen.

Fouché vertraut sich Bonaparte mit ungewöhnlicher Bereitwilligkeit gleich bei der ersten Begegnung an. Aber doch: er gibt sich ihm nicht in die Hand. Er nimmt an der Verschwörung, die das Direktorium stürzen und Bonaparte zum Alleinherrscher machen soll, nicht öffentlich teil: dazu ist er zu vorsichtig. Dazu hält er zu streng, zu getreu an seinem Lebensgrundsatz: niemals sich endgültig entscheiden, solange der Sieg nicht entschieden ist. Nur etwas Seltsames geschieht–in den nächsten Wochen befällt den sonst so feinhörigen, sonst so scharfsichtigen Polizeiminister von Frankreich ein peinliches Gebrest: er wird nämlich plötzlich blind und taub. Er hört nichts von all den Gerüchten, die in der Stadt von einem bevorstehenden Staatsstreich flüstern, er sieht nichts von Briefen, die man ihm in die Hände schiebt. Alle seine sonst tadellos verläßlichen Informationen scheinen auf magische Weise zu versagen, und während von den fünf Mitgliedern des Direktoriums zwei schon im Komplott sind und der dritte zur Hälfte gewonnen, ahnt der Polizeiminister nicht das mindeste von einer bestehenden Militärverschwörung – oder vielmehr, er stellt sich, als ob er nichts ahne. Seine täglichen Berichte an das Direktorium enthalten keine Zeile über den General Bonaparte und die schon ungeduldig mit dem Säbel rasselnde Clique; aber freilich auch nach der andern Seite, Bonaparte gegenüber, gibt er keine Zeile, kein geschriebenes Wort aus der Hand. Nur mit Schweigen verrät er das Direktorium, nur mit Schweigen verpflichtet er sich Bonaparte und wartet, wartet, wartet ab. In solchen Augenblicken der Spannung, zwei Minuten vor der Entscheidung, fühlt seine amphibische Natur sich am wohlsten. Von zwei Parteien gefürchtet, von zwei

Parteien umworben zu sein und dabei in der eigenen Hand das Zünglein der Wage zittern zu fühlen, das wird diesem passionierten Intriganten immer Lust aller Lüste. Wunderbarstes aller Spiele, unvergleichlich an Spannung mit dem des grünen Tisches oder des Eros, diese Sekunden, wo das Weltspiel Entscheidungen zurollt! Zu wissen in solchen Minuten, daß man die Ereignisse beschleunigen kann oder sie hemmen, und doch eben aus diesem Wissen sich beherrschen und, sosehr die Hände brennen, sich einzumengen, nichts tun, nichts als zusehen mit der aufgeprickelten, genießenden, mit der geradezu lasterhaften Neugier des Psychologen – diese Lust allein befeuert diesen kalten Geist, nur sie erregt dieses trübe, dünne, beinahe wässerige Blut.

Nur diese Art psychologisch perverser, geistig lüsterner Lust kann den nüchternen, nervenlosen Mann Joseph Fouché berauschen. Und in solchen scharf gespannten Sekunden vor dem entscheidenden Schuß beflügelt seinen sonst mürrischen Ernst immer eine Art grausamer, zynischer Heiterkeit. Denn geistige Lust, wie anders kann sie sich entspannen als in Heiterkeit, in einer guten oder grimmigen Spaßfreude. Und so spaßt Fouché gerade dann, wenn andere in höchster Gefahr sind, er spaßt wie der Untersuchungsrichter im „Raskolnikow" auf allergeistreichste und auf wahrhaft diabolische Art, gerade wenn dem Schuldigen der Schauer schon über den Rücken läuft. Gerade in solchen Sekunden liebt er zu mystifizieren, und so arrangiert er auch diesmal gerade im allergefährlichsten Moment eine artige Komödie, deren Bretter gewissermaßen auf das Pulverfaß gelegt sind. Wenige Tage vor dem Losschlagen zum Staatsstreich (natürlich kennt er den Termin) gibt er eine kleine Gesellschaft. Bonaparte, Real und die andern Verschwörer sind eingeladen zu dieser intimen Soirée, und plötzlich, während sie bei Tisch sitzen, bemerken sie, daß ihre ganze Liste komplett ist, daß also der Polizeiminister des Direktoriums die ganze Kamarilla, die gegen das Direktorium konspiriert, wohlgezählt zu sich ins Haus gebeten. Was bedeutet das? Unruhig sehen Bonaparte und die Seinen einander an. Stehen etwa schon Gendarmen vor der Tür, um auf einen Sitz das ganze Nest des Staatsstreiches auszuheben? Vielleicht erinnert sich einer oder der andere aus der Weltgeschichte an die verhängnisvolle Mahlzeit, die Peter der Große den Strelitzen gab, und wo der Henker als Dessert ihre Köpfe servierte. Aber nichts von derlei grausamen Dingen geschieht bei einem Fouché, – im Gegenteil, als zur allgemeinen Überraschung der Mitverschworenen schließlich noch ein Gast eintritt, und zwar (der Spaß ist wirklich diabolisch ersonnen!) gerade jener Präsident Gohier, gegen den sich ihre Verschwörung richtet, da werden sie Zeugen eines erstaunlichen Dialogs. Der Präsident fragt den Polizeiminister nach den neuesten Geschehnissen: „Ach, immer dasselbe", antwortet, lässig die Lider hebend, ohne irgendeinen Bestimmten anzuschauen, Fouché. „Immer wieder das Gerede von Verschwörungen. Aber ich weiß schon, was ich davon zu halten habe. Wenn es wirklich eine gibt, so hätten wir den Beweis bald auf dem Revolutionsplatz."

Diese zarte Andeutung auf die Guillotine fährt den erschrockenen Verschwörern wie ein kaltes Messer über den Rücken. Sie wissen nicht: Spaßt er mit ihnen, spaßt er mit jenem? Narrt er sie oder den Präsidenten des Direktoriums? Sie wissen es nicht, und wahrscheinlich weiß es Fouché selber nicht, denn er genießt nur immer eins auf Erden: die Lust an der Zwiefalt, den brennenden Reiz und die prickelnde Gefahr des Doppelspiels. Nach diesem muntern Späßchen fällt der Polizeiminister wieder bis zur Stunde des Losschlagens in seine merkwürdige Lethargie zurück, bleibt blind und taub, während schon die Hälfte des Senats bestochen, die Armee gewonnen ist. Und sonderbar – bekannt sonst als Frühaufsteher, als Erster in seinem Amt, hat Joseph Fouché gerade am 18. Brumaire, gerade am Tage des Napoleonischen Staatsstreichs, einen bewundernswert guten, einen sacktiefen Morgenschlaf. Am liebste möchte er den ganzen Tag über schlafen, aber zwei Boten des Direktoriums rütteln ihn aus dem Bett und machen dem erstaunlich Erstaunten Mitteilung von den sonderbaren Vorgängen im Senat, von der Ansammlung der Truppen und dem schon offenbaren Staatsstreich. Joseph Fouché reibt sich die Augen und ist pflichtschuldigst überrascht (obwohl er noch am Abend vorher lange mit Bonaparte konferierte). Aber nun kann man leider nicht mehr schlafen oder sich schlafend stellen. Der Polizeiminister muß sich ankleiden und ins Direktorium, wo ihn der Präsident Gohier brüsk empfängt, ohne sich die Komödie der Überraschung weiter vorspielen zu lassen. „Sie haben die Pflicht gehabt," herrscht er ihn an, „uns eine solche Verschwörung zu melden, und zweifellos hätte Ihre Polizei davon erfahren können." Fouché steckt die Grobheit ruhig ein und erkundigt sich nach seinen Befehlen, als wäre er der getreueste Diener. Aber Gohier lehnt scharf ab: wenn das Direktorium Befehle habe, so werde es sie denen übermitteln, die seines Vertrauens würdig sind. Fouché lächelt innerlich: dieser Narr, der noch nicht weiß, daß sein Direktorium längst nichts mehr zu befehlen hat, daß zwei von den fünfen bereits abgefallen und der dritte verkauft ist! Aber wozu Narren belehren? Er verbeugt sich kühl und geht an seinen Posten.

Wo dieser Posten eigentlich ist, weiß Fouché allerdings noch nicht genau, Polizeiminister entweder der alten oder der neuen Regierung, je nach dem Sieg der einen oder der andern. Erst die nächsten vierundzwanzig Stunden werden zwischen dem Direktorium und Bonaparte entscheiden. Der erste Tag zwar hat sich gut angelassen für Bonaparte: der Senat, scharf mit Versprechungen angekurbelt und noch besser mit Geld geschmiert, erfüllt alle Wünsche Bonapartes, macht ihn zum Befehlshaber der Truppen und verlegt die Sitzung des Unterhauses, des Rats der Fünfhundert, nach Saint-Cloud, wo es keine Arbeiterbataillone, keine öffentliche Meinung, kein „Volk“ gibt, sondern nur einen schönen Park, den man mit zwei Kompagnieen Grenadieren hermetisch absperren kann. Aber damit ist die Partie noch nicht gewonnen, denn unter diesen Fünfhundert stecken noch ein paar Dutzend lästige Burschen, die sich nicht bestechen und nicht einschüchtern lassen, vielleicht sogar einer, wer weiß es, der die Republik mit Dolch oder Pistole gegen den Kronprätendenten verteidigen wird. Da heißt es, seine Nerven behalten, sich nicht hinreißen lassen durch Sympathieen einerseits und durch eine solche Kleinigkeit wie einen Treueid anderseits, sondern stillhalten, abwarten, auf der Hut sein, bis die Entscheidungen gefallen sind.

Und Fouché behält seine Nerven. Kaum ist Bonaparte an der Spitze seiner Reiterei nach Saint-Cloud ausgerückt, kaum sind ihm in Karossen die großen Mitverschworenen Talleyrand, Sieyès und ein paar Dutzend andere gefolgt, da sausen plötzlich auf Befehl des Polizeiministers die Schlagbäume an der Pariser Grenze nieder. Niemand darf die Stadt verlassen, niemand in die Stadt herein außer den Boten des Polizeiministers. Niemand von den achthunderttausend Menschen darf also wissen, ob der Coup gelingt oder mißlingt, als dieser eine entschlossene Mann. Jede halbe Stunde berichtet ihm ein Bote über die Vorgänge während des Staatsstreiches, und noch immer trifft er keine Entscheidung. Wird Bonaparte sich durchsetzen, so ist selbstverständlich heute abend Fouché sein Minister und getreuer Diener; wird er versagen, so bleibt er der getreue Diener des Direktoriums, gern und kühl bereit, den „Rebellen“ zu verhaften. Die Nachrichten, die er bekommt, lauten ziemlich widersprechend, denn während Fouché herrlich seine Nerven behält, verliert der größere Bonaparte vollkommen die seinen: dieser 18. Brumaire, der Bonaparte die Alleinherrschaft in Europa schenkt, bleibt ironischerweise vielleicht der schwächste Tag im persönlichen Leben dieses großen Mannes. Entschlossen gegenüber Kanonen, wird Bonaparte immer verwirrt, wenn er Menschen durch Worte für sich gewinnen soll: seit Jahren gewöhnt, zu kommandieren, hat er verlernt, zu werben. Er kann eine Fahne fassen und seinen Grenadieren vorausreiten, er kann Armeen zertrümmern. Aber von einer Tribüne ein paar republikanische Advokaten einzuschüchtern, das gelingt diesem stählernen Soldaten nicht. Oft ist die Szene geschildert worden, wie der unbezwingbare

Feldherr, nervös gemacht von den niederprasselnden Gegenrufen der Deputierten, einfältige und hohle Phrasen stammelt, wie „Der Gott der Schlachten ist mit mir …“, und so kläglich sich verstammelt, daß ihn seine Freunde schleunigst von der Tribüne holen müssen. Nur die Bajonette seiner Soldaten retten den Helden von Arcole und Rivoli vor einer schmählichen Niederlage durch ein paar lärmende Advokaten. Erst, als er wieder zu Pferde sitzt, Herr und Diktator, und seinen Soldaten befiehlt, im Sturm den Saal zu räumen, strömt wieder vom Säbelgriff Kraft in seinen erschütterten Sinn.

Um sieben Uhr abends ist alles entschieden, Bonaparte Konsul und Alleinherrscher Frankreichs. Wäre er besiegt oder überstimmt worden – sofort hätte Fouché eine pathetische Proklamation an allen Mauern von Paris ankleben lassen: „Eine niederträchtige Verschwörung ist entlarvt“ usw. So aber, da Bonaparte siegte, reißt er rasch den Sieg an sich. Und nicht durch Bonaparte, sondern durch den Herrn Polizeiminister Fouché, erfährt am nächsten Tage Paris das eigentliche Ende der Republik, den Beginn der Napoleonischen Diktatur. „Der Minister der Polizei verständigt seine Mitbürger,“ heißt es in dieser lügnerischen Darstellung, „daß der Rat in Saint-Cloud versammelt war, um die Interessen der Republik zu beraten, als beinahe der General Bonaparte, der zum Rat der Fünfhundert erschienen war, um die revolutionären Machenschaften aufzudecken, das Opfer eines Mörders geworden wäre. Aber der Genius der Republik hat den General gerettet. Alle Republikaner mögen sich beruhigen …, denn ihre Wünsche werden nun erfüllt werden … die Schwachen mögen sich beruhigen, sie sind mit den Starken … und nur jene haben zu fürchten, die Unruhe stiften, die öffentliche Meinung verwirren und die Unordnung vorbereiten. Alle Maßnahmen sind getroffen, um diese niederzuhalten.“

Wieder einmal hat Fouché auf das glücklichste den Mantel nach dem Winde gehängt. Und so frech, so unverhohlen am sonnenklaren Tage vollzieht sich sein Übergang zum Sieger, daß man allmählich schon in weitesten Kreisen beginnt, Fouché zu kennen. Ein paar Wochen später erscheint in einem Vorstadttheater von Paris eine muntere Komödie „Die Wetterfahne von Saint-Cloud“, von allen verstanden, von allen bejubelt, in der mit wenig veränderten Namen sein wetterwendisches und doch vorsichtiges Verhalten auf das lustigste parodiert wird. Fouché hätte als Zensor natürlich die Möglichkeit gehabt, eine solche Persiflage seiner Person zu verbieten, er besaß aber glücklicherweise auch Geist genug, nichts dergleichen zu tun. Er verbirgt gar nicht seinen Charakter oder vielmehr, daß er keinen hat; im Gegenteil, er affichiert sogar seine Unbeständigkeit und Unberechenbarkeit, weil sie ihm einen besonderen Nimbus schafft. Man möge nur lachen über ihn, vorausgesetzt, daß man ihm gehorcht, vorausgesetzt, daß man ihn fürchtet.

Bonaparte ist der Sieger des Tages, Fouché der heimliche Helfer und Überläufer – das eigentliche Opfer Barras, der Gebieter des Direktoriums. Ihm gibt dieser Tag eine geradezu welthistorische Lektion über Undankbarkeit. Denn diese beiden Männer, die ihn gemeinsam umlegen und ihn mit einem Millionentrinkgeld wie einen lästigen Bettler wegschicken, waren doch vor zwei Jahren seine Kreaturen, seine dankpflichtigen Geschöpfe, die er aus dem Nichts geholt. Gutmütig, leichtfertig, ein genießerischer bon homme, der gern jedem sein Teil läßt, hat er diesen kleinen olivenfarbigen, weggejagten und beinahe verbannten Artillerieoffizier Napoleon Bonaparte im wahrsten Sinn des Wortes von der Straße heraufgeholt, ihm auf den geflickten und noch unbezahlten Militärmantel Generalstressen geheftet; er hat ihn über die Köpfe aller andern hinweg über Nacht zum Kommandanten von Paris gemacht, ihm seine eigene Geliebte zugeschoben, die Taschen mit Geld gefüllt, das Oberkommando der italienischen Armee erzwungen, also die Brücke zur Unsterblichkeit geschlagen. Und ebenso hat er Fouché aus seiner schmierigen Mansarde im fünften Stock herausgeholt, ihm den Kopf vor der Guillotine gerettet, ihn als einziger in der Zeit, da alle sich von ihm abwandten, vor dem Hunger geholfen, schließlich gleichfalls in den Sattel gesetzt und ihm alle Taschen mit Gold beschwert. Und diese beiden, an ihn mit dem Leben Verschuldeten, tun sich zwei Jahre später zusammen und werfen ihn in denselben Dreck, aus dem er sie heraufgeholt – wirklich, die Weltgeschichte, durchaus doch kein moralischer Kodex, kennt kaum ein krasseres Beispiel vollendeter Undankbarkeit als das Verhalten Napoleons und Fouchés gegen Barras am 18. Brumaire.

Aber die Undankbarkeit Napoleons gegen seinen Protektor hat wenigstens die Rechtfertigung des Genies. Seine Stärke gibt ihm besonderes Recht, denn der Weg des Genies, zu den Sternen zielend, darf nötigenfalls auch über Menschen hinweg gehen, darf die kleinen ephemeren Erscheinungen mißbrauchen, um dem tieferen Sinn, dem unsichtbaren Gebot der Geschichte Genüge zu tun. Die Undankbarkeit Fouchés ist dagegen nichts als jene ungleich häufigere des absoluten Amoralisten, der ganz naiv nur sich und den eigenen Vorteil fühlt. Fouché kann, wenn er will, alle seine Vergangenheiten auf eine verblüffende und unheimlich geschwinde Art vergessen, und von dieser besonderen Meisterschaft wird seine weitere Karriere immer erstaunlichere Proben geben. Vierzehn Tage später schickt er an Barras, den Mann, der ihn vor der trockenen Guillotine bewahrt und vor dem Exil gerettet, bereits selber den formellen Befehl ins Exil und läßt ihm alle Papiere wegnehmen: wahrscheinlich waren seine eigenen Bettelbriefe und Spitzelberichte darunter.

Barras, der tödlich Gekränkte, beißt die Zähne zusammen; man hört sie heute noch knirschen in seinen Memoiren, wenn er die Namen Bonapartes und Fouchés nennt. Und nur eins tröstet ihn, daß Bonaparte Fouché zu sich nimmt. Prophetisch fühlt er voraus: einer wird ihn am andern rächen. Sie werden nicht lange Freunde sein. Zunächst freilich, in den ersten Monaten ihres Zusammenwirkens, stellt sich der Bürger Polizeiminister auf das hingebungsvollste in den Dienst des Bürgers Konsul. Denn „Bürger", so schreibt man damals auf den Amtsdokumenten noch immer; noch genügt es dem Ehrgeiz Bonapartes, der erste Bürger einer Republik zu sein. Vor eine ungeheure Aufgabe gestellt, die jedes anderen Kräfte übersteigen würde, offenbart er in jenen Jahren die ganze Fülle und Vielseitigkeit seines jugendlichen Genies; niemals erscheint Bonapartes Gestalt großartiger, schöpferischer und humaner als in jener Epoche der Neuordnung. Die Revolution in Satzung zu verwandeln, ihre Leistungen zu bewahren und gleichzeitig ihren Überschwang zu lindern, den Krieg zu beenden durch Sieg und diesem Sieg dann seinen wahren Sinn zu geben durch einen kraftvoll ehrlichen Frieden – das ist die erhabene Idee, der sich der neue Heros hingibt, gleichzeitig mit der Weitsicht durchdringenden Geistes und der zähen, fleißigen Energie eines leidenschaftlichen Zehnstundenarbeiters. Nicht jene Jahre, welche die Legende immer feiert, sie, die stets nur Kavallerieattacken als Taten und eroberte Länder als Leistungen nimmt, nicht also Austerlitz und Eylau und Valladolid bedeuten die Herkulestaten Napoleon Bonapartes, sondern die Jahre, in denen das zerrüttete, von Parteien zerrissene Frankreich sich wieder zum lebenskräftigen Staate formt, die wertlosen Assignaten einer wirklichen Währung weichen und der neugeschaffene Code Napoléon Recht und Sitte in eherne und doch menschliche Formen gießt, da dieses hohe staatsmännische Genie mit gleicher Vollendung auf allen Gebieten der Verwaltung den Staat gesundet und Europa befriedet. Diese Jahre, nicht die militärischen, sind seine wahrhaft schöpferischen, und niemals haben seine Minister redlicher, tatkräftiger und treuer an seiner Seite gewirkt als innerhalb dieser Epoche. Auch in Fouché findet er einen vollkommenen Diener, ganz einig mit ihm in der Überzeugung, lieber durch Verhandlungen und Nachgiebigkeit als durch gewaltsame Exekutionen und Hinrichtungen den Bürgerkrieg zu beenden. In wenigen Monaten stellt Fouché im Land volle Ruhe her, er räumt die letzten Nester sowohl der Terroristen als der Royalisten aus, säubert die Straßen von den

Überfällen, und seine im kleinen und einzelnen präzis wirkende bureaukratische Energie ordnet sich den großen staatsmännischen Plänen Bonapartes bereitwillig unter. Immer binden große und heilsame Werke die Menschen zusammen; der Diener hat seinen Herrn gefunden und der Herr seinen rechten Diener.

Wann das erste Mißtrauen Bonapartes gegen Fouché einsetzt, läßt sich seltsamerweise bis auf den Tag, bis auf die Stunde deutlich feststellen, obwohl jene Episode inmitten der Geschehnisfülle jener überdrängten Jahre fast immer verborgen blieb; nur der psychologische Falkenblick Balzacs, geübt, im Unscheinbaren das Wesenhafte, im „petit detail" den fortwirkenden Anstoß zu erkennen, hat sie herausgeholt (freilich sofort etwas dichterisch ausgeschmückt). Die kleine Szene spielt während des italienischen Feldzuges, der zwischen Österreich und Frankreich entscheiden soll. Am 20. Januar 1800 sitzen in Paris die Minister und entscheidenden Räte in merkwürdiger Stimmung beisammen. Ein Bote vom Schlachtfeld von Marengo ist mit schlechten Nachrichten eingetroffen; er meldet, Bonaparte sei vernichtend geschlagen, die französische Armee in vollem Rückzug. Jeder der Versammelten denkt im geheimen sofort dasselbe: unmöglich, einen geschlagenen General als Ersten Konsul zu behalten, alle denken sie sofort an einen Nachfolger. Wie deutlich einzelne diese Notwendigkeit verlauten ließen, ist nie bekannt geworden, aber Vorbereitungen zu einem Umsturz wurden zweifellos leise beredet, und Napoleons Brüder haben es bemerkt. Am weitesten hat sich wohl Carnot vorgewagt, der schleunigst das alte Sicherheitskomitee erneuern will; und von Fouché ist zumindest charaktergemäß wahrscheinlich, daß er, statt treu den angeblich besiegten Konsul zu stützen, vorsichtig stumm geblieben ist, um nötigenfalls mit dem alten Herrn, gegebenenfalls mit dem neuen sich zu verhalten.

Aber am nächsten Tage trifft schon eine zweite Stafette ein; sie meldet genau das Gegenteil, den glänzenden Sieg bei Marengo: in letzter Stunde ist General Desaix mit der Genialität der militärischen Intuition Bonaparte zu Hilfe gekommen und hat die Niederlage in einen Triumph verwandelt. Hundertmal stärker, als er ausgezogen, nun seiner Macht ganz sicher, kehrt Bonaparte, der Erste Konsul, in den nächsten Tagen zurück. Zweifellos hat er sofort erfahren, daß alle seine Minister und Vertrauten ihn bei der ersten Nachricht von einer Niederlage sofort über Bord geworfen, und als erstes Opfer büßt Carnot, der sich zu weit vorgewagt hat: er verliert das Ministerium. Die andern, auch Fouché, bleiben in ihren Stellungen: Untreue ist dem Allzuvorsichtigen nicht nachzuweisen, freilich ebensowenig Treue. Er hat sich nicht kompromittiert, aber auch nicht bewährt, also wiederum erwiesen, als der er immer war: verläßlich im Glück, unverläßlich im Unglück. Bonaparte entläßt ihn nicht, er tadelt ihn nicht, er straft ihn nicht. Aber von diesem Tage an vertraut er ihm nicht mehr. Diese kleine, in der Zeitgeschichte beinahe vollkommen verschattete Episode zeitigt auch sonst psychologische Auswirkungen. Denn sie erinnert äußerst deutlich daran, daß eine nur auf den Säbel und den Sieg gegründete Regierung immer mit der ersten Niederlage fällt, und daß jeder Herrscher, dem die natürliche Legitimität des Blutes und der Ahnen abgeht, sich unbedingt und rechtzeitig eine neue schaffen müsse. Bonaparte selbst, im Bewußtsein seiner Kraft, erfüllt von jenem unbeugsamen Optimismus, der genialen Naturen in ihrem Aufstieg immer innewohnt, mag geneigt sein, eine solche leise Mahnung zu vergessen; nicht aber seine Brüder. Denn – zu oft übersehen dies alle Darstellungen – Napoleon ist nicht allein nach Frankreich gekommen, sondern umringt von einem hungrigen, machtgierigen Familienclan. Erst hätte es der Mutter, den vier postenlosen Brüdern noch genügt, daß ihr Schrittmacher, ihr Napolione, um den Schwestern ein paar Kleider zu verschaffen, eine reiche Fabrikantentochter heiratet. Nun er aber so unerwartet hoch an die Macht gelangt ist, krallen sie sich alle hastig an, damit er die ganze Familie mit sich hinaufziehe; sie wollen auch empor in die Herrlichkeit, wollen ganz Frankreich und später die ganze Welt zu einem Familienfideikommiß der Bonaparte machen ; und ihre unsaubere, unersättliche und durch keinen Schimmer von Genie entschuldigte grobe Freibeuterei drängt mächtig auf den Bruder ein, er solle Vorkehrungen treffen, seine von der Volksgunst abhängige Macht in eine unabhängige und dauernde, in ein Erbkönigtum zu verwandeln. Sie fordern, daß er für sie alle eine Herrschaft begründe, König werde oder Kaiser; sie wollen, daß er sich von Josephine scheiden lasse, um eine badische Prinzessin zu heiraten – noch wagt niemand, an die Schwester des Zaren oder an eine Tochter des Habsburgers zu denken! Und mit ihren beständigen Intrigen drängen sie ihn immer mehr ab von seinen alten Gefährten, von seinen alten Ideen, von der Republik hinüber in die Reaktion, von der Freiheit zum Despotismus.

Gegen diesen beständig wühlenden, unersättlichen, unsympathischen Clan steht allein und recht hilflos Josephine, die Gattin des Konsuls. Sie weiß, daß jeder Schritt zur Höhe, zur Alleinherrschaft, Bonaparte von ihr entfernt, weil sie dem König oder Kaiser nicht zu geben vermag, was der dynastische Gedanke als erste und einzige Leistung fordert: den Thronerben und damit Beständigkeit der Herrschaft. Nur wenige von den Beratern Bonapartes sind auf ihrer Seite (denn sie hat kein Geld zu vergeben, sondern steckt immer in

Schulden), und der zur Zeit treueste ist Fouché. Mit Mißtrauen beobachtet er schon lange, wie an den ungeahnten Erfolgen auch der Ehrgeiz Bonapartes ins Ungeahnte wächst, wie beharrlich er jeden aufrechten, republikanisch Gesinnten als Anarchisten und Terroristen abtut und verfolgt wissen will. Er sieht mit seinem scharfen, mißtrauischen Blick, daß, um Victor Hugos Wort zu gebrauchen: „Déjà Napoleon perçait sous Bonaparte", daß der Kaiser hinter dem General, der cäsarische Herrscher unter dem Bürger gefährlich vorkommt. Er selbst aber, durch sein Votum gegen den König an die Republik auf Gedeih und Verderb gekettet, hat alles Interesse am Bestand der Republik und einer republikanischen Staatsform. Darum fürchtet er alles Monarchische, darum kämpft er heimlich und offen an Josephinens Seite. Das verzeiht ihm der Clan nicht. Und mit korsischem Haß bespähen sie jeden seiner Schritte, um den Unbequemen, der ihnen die Geschäfte stört, beim ersten Straucheln sofort in den Graben zu werfen.

Sie warten lange und ungeduldig. Plötzlich gibt sich Gelegenheit, Fouché ein Bein zu stellen. Am 24. Dezember 1800 fährt Bonaparte in die Oper, um der Pariser Erstaufführung von Haydns „Schöpfung" beizuwohnen, da springt in der engen Rue Nicaise, knapp hinter seinem Wagen, ein Geiser von Sprengstücken, Pulver und kleingehackten Kugeln so furchtbar auf, daß durch die Explosion Trümmer über ganze Häuser hinweggeschleudert werden: ein Attentat, die berüchtigte Höllenmaschine. Nur die rasende Geschwindigkeit seines angeblich betrunkenen Kutschers hat den Ersten Konsul gerettet, aber vierzig Menschen liegen mit zerschmettertem Leib blutend in der Gasse, und die Kutsche bäumt sich wie ein getroffenes Tier, vom Luftdruck hochgeschleudert. Blaß, mit marmornem Gesicht, fährt Bonaparte in die Oper weiter, um seine Kaltblütigkeit dem enthusiastischen Publikum zu zeigen. Mit einer gleichmütigen, starren Miene hört er, während Josephine an seiner Seite, von einem Nervenkrampf geschüttelt, ihre Tränen nicht verbergen kann, den zarten Melodieen Vater Haydns zu und dankt mit gezwungener Gleichmütigkeit für die brausenden Jubelrufe. Aber wie sehr diese Kaltblütigkeit eine gespielte Rampenszene war, bekommen seine Minister und Staatsräte in den Tuilerien bald zu spüren, als er von der Oper zurückkehrt. Gegen Fouché vor allem entlädt sich sein Zorn; wie ein Rasender fährt er auf den bleichen, reglosen Mann los: er als Polizeiminister hätte einem solchen Komplott längst auf die Spur kommen müssen, aber er schone ja mit einer verbrecherischen Nachsicht seine Freunde, seine ehemaligen Mitschuldigen, die Jakobiner. Ruhig äußert Fouché seine Gegenmeinung, bisher sei durchaus nicht erwiesen, daß dieses Attentat von Jakobinern herrühre, und er persönlich sei überzeugt, hier spielten royalistische Verschwörer und englisches Geld die Hauptrolle. Aber diese Ruhe des Widerspruches erbittert den Ersten Konsul noch mehr: „Die Jakobiner sind es, die Terroristen, diese Schurken in permanentem Aufruhr, in geschlossener Masse gegen alle Regierungen. Es sind die gleichen Bösewichter, die, um mich zu ermorden, keinen Anstand nahmen, Tausende von Opfern zu schlachten. Aber ich will eine Gerechtigkeit an ihnen üben, die weithin sichtbar sein soll.“ Fouché wagt noch ein zweites Mal seine Zweifel zu äußern. Da wirft sich der heißblütige Korse beinahe körperlich gegen den Minister, so daß Josephine sich einmengen und ihren Gatten beruhigend am Arm fassen muß. Aber Bonaparte reißt sich los, und in flutender Rede hält er Fouché alle Morde und Verbrechen der Jakobiner vor, die Dezembertage in Paris, die republikanischen Hochzeiten zu Nantes, die Niederschlachtung der Gefangenen zu Versailles, – ein deutlicher Hinweis auf den Mitrailleur von Lyon, daß er sich sehr wohl auch dessen eigener Vergangenheit erinnere. Je mehr aber Bonaparte schreit, um so hartnäckiger schweigt Fouché. Kein Muskel zuckt in seiner ehernen Maske, während die Beschuldigungen niederprasseln, während Napoleons Brüder und die Höflinge mit höhnischen Blicken den Polizeiminister beblinzeln, der sich endlich eine Blöße gegeben. Steinkalt weist er alle Verdächtigungen zurück, steinkalt verläßt er die Tuilerien.

Sein Sturz scheint unvermeidlich, denn Napoleon verschließt sich jedem Zuspruch Josephinens zugunsten Fouchés. „War er denn nicht selber einer ihrer Führer? Weiß ich denn nicht, was er in Lyon und an der Loire getan hat? Nur Lyon und die Loire erklären mir das Verhalten Fouchés“, schreit er erbittert. Schon beginnt ein Rätselraten um den Namen des neuen Polizeiministers, schon beginnen dem in Ungnade Gefallenen die Höflinge die kalte Schulter zu zeigen, schon scheint (wie so oft) Joseph Fouché endgültig erledigt. In den nächsten Tagen wird die Situation nicht besser. Bonaparte läßt sich von seiner Meinung nicht abbringen, Jakobiner hätten dieses Attentat in Szene gesetzt, er verlangt Maßregeln, strenge Bestrafungen. Und wenn Fouché ihm und den andern gegenüber andeutet, er verfolge andere Spuren, so wird er mit Hohn und Verachtung behandelt. Alle Dummköpfe lachen und höhnen über den einfältigen Polizeiminister, der diese offene Sache nicht aufdecken wolle; alle seine Feinde triumphieren, weil er so hartnäckig bei seinem Irrtum bleibt. Fouché antwortet keinem. Er streitet nicht, er schweigt. Er schweigt während dieser vierzehn Tage, er schweigt und gehorcht ohne Widerspruch, auch als man ihm befiehlt, ein Verzeichnis von hundertdreißig Radikalen und früheren Jakobinern anzulegen, die zur Verschickung nach Guayana, also unter die „trockene Guillotine", bestimmt sind. Ohne mit der Wimper zu zucken, fertigt er das Dekret aus, das den letzten „Montagnards", den letzten vom „Berge", den Jüngern seines Freundes Baboeuf, den Prozeß macht, Topino und Arena, den beiden, die kein anderes Verbrechen begingen, als daß sie öffentlich sagten, Napoleon habe in Italien ein paar Millionen zusammengestohlen und wolle sich damit die Alleinherrschaft kaufen. Gegen seine Überzeugung sieht er zu, wie die einen deportiert, die andern hingerichtet werden; er schweigt wie ein Priester, der, durch das Beichtgeheimnis gebunden, der Verurteilung eines Unschuldigen mit versiegelter Lippe zusieht.

Denn längst ist Fouché schon auf der Spur, und während die anderen ihn höhnen, während Bonaparte selbst ihm täglich ironisch seine törichte Hartnäckigkeit vorhält, sammeln sich in seinem unzugänglichen Kabinett endgültig abschließende Beweise, daß tatsächlich von Chouans, von der Königspartei, das Attentat vorbereitet war. Und indes er im Staatsrat und in den Vorzimmern der Tuilerien kalte, nachlässige Gleichgültigkeit gegen alle Anwürfe zur Schau trägt, arbeitet er in seinem Geheimraum fieberhaft mit den besten Agenten. Geld wird massenhaft als Prämie ausgeboten, alle Spione und Spitzel Frankreichs werden auf die Beine gebracht, die ganze Stadt wird zur Zeugenschaft herangezogen. Schon ist die in hundert Stücke zerrissene Stute, die vor die Höllenmaschine gespannt war, agnosziert und ihr einstiger Besitzer festgestellt, schon sind die Männer genau beschrieben, die sie gekauft haben, schon, dank jener meisterhaft angelegten „biographie chouannique" (jenem von Fouché erfundenen Lexikon aller Personenbeschreibungen der Emigranten und Royalisten, aller „Chouans"), die Namen der Attentäter festgestellt – und noch immer schweigt Fouché. Noch immer läßt er heroisch sich höhnen, und seine Feinde triumphieren. Immer geschwinder weben sich die letzten Fäden zu einem unzerreißbaren Netz zusammen; nur ein paar Tage noch, und die Giftspinne wird darin gefangen sein. Nur noch ein paar Tage! Denn Fouché, in seinem Ehrgeiz gereizt, in seinem Stolze gedemütigt, will keinen kleinen und mittleren Sieg über Bonaparte und alle jene, die ihm Uninformiertheit vorwerfen – auch er will ein Marengo, einen restlosen, zerschmetternden Triumph.

Und plötzlich, vierzehn Tage später, schlägt er zu. Das Komplott ist restlos aufgedeckt, alle Spuren sind offen klargelegt. Ganz wie Fouché vorausgesagt, war der gefürchtetste aller Chouans, Cadoudal, der Führer gewesen, und geschworene Royalisten, von englischem Gelde gekauft, waren seine Handlanger. Wie ein Donnerschlag fällt diese Mitteilung auf seine Feinde. Denn sie sehen: umsonst und ungerecht hat man hundertdreißig Menschen verurteilt, zu früh, zu frech diesen Undurchdringlichen gehöhnt; stärker, geachteter, gefürchteter als je steht der unfehlbare Polizeiminister vor der Öffentlichkeit. Mit einem Gemisch von Zorn und Bewunderung blickt Bonaparte auf den eisernen Rechner, der wieder einmal mit seinen kaltblütigen Kalkulationen recht behalten hat. Wider Willen muß er zugeben: „Fouché hat besser geurteilt als viele andere. Er hat recht. Man muß offene Augen haben für die zurückgekehrten Emigranten, für die Chouans und alle Leute dieser Partei." Aber nur an Ansehen gewinnt Fouché durch diese Affäre bei Bonaparte, nicht an Liebe. Denn nie sind Autokraten einem Menschen dankbar, der sie auf einen Fehler, ein Unrecht aufmerksam gemacht, und unsterblich bleibt die Geschichte Plutarchs von dem Soldaten, der dem bedrohten König in der Schlacht das Leben gerettet und statt, wie ihm ein Weiser richtig geraten, sofort zu fliehen, auf des Königs Dankbarkeit hofft und dabei den Kopf verliert. Könige lieben die Menschen nicht, die sie in einem Augenblick der Schwäche gesehen, und despotische Naturen nicht die Berater, wenn diese auch nur ein einziges Mal sich klüger als sie selber gezeigt.

In so engem Kreise wie jenem der Polizei, hat Fouché nun den größtmöglichen Triumph errungen. Aber wie klein ist er im Vergleich zu den Triumphen Bonapartes in den letzten zwei Jahren des Konsulats! Eine Reihe von Siegen hat der Diktator durch den schönsten gekrönt, durch den endgültigen Frieden mit England, durch das Konkordat mit der Kirche: die beiden mächtigsten Mächte der Welt sind dank seiner Tatkraft, seiner planenden, schöpferischen Überlegenheit nichtmehr Frankreichs Feinde. Beruhigt das Land, geordnet die Finanzen, geendet die Parteiungen, entspannt die Gegensätze: Reichtum fängt wieder an zu blühen, die Industrie neu sich zu entwickeln, die Künste sich zu regen, ein augusteisches Zeitalter ist angebrochen und die Stunde nicht mehr fern, da Augustus sich Cäsar nennen darf. Fouché, der jeden Nerv und jeden Gedanken Bonapartes kennt, merkt genau, wohin der Ehrgeiz des Korsen spielt: daß ihm die erste Rolle in der Republik nicht mehr genügt, sondern er auf Lebenszeit und Ewigkeit dieses von ihm gerettete Land als sein und seiner Familie Eigentum an sich ziehen will. Öffentlich freilich spricht er, der Konsul der Republik, so unrepublikanischen Ehrgeiz nie aus, aber unter der Hand läßt er seinen Vertrauten gegenüber durchblicken, der Senat möchte ihm durch einen besonderen Vertrauensakt, durch ein „témoignage éclatant" seine Dankbarkeit ausdrücken. Im innersten Herzen ersehnt er sich einen Marc Anton, einen verläßlichen, getreuen Diener, der die Kaiserkrone für ihn fordert, und Fouché, der listenreiche und biegsame, könnte sich jetzt Dank für immer sichern.

Aber Fouche weigert sich dieser Rolle – oder vielmehr er weigert sich nicht offen. Sondern vom Dunkel her, mit einer Scheingefälligkeit sucht er diese Absichten zu durchkreuzen. Er steht gegen die Brüder, gegen den Clan der Bonapartes und auf der Seite Josephinens, die mit Angst und Besorgnis vor diesem letzten Schritt ihres Gatten zur Monarchie zittert, denn sie weiß: nicht lange wird sie dann mehr seine Gattin sein. Fouché warnt sie vor offenem Widerstand: „Verhalten Sie sich ruhig," sagt er ihr, „Sie treten unnützerweise Ihrem Gemahl in den Weg. Ihre Besorgnisse langweilen ihn, meine Ratschläge würden ihn verletzen." Er versucht also, getreu seiner Art, lieber unterirdisch die ehrgeizigen Wünsche zu vereiteln, und als Bonaparte in falscher Bescheidenheit noch immer nicht mit der Sprache herausrückt und anderseits der Senat doch ein ›temoignage èclatant‹ vorschlagen will, gehört er zu denen, die den Senatoren zuflüstern, der große Mann wünsche als getreuer Republikaner nichts anderes, als daß man ihm die Stellung des Ersten Konsuls auf zehn Jahre verlängere. Die Senatoren, überzeugt, Bonaparte damit zu ehren und zu erfreuen, fassen feierlich diesen Beschluß. Aber Bonaparte, das Intrigenspiel durchschauend und die Drahtzieher wohl erkennend, schäumt vor Wut, als man ihm dieses unerwünschte Bettelgeschenk überbringt. Mit kalten Worten schickt er die Gesandtschaft heim. Wenn man eine Kaiserkrone schon golden um die Schläfen frösteln fühlt, sind zehn läppische Jahre eine leere Nuß, die man verächtlich mit dem Fuße zertritt.

Nun wirft Bonaparte die Maske der Bescheidenheit endlich weg und läßt klar und deutlich seinen Willen wissen: Konsulat auf Lebenszeit! Und unter der dünnen Hülle dieses Wortes schimmert schon, jedem Einsichtigen erkennbar, die zukünftige Kaiserkrone. Und so stark ist damals Bonaparte schon geworden, daß mit Millionenmajorität das Volk seinen Wunsch zum Gesetz macht und ihn zum Herrscher (wie sie und er meinen) auf Dauer seines Lebens kürt. Die Republik ist zu Ende, die Monarchie hat begonnen.

Daß Joseph Fouché dem ungeduldigen Kronprätendenten bei seinem entscheidenden Wunsch solche Fußangeln in den Weg gelegt hat, das vergißt ihm der Klüngel der Brüder und Schwestern, das vergißt ihm der korsische Familienclan nicht. Und so drängen sie ungeduldig Bonaparte: wozu jetzt, da er so eisern im Sattel sitzt, noch den lästigen Steigbügelhalter bewahren? Wozu noch, da das Land einhellig sein Einverständnis mit dem lebenslänglichen Konsulat bekundet hat, da die Gegensätze glücklich gelöst, die Zwistigkeiten beseitigt sind, einen so übereifrigen Wächter, der ebenso wie das Land ihre eigenen dunklen Schliche bewacht? Weg also mit ihm! Ihn erledigen, ihn absetzen, diesen ewigen Ränkespinner und Schwierigkeitsmacher! Unablässig, ungeduldig, zäh und beharrlich reden sie auf den noch schwankenden Bruder ein.

Bonaparte teilt im Grunde ihre Meinung. Auch ihn stört dieser zuviel wissende und immer noch mehr wissen wollende Mann, dieser graue Schleicherschatten hinter seinem Licht. Aber gerade den Minister entlassen, der sich so besonders verdient gemacht hat, der im Land unumschränkte Achtung genießt, dazu bedürfte es eines Vorwandes. Und dann, dieser Mann ist mit ihm stark geworden: besser deshalb, ihn nicht zum offenen Gegner zu machen. In alle Geheimnisse hat er seine Hände geschoben, mit allen nicht sehr reinlichen Intimitäten des korsischen Clans ist er auf eine unheimliche Weise vertraut, darum geht es nicht an, ihn brüsk zu beleidigen. So erfindet man einen geschickten, schonenden Ausweg, der vor der Welt die Verabschiedung Fouchés nicht als Ungunst erscheinen läßt: man schickt nämlich nicht den Minister Joseph Fouché weg, sondern erklärt, er habe so vollendet, so meisterhaft seines Amtes gewaltet, daß nun ein Überwachungsamt der Bürger, ein Polizeiministerium, völlig überflüssig geworden sei. Man kündigt also nicht dem Minister auf, sondern entledigt sich des Polizeiministeriums, seines Amtes und damit auf unauffällige Weise seiner selbst.

Um dem Empfindlichen den harten Stoß zu ersparen, mit dem man ihm den Stuhl vor die Türe setzt, wird die Verabschiedung sorgfältig in Watte gewickelt. Für den Verlust seiner Stellung wird er mit einem Sitz im Senat entschädigt, und in einem Brief, mit dem Bonaparte diese Rangerhöhung des Verabschiedeten ankündigt, heißt es wörtlich: ›Der Bürger Fouché, Polizeiminister unter den schwierigsten Verhältnissen, hat durch sein Talent und seine Tatkraft, durch seine Anhänglichkeit zur Regierung immer allen Anforderungen entsprochen, welche die Geschehnisse erforderten. Und indem sie ihm eine Stellung im Senat gibt, weiß die Regierung, daß, wenn andere Zeiten wieder einen Polizeiminister erfordern sollten, sie keinen andern finden würde, der ihres Vertrauens würdiger wäre.‹ Außerdem baut ihm Bonaparte, der bemerkt hat, wie gründlich der ehemalige Kommunist sich mit seinem alten Feind, dem Gelde, ausgesöhnt hat, eine großartige goldene Brücke in den Ruhestand. Als der Minister bei der Abrechnung ihm zwei Millionen und vierhunderttausend Franken als Rest des liquidierten Vermögensstandes der Polizei übergibt, schenkt ihm Bonaparte glattweg die Hälfte, also eine Million zweihunderttausend Franken. Außerdem bekommt der bekehrte Verächter des Geldes, der vor einem Jahrzehnt noch tollwütig gegen das „schmutzige und korrumpierende Metall" gewettert, zu seinem Senatstitel noch die Senatsschaft von Aix, einem kleinen Fürstentum, das von Marseille bis Toulon reicht und dessen Wert auf zehn Millionen Franken geschätzt wird. Bonaparte kennt ihn; er weiß, Fouché hat unruhige, spielsüchtige Intrigantenhände; da man sie ihm nicht zu binden vermag, beschwert man sie lieber mit Gold. Darum ist selten im Lauf der Geschichte ein Minister ehrenvoller und vor allem vorsichtiger verabschiedet worden als Joseph Fouché.

Fünftes Kapitel
Minister des Kaisers
1804 – 1811

1802 zieht sich Joseph Fouché oder nein – Seine Exzellenz der Herr Senator Joseph Fouché, auf den sanft nachdrücklichen Wunsch des Ersten Konsuls in das Privatleben zurück, aus dem er vor zehn Jahren emporgestiegen. Unglaubliches Jahrzehnt, menschenmörderisch und schicksalsvoll, weltverwandelnd und lebensgefährlich – aber Joseph Fouché hat solche Zeit gut zu nutzen gewußt. Nicht, wie 1794, flüchtet er in eine ungeheizte, erbärmliche Dachmansarde zurück, sondern er kauft sich ein schönes wohlausgestattetes Haus in der Rue Cerutti, das einst einem der ›niederträchtigen Aristokraten‹ oder ›infamen Reichen‹ gehört haben mochte. In Ferrières, der zukünftigen Residenz der Rothschild, richtet er sich den prächtigsten Sommersitz ein, und sein Fürstentum in der Provence, die Senatorie von Aix, schickt ihm fleißig Einnahmen. Auch sonst meistert er vorbildlich die edle Alchimistenkunst, aus allem Gold zu machen. Seine Schützlinge an der Börse beteiligen ihn an ihren Geschäften, er erweitert vorteilhaft seinen Grundbesitz – ein paar Jahre noch, und der Mann des ersten kommunistischen Manifestes wird der zweitreichste Bürger Frankreichs, der größte Grundbesitzer im Lande sein. Aus dem Tiger von Lyon ist ein guter Hamster geworden, ein kluger, sparsamer Kapitalist und Zinsenkünstler. Dieser phantastische Reichtum des politischen Emporkömmlings ändert aber nichts an seiner eingeborenen und dann in Klosterzucht beharrlich geübten Bedürfnislosigkeit. Mit fünfzehn Millionen lebt Joseph Fouché persönlich kaum anders, als da er mühsam die täglichen fünfzehn

Sous in seiner Mansarde zusammenkratzte; er raucht nicht, er trinkt nicht, er spielt nicht, er gibt kein Geld für Frauen oder Eitelkeiten aus. Ganz wie ein biederer Landjunker geht er mit seinen Kindern – drei neue wurden den beiden an Entbehrungen zugrunde gegangenen nachgeboren – friedlich auf seinen Wiesen spazieren, gibt gelegentlich kleine Gesellschaften, hört zu, wenn Freunde seiner Frau Musik machen, liest Bücher und freut sich an klugen Gesprächen: ganz tief, ganz ungreifbar unten in diesem nüchternen, knöchernen Bürgermenschen versteckt sich seine dämonische Lust am Hasardspiel der Politik, an den Spannungen und Gefahren des Weltspiels. Seine Nachbarn sehen nichts von alledem, nur den biedern Gutsverwalter, den ausgezeichneten Familienvater, den zärtlichen Gatten. Und keiner, der ihn nicht vom Amte her kennt, ahnt die hinter heiterer Schweigsamkeit immer unruhiger zurückgestaute Leidenschaft, sich wieder vorzudrängen und einzumengen.

Denn, Medusenblick der Macht! Wer einmal in ihr Antlitz gesehen, kann nicht mehr den Blick von ihr wenden, bleibt bezaubert und gebannt. Wer einmal die Rauschlust des Herrschens und Gebietens geübt, vermag ihr nie mehr zu entsagen. Man durchblättere die Weltgeschichte nach Beispielen freiwilligen Entsagens: außer Sulla und Karl V. findet man unter Tausenden und Zehntausenden von Gestalten kaum ein Dutzend, die gesättigten Herzens und klaren Sinns der fast frevlerischen Lust entsagten, Schicksal für Millionen zu spielen. So wenig eben wie ein Spieler vom Spiel, der Trinker vom Trunk, der Wilddieb von der Jagd kann Joseph Fouché vom Politischen lassen. Die Ruhe quält ihn, und indes er heiter, mit gut geheuchelter Gleichgültigkeit den Cincinnatus am Pfluge mimt, brennen ihm schon die Finger und zucken ihm die Nerven, wieder politische Karten zu fassen. Obwohl aus dem Dienst entlassen, setzt er den Polizeidienst freiwillig fort, und um die Feder zu üben, um nicht ganz in Vergessenheit zu geraten, schickt er dem Ersten Konsul allwöchentlich geheime Informationen. Das amüsiert, das beschäftigt auf unverbindliche Art seinen Intrigantengeist, ohne ihn doch wahrhaft zu befriedigen, und sein scheinbares Abseitsstehen ist nichts als ein fieberhaftes Warten, endlich wieder die Zügel in die Hand zu reißen, Macht über Menschen zu spüren, Macht über das Weltschicksal, Macht! Bonaparte bemerkt an vielen Anzeichen Fouchés vordrängende Ungeduld, aber er geruht sie zu übersehen. Solange er diesen unheimlich klugen, unheimlich arbeitsamen Mann von sich weghalten kann, wird er ihn im Dunkel lassen; seit man begonnen hat, die eigenwillige Kraft in diesem unterirdischen Menschen zu kennen, nimmt niemand Fouché in Dienst, der ihn nicht gerade unbedingt und zum Gefährlichsten braucht. Der Konsul erweist ihm allerlei Gunst, verwendet ihn zu allerhand Geschäften, dankt ihm für die guten Informationen, lädt ihn ab und zu in den Kronrat und läßt ihn vor allem verdienen und sich bereichern, damit er sich ruhig verhalte; eines aber weigert er sich hartnäckig, solange es nur angeht: ihn wieder einzusetzen und das Polizeiministerium neu aufzurichten. Solange Bonaparte stark ist, solange er keinen Fehler macht, benötigt er keinen so bedenklichen und überklugen Diener.

Zum Glück für Fouché macht aber Bonaparte Fehler. Vor allem den welthistorischen und unverzeihlichen: daß es ihm nicht mehr genügt, Bonaparte zu sein, daß er außer der Sicherheit in sich selbst, außer dem Triumph seiner Einmaligkeit den fahlen Glanz der Legitimität, den Prunk eines Titels begehrt. Der niemand zu fürchten brauchte dank seiner Kraft, seiner einzig gewaltigen Persönlichkeit, ängstigt sich vor den Schatten der Vergangenheit, vor dem ohnmächtigen Nimbus der vertriebenen Bourbonen. Und so läßt er sich von Talleyrand verleiten, unter Bruch des Völkerrechts, den Herzog von Enghien aus neutralem Gebiet durch Gendarmen holen und erschießen zu lassen – eine Tat, für die Fouché das berühmte Wort erfunden hat: „Es war mehr als ein Verbrechen, es war ein Fehler." Diese Hinrichtung schafft um Bonaparte einen luftleeren Raum von Furcht und Entsetzen, von Unwillen und Haß. Und bald wird es ihm rätlich erscheinen, sich wieder unter die Deckung des tausendäugigen Argus, unter den Schutz der Polizei zu begeben.

Und dann, und dies vor allem: im Jahre 1804 benötigt der Konsul Bonaparte abermals einen geschickten und skrupellosen Helfer für seinen höchsten Aufstieg. Er braucht wieder einen Steigbügelhalter. Was vor zwei Jahren ihm noch als höchste Erfüllung des Ehrgeizes vorgeschwebt, das Konsulat auf Lebenszeit, dünkt dem von allen Schwingen des Erfolgs Emporgerissenen schon wieder nicht genug. Nicht bloß erster Bürger unter Bürgern will er mehr sein, sondern Herr und Herrscher über Untertanen, ihn gelüstet es, die heiße Stirn mit dem goldenen Reif einer Kaiserkrone zu kühlen. Wer aber Cäsar werden will, bedarf eines Antonius, und obwohl Fouché lange die Rolle des Brutus gespielt (früher sogar die des Catilina), zeigt er sich, ausgehungert durch zwei Jahre politischen Fastens, vollkommen willig, aus dem zum Sumpf gewordenen Senat diese Kaiserkrone herauszufischen. Als Speck für die Angel dienen Geld und gute Versprechungen, und so erlebt die Welt das seltsame Schauspiel, daß der ehemalige Präsident des Jakobinerklubs und nunmehrige Exzellenz in den Gängen des Senats verdächtige Händedrücke tauscht und so lange drängt und flüstert, bis endlich ein paar gefällige Byzantiner den Antrag stellen, man möchte ›eine Einrichtung schaffen, die für immer die Hoffnung der Verschwörer zerstöre, indem sie die Dauer der Regierung über das Leben des Führers hinaus garantiere‹. Schneidet man den Schwulst dieser Phrase auf, so findet man als Kern die Absicht, den lebenslänglichen Konsul Bonaparte in den Erbkaiser Napoleon zu verwandeln. Und aus Fouchés Feder (die ebensogut mit Öl schreibt wie mit Blut) stammt wahrscheinlich jene hündisch unterwürfige Petition des Senats, die Bonaparte auffordert, ›sein Werk zu vollenden, indem er es unsterblich gestalte‹. Wenige haben wackerer mitgeschaufelt an dem endgültigen Grab der Republik als Joseph Fouché de Nantes, Exdeputierter des Konvents, Expräsident des Jakobinerklubs der ›Mitrailleur de Lyon‹, der Bekämpfer der Tyrannen und vormals republikanischeste aller Republikaner.

Die Belohnung bleibt nicht aus. So wie einst der Bürger Fouché vom Bürger Konsul Bonaparte, so wird nun 1804 nach zwei Jahren goldenen Exils Seine Exzellenz der Herr Senator Fouché von Seiner Majestät dem Kaiser Napoleon abermals zum Minister ernannt. Zum fünften Mal leistet Joseph Fouché einen Treueid – der erste galt der damals noch königlichen Regierung, der zweite der Republik, der dritte dem Direktorium, der vierte dem Konsulat. Aber Fouché ist erst fünfundvierzig Jahre alt: wie viel Zeit bleibt da noch für neue Eide, neue Treue und Untreue! Und mit ausgeruhter Kraft stürzt er sich wieder in das altgeliebte Element von Wind und Welle, eidpflichtig dem neuen Kaiser und doch nur verschworen seiner eigenen unruhigen Lust. Ein Jahrzehnt stehen nun auf der Bühne der Weltgeschichte – oder vielmehr auf der Hinterbühne – die beiden Gestalten einander gegenüber, Napoleon und Fouché, schicksalsmäßig zusammengekettet trotz eines beiderseitigen hellseherischen Widerstandes. Napoleon liebt Fouché nicht und Fouché nicht Napoleon – voll geheimer Abneigung bedienen sie sich einer des andern, einzig durch die Anziehung feindlicher Pole gebunden. Fouché weiß genau um die Dämonie, die großartige und gefährliche Napoleons; er weiß, daß die Welt in Jahrzehnten nicht wieder ein derart überlegenes Genie schaffen wird, so wertwürdig, ihm zu dienen. Napoleon wiederum weiß sich von keinem so blitzschnell verstanden wie von diesem nüchternen, hellen, klarreflektierenden Spiegel- und Spionenblick, von diesem arbeitsamen, zu allem, dem Besten wie dem Bösesten gleich verwendbaren politischen Talent, dem zum vollendeten Diener nur eins fehlt: die Unbedingtheit der Hingabe, die Treue.

Denn Fouché wird niemals und niemandes Diener und noch weniger Lakai. Nie opfert er seine geistige Selbständigkeit, seinen Eigenwillen einer fremden Sache vollkommen auf. Im Gegenteil: Je mehr nun die alten Republikaner, als neuer Adel verkleidet, dem Nimbus des Imperators verfallen, je mehr sie aus

Ratgebern zu Schmeichlern und Speichelleckern herabsinken, um so mehr steift und strafft sich Fouchés Rücken. Freilich, mit offenem Widerspruch, mit blanker Gegenmeinung kann man dem rechthaberischen, immer mehr cäsarisch gewordenen Kaiser nicht mehr entgegentreten, denn längst ist im Palais der Tuilerien die offenherzige Kameradschaft, die freie Aussprache von Bürger zu Bürger abgeschafft; der Kaiser Napoleon, der sich von seinen alten Kriegskameraden und selbst (wie müssen sie gelächelt haben!) von seinen eigenen Brüdern nur noch mit ›Sire‹ ansprechen und von keinem sterblichen Wesen außer seiner Frau mehr duzen läßt, wünscht nicht mehr von seinen Ministern beraten zu werden. Nicht mehr wie früher, also im lockern Jabot mit freiem Kragen und ungezwungenem Schritt, tritt jetzt der Bürger Minister Fouché zum Bürger Konsul Bonaparte hinein, sondern, den goldgestickten Kragen steif und hoch um den Hals gestemmt, eingemummt in die pompöse Hofuniform, mit schwarzen Seidenstrümpfen und spiegelnden Schuhen, beklebt mit Orden, den Hut in der Hand, so begibt sich jetzt der Minister Joseph Fouché in eine Art Audienz zum Kaiser Napoleon: der ›Herr‹ Fouché muß vor dem einstigen Mitverschworenen und Kameraden sich zunächst respektvoll verneigen, ehe er ihn mit ›Eure Majestät‹ ansprechen darf. Mit einer Verbeugung muß er kommen, mit einer Verbeugung sich empfehlen, widerspruchslos die brüsk gegebenen Befehle entgegennehmen, statt intimere Besprechungen zu pflegen. Gegen die Meinung dieses stürmischsten aller Willensmenschen gibt es keinen Widerstand.

Zumindest keinen offenen. Fouché kennt Napoleon zu genau, um bei verschiedener Willensmeinung ihm die seine aufzwingen zu wollen. Er läßt sich befehlen, kommandieren wie alle die andern Schmeichler und servilen Minister der Kaiserzeit; nur mit dem einen kleinen Unterschied, daß er diesen Befehlen nicht immer gehorcht. Sind ihm Verhaftungen aufgetragen, die er selber nicht billigt, so läßt er vorher die Bedrohten leise warnen, oder wenn er sie strafen muß, so betont er überall, daß dies ausdrücklich auf Befehl des Kaisers, nicht auf seinen eigenen Wunsch hin geschehe. Gefälligkeiten und Liebenswürdigkeiten teilt er dagegen immer als eigene Gnaden aus. Je herrischer Napoleon sich offenbart – und in der Tat, es ist erstaunlich, wie sein von Anfang an herrschsüchtiges Temperament an der immer weiteren Macht stets hemmungsloser und autokratischer wird –, um so liebenswürdiger, um so konzilianter gebärdet sich Fouché. Und so, ohne ein Wort gegen den Kaiser, nur mit kleinen Winken, Lächeln und Schweigen bildet er allein eine sichtbare und doch niemals faßbare Opposition gegen das neue Gottesgnadentum. Ihm selbst Wahrheiten aufzudrängen, diese gefährliche Mühe nimmt er sich längst nicht mehr; man hat, er weiß es, bei Kaisern und Königen, selbst wenn sie früher Bonaparte hießen, dafür keine Verwendung. Nur unter der Hand schiebt er ihm boshafterweise manchmal Aufrichtigkeiten als Schmuggelware in seine täglichen Berichte ein. Statt zu sagen ›ich meine‹, ›ich denke‹ und sich wegen dieses seines selbständigen Meinens und Denkens rüffeln zu lassen, schreibt er in seine Rapporte ›man erzählt sich‹ oder ›ein Gesandter hätte gesagt‹; auf diese Art praktiziert er fast immer in die tägliche Trüffelpastete der pikanten Neuigkeiten auch ein paar Pfefferkörner über die kaiserliche Familie. Mit blasser Lippe muß Napoleon allen Schmutz, alle Schande seiner Schwestern als ›bösartige Gerüchte‹ verzeichnet lesen und dazu gut eingebeizte Bosheiten über sich selbst, scharfe, brennende Notizen, mit denen die geschickte Hand Fouchés das Bulletin absichtsvoll durchwürzt. Ohne selbst ein Wort auszusprechen, serviert der vertrackte Diener von Zeit zu Zeit seinem ungemütlichen Herrn unwillkommene Wahrheiten und sieht, höflich und unbeteiligt bei der Lektüre dabeistehend, wie der harte Herr an ihnen würgt. So übt Fouché kleine Rache an dem Leutnant Bonaparte, der, seit er selbst den Kaiserrock angezogen, seine einstigen Berater nur zitternd mit krummen Rücken vor sich zu sehen wünscht. Man sieht: zwischen diesen beiden Männern steht keine freundliche Luft. Wie Fouché kein angenehmer Diener für Napoleon, so ist Napoleon kein angenehmer Herr für Fouché. Nicht ein einziges Mal läßt er sich lässig und treugläubig einen Polizeibericht auf den Tisch legen. Jede einzelne Zeile durchforscht er mit seinem Falkenblick auf die kleinste Unstimmigkeit, das geringste Versehen; dann donnert er los, schimpft seinen Minister zusammen wie einen Schuljungen, ganz der korsischen Hemmungslosigkeit seines Temperamentes hingegeben.

Die Türsteher, Schlüssellochgucker, Ministerratskollegen berichten übereinstimmend, wie gerade die gegensätzliche Kaltblütigkeit im Widerstand Fouchés den Kaiser erbitterte. Aber auch ohne ihr Zeugnis (denn alle Memoiren jener Zeit soll man nur mit der Lupe lesen) wüßte man Bescheid, denn man hört die harte, scharfe Kommandostimme selbst in den Briefen lospoltern: ›Ich finde, daß die Polizei nicht mit dem nötigen Nachdruck die Bewachung der Presse durchführt‹, schulmeistert er den alten erfahrenen Meister, oder er rüffelt ihn zurecht: „Man möchte glauben, daß man im Polizeiministerium nicht lesen kann: dort wird für gar nichts gesorgt.“ Oder: „Ich lege Ihnen nahe, sich im Rahmen Ihrer Tätigkeit zu halten und sich nicht in die auswärtigen Angelegenheiten zu mischen.“ Napoleon putzt ihn, man weiß es aus hundert Berichten, auch vor Zeugen, vor den Adjutanten und dem Staatsrat schonungslos herunter, und wenn ihm der Zorn auf den Lippen schäumt, zögert er nicht, ihn sogar an Lyon, seine terroristische Zeit zu erinnern, ihn einen Königsmörder, einen Verräter zu nennen. Aber Fouché, der glaskalte Beobachter, der nach zehn Jahren die ganze Klaviatur dieser Zornausbrüche kennt, der weiß, daß sie manchmal dem heißen Manne unbeherrscht aus dem Blut blitzen, aber auch, daß Napoleon sie manchmal schauspielerhaft, mit hellem Bewußtsein einschaltet, er läßt sich weder von den echten noch von den theatralischen Gewittern einschüchtern wie etwa der österreichische Minister Cobenzl, der zitternd zusammenschreckte, als der Kaiser ihm ein kostbares Porzellangefäß vor die Füße warf; er läßt sich nicht irremachen, weder von dem vorgekurbelten Scheinzorn noch von der wirklichen Wut des Kaisers. Mit seinem farblosen, maskenhaften, kalkigen Gesicht bleibt er, ohne ein Zucken in den Augenwinkeln, ohne mit einem Nerv Erregung zu verraten, unter diesem prasselnden Wortguß gemächlich stehen – nur kräuselt vielleicht, wenn er das Zimmer verläßt, ein ironisches oder böses Lächeln seine dünnen Lippen. Er zittert nicht einmal, wenn ihn der Kaiser anschreit: „Sie sind ein Verräter, ich sollte Sie erschießen lassen", sondern antwortet, ohne der Stimme einen andern Akzent zu geben, geschäftsmäßig: „Ich bin nicht dieser Meinung, Sire." Hundertmal läßt er sich kündigen, Verbannung und Amtsentsetzung androhen und verläßt doch ruhig das Zimmer, vollkommen gewiß, daß der Kaiser ihn am nächsten Tage wieder rufen wird. Und immer behält er recht. Denn trotz seines Mißtrauens, seines Zorns und seines heimlichen Hasses kann Napoleon sich ein Jahrzehnt bis zur letzten Stunde Fouchés nie gänzlich entledigen.

Diese Macht Fouchés über Napoleon, ein Rätsel für alle Zeitgenossen, hat aber nichts Magisches und Hypnotisches. Sie ist eine erworbene, eine durch Fleiß und Geschicklichkeit und systematische Beobachtung errechnete, erarbeitete Macht. Fouché weiß viel, er weiß sogar zu viel. Er kennt nicht nur dank der Mitteilsamkeit des Kaisers, sondern auch gegen dessen Willen alle kaiserlichen Geheimnisse und hält wie das ganze Reich auch seinen Herrn durch restlose und fast magische Informiertheit in Schach. Durch des Kaisers eigene Frau, Josephine, kennt er die intimsten Details seines Ehebettes, durch Barras jeden Schritt auf der Wendeltreppe seines Aufstiegs; er kontrolliert vermöge der eigenen Verbindung mit den Geldmännern die ganzen privaten Vermögensverhältnisse des Kaisers, ihm entgeht keine der hundert schmutzigen Angelegenheiten der Bonapartischen Familie, der Spielaffären seiner Brüder, der Messalinenabenteuer Paulinens. Und auch die ehelichen Seitensprünge seines Herrn bleiben ihm nicht verborgen. Wenn Napoleon um elf Uhr nachts, in einen fremden Mantel gehüllt und beinahe vermummt, durch eine geheime

Seitentür der Tuilerien zu einer Geliebten schleicht, weiß Fouché am nächsten Morgen, wohin der Wagen gefahren, wie lange der Kaiser in jenem Hause geblieben, wann er zurückgekehrt, ja er kann sogar einmal den Herrscher der Welt mit der Mitteilung beschämen, daß diese Auserwählte ihn, einen Napoleon, mit einem weniger gut ausgewählten Bühnenschwengel betrügt. Jedes wichtige Schreiben aus dem Kabinett des Kaisers wandert dank eines bestochenen Sekretärs in Abschrift zu Fouché, und manche unter den Lakaien höheren und niedern Grades beziehen monatlichen Zuschuß aus der Geheimkasse des Polizeiministers für verläßliche Hinterbringung aller Palastgespräche: bei Tag und Nacht, bei Tisch und im Bett wird Napoleon beobachtet von seinem übereifrigen Diener. Unmöglich, vor ihm ein Geheimnis zu verstecken: so ist der Kaiser gezwungen, sich ihm anzuvertrauen, ob er will oder nicht. Und dieses Wissen um alles und jedes schafft die einzige Macht Fouchés über Menschen, die Balzac so sehr bewunderte.

Mit der gleichen Sorgfalt aber, mit der Fouché alle Angelegenheiten, Pläne, Gedanken und Worte des Kaisers überwacht, bemüht er sich, ihm seine eigenen zu verschweigen. Fouché vertraut weder dem Kaiser noch sonst irgend jemand jemals seine wirklichen Absichten und Arbeiten an; er liefert von seinem riesigen Nachrichtenmaterial nur gerade das ab, was ihm beliebt. Alles andere bleibt in der Schreibtischlade des Polizeiministers verschlossen; in diese letzte Zitadelle läßt Fouché niemand hineinblicken, ja er setzt seine Leidenschaft, seine einzige, ganz an die eine herrliche Lust, unerratbar zu bleiben, undurchdringlich, undurchschaubar, ein Posten, den niemand in seine Rechnung stellen kann. Vergeblich darum, daß Napoleon ihm ein paar Spione in den Pelz setzt – Fouché hält sie zum Narren oder nützt sie sogar noch aus, um vollkommen falsche und blamable Berichte an den geprellten Auftraggeber durch sie zurückzuadressieren. Mit den Jahren wird dieses Spiel von Spionage und Gegenspionage zwischen den beiden immer listiger und gehässiger, ihre Einstellung geradezu offen unaufrichtig – nein, wahrhaftig, es steht keine klare durchsichtige Luft zwischen diesen beiden Männern, von denen der eine zuviel Herr sein will und der andere zuwenig Diener. Je stärker Napoleon, desto lästiger wird ihm Fouché. Je stärker Fouché, desto verhaßter ihm Napoleon.

Hinter diese private Gegnerschaft geistiger Andersartung stellt sich allmählich die ganze riesenhaft anwachsende Spannung der Zeit. Denn von Jahr zu Jahr zeichnet sich innerhalb Frankreichs immer deutlicher ein Wille und ein Gegenwille ab: das Land will endlich einmal Frieden, Napoleon aber immer und immer wieder Krieg. Der Bonaparte von Achtzehnhundert, Erbe und

Ordner der Revolution, war mit seinem Land, mit seinem Volk, mit seinen Ministern noch völlig eins; der Napoleon von 1804, der Kaiser des neuen Jahrzehnts, denkt längst an sein Land, sein Volk nicht mehr, sondern einzig an Europa, an die Welt, an die Unsterblichkeit. Nachdem er die ihm anvertraute Aufgabe meisterlich gelöst, legt er sich aus dem Übermaß seiner Kraft neue, schwerere Aufgaben auf, und der das Chaos in Ordnung gewandelt, reißt gewaltsam die eigene Tat, die eigene Ordnung ins Chaos zurück. Nicht sei damit gesagt, daß sein Verstand, sein diamantklarer und diamantscharfer, sich verwirrt hätte, durchaus nicht: Napoleons bei aller Dämonie mathematisch genauer und präziser Intellekt bleibt großartig wach bis in die letzte Sekunde, da der Sterbende mit zitternder Hand sein Testament, dies Werk seiner Werke, niederschreibt. Aber dieser sein Verstand hat längst das irdische Maß verloren, und wie könnte es anders sein nach solcher Erfüllung des Unwahrscheinlichen! Wie sollte nach solchen unerhörten Gewinnen gegen alle Regel des Weltspiels die Seele, an so maßlosen Einsatz gewöhnt, die Lust nicht überkommen, das Unglaubliche noch zu überbieten durch Unglaublicheres! Napoleon ist so wenig geistig verwirrt, selbst in seinen tollsten Abenteuern, wie Alexander, Karl der Zwölfte oder Cortez.

Er hat nur wie jene an unerhörten Siegen das reale Maß des Möglichen verloren, und gerade dies Rasen bei hellichtem Verstände, ein großartiges Naturschauspiel des Geistes, herrlich wie ein Mistralsturm bei klarem Himmel, bringt jene Taten hervor, die gleichzeitig Verbrechen eines einzigen Menschen an hunderttausenden sind und doch legendarische Bereicherung der Menschheit. Der Alexander-Zug von Griechenland bis nach Indien – noch heute märchenhaft, wenn man ihn mit dem Finger auf der Karte nachzeichnet –, die Cortez-Fahrt, der Marsch Karls des Zwölften von Stockholm bis Poltawa, die Karawane von sechshunderttausend Menschen, die Napoleon von Spanien bis Moskau schleift: diese Großtaten gleichzeitig des Muts und des Über-Muts sind in unserer neuzeitlichen Geschichte, was die Kämpfe des Prometheus und der Titanen gegen die Götter im griechischen Mythos: Hybris und Heldentum, jedenfalls aber das schon frevelhafte Maximum aller irdischen Erreichbarkeit. Und diesem äußersten Maß strebt Napoleon, kaum daß er die Kaiserkrone um die Schläfen fühlt, unaufhaltsam zu. Mit den Erfolgen wachsen seine Ziele, mit den Siegen seine Verwegenheit, mit den Triumphen über das Schicksal die Lust, es immer verwegener herauszufordern. Nichts natürlicher darum, als daß die andern Menschen rings um ihn, sofern sie nicht betäubt sind von den Fanfaren der Siegesbulletins und nicht geblendet von den Erfolgen, daß die gleichzeitig Klugen und Besonnenen wie Talleyrand und

Fouché zu schauern beginnen. Sie denken an die Zeit, an die Gegenwart, an Frankreich, – Napoleon einzig an die Nachwelt, an die Legende, an die Geschichte.

Dieser Gegensatz zwischen Vernunft und Leidenschaft, zwischen den logischen und den dämonischen Charakteren, ewig sich wiederholend in der Geschichte, tritt in Frankreich bald nach der Jahrhundertwende hinter den Gestalten hervor. Der Krieg hat Napoleon groß gemacht, hat ihn aus dem Nichts empor auf einen Kaiserthron gehoben. Was natürlicher darum, als daß er immer wieder Krieg will und immer noch größere, gewaltigere Gegner. Schon rein zahlenmäßig steigern sich seine Einsätze ins Phantastische. Bei Marengo, 1800, hat er mit dreißigtausend Menschen gesiegt, fünf Jahre später stellt er schon dreihunderttausend Mann ins Feld, und abermals fünf Jahre später reißt er bereits eine Million Wehrhafter aus dem ausgebluteten, kriegsmüden Land.

Dem letzten Troßknecht in seinem Heer, dem dümmsten Bauern könnte mans mit Fingerabzählen begreiflich machen, daß solche Guerromanie und Courromanie (Stendhal hat dieses Wort geprägt) schließlich zu einer Katastrophe führen müsse, und prophetisch sagt Fouché einmal während eines Gespräches zu Metternich, fünf Jahre vor Moskau: „Wenn er euch geschlagen haben wird, so bleibt nur Rußland übrig und China." Nur einer begreift es nicht oder hält sich die Hand vor den Blick: Napoleon. Wer die Sekunde von Austerlitz erlebt und dann jene von Marengo und Eylau, immer in zwei Stunden zusammengepreßte Weltgeschichte, dem kann es nicht mehr Spannung oder Befriedigung bedeuten, auf Hofbällen uniformierte Schranzen zu empfangen, in der festlich geschmückten Oper zu sitzen, langweilige Deputierte reden zu hören –, nein, längst fühlt er seine Nerven nur noch beben, wenn er an der Spitze seiner Truppen in Eilmärschen ganze Länder überrennt, Armeen zerschmettert, mit lässiger Fingerbewegung Könige wie Schachfiguren von ihrem Platze rückt und andere an ihre Stelle setzt, wenn der Invalidendom zu einem rauschenden Wald von Fahnen wird und die neugegründete Schatzkammer sich mit dem kostbaren Raub ganz Europas füllt. Er denkt nur noch in Regimentern, in Armeekorps, in Armeen, er betrachtet längst Frankreich, das ganze Land, die ganze Welt nur noch als Einsatz, als ihm schrankenlos zugehöriges Eigentum (›La France c'est moi‹). Aber einige unter den Seinen beharren innerlich auf der Ansicht, daß Frankreich zuerst sich selber gehöre, daß seine Menschen, seine Bürger nicht dazu dienen sollen, die korsische Sippe zu Königen zu machen und ganz Europa zu einem bonapartischen Fideikommiß. Mit steigendem Unwillen sehen sie, wie Jahr für Jahr die Konskriptionslisten an die Tore der Städte gehämmert werden, die Achtzehnjährigen, die Neunzehnjährigen aus den Häusern gerissen, um an den Grenzen Portugals, in den Schneewüsten Polens und Rußlands sinnlos zugrunde zu gehen oder zumindest für einen Sinn, der nicht mehr zu erfassen ist. So entsteht zwischen ihm, der immer nur zu seinen Sternen aufblickt, und den Klarsichtigen, welche die Müdigkeit und Ungeduld des eigenen Landes sehen, ein immer erbitterterer Gegensatz. Und da sich sein herrisch gewordener, autokratischer Geist auch von den Nächsten nicht mehr beraten läßt, beginnen sie heimlich nachzusinnen, wie man dieses wahnwitzig rollende Rad anhalten und vor seinem unvermeidlichen Sturz in den Abgrund retten könne. Denn der Augenblick muß kommen, wo Vernunft und Leidenschaft sich endgültig entzweien und offen befehden, wo der Kampf ausbricht zwischen Napoleon und den Klügsten seiner Diener.

Dieser geheime Widerstand gegen Napoleons Kriegsleidenschaft und Unmaß führt endlich sogar die erbittertsten Gegner unter seinen Ratgebern zusammen: Fouché und Talleyrand. Diese beiden fähigsten Minister Napoleons, die psychologisch interessantesten Menschen seiner Epoche, lieben einander nicht – wahrscheinlich, weil sie in vielem einander zu ähnlich sind. Beide sind sie nüchterne, realistische Klardenker, Zyniker und rücksichtslose Jünger Machiavells. Beide sind sie durch die Schule der Kirche und die hitzige Hochschule der Revolution gegangen, beide haben sie die gleiche gewissenlose Kaltblütigkeit in Dingen des Geldes und der Ehre, beide dienen sie gleich untreu, mit der gleichen Skrupellosigkeit der Republik, dem Direktorium, dem Konsulat, dem Kaiserreich und dem König. Unablässig begegnen sich – als Revolutionäre, als Senatoren, als Minister, als Königsdiener verkleidet – diese beiden Charakterspieler des Wankelmuts auf der gleichen Bühne der Weltgeschichte; und eben weil sie gleicher geistiger Rasse sind und gleiche diplomatische Rolle ihnen zugeteilt wird, hassen sie einander mit der kühlen Kenntnis und dem guten Groll von Rivalen.

Sie gehören beide demselben amoralischen Typus an; aber stammt ihre Ähnlichkeit aus dem Charakter, so ihre Verschiedenheit aus der Herkunft. Talleyrand, als Herzog von Périgord, als Erzbischof von Autun ein blutgeborener alter Adelsfürst, trägt bereits die violette Toga als geistlicher Herr einer ganzen französischen Provinz, während der kleine schäbige Kaufmannssohn Joseph Fouché noch als verachteter kleiner Priesterprofessor seinem Dutzend Klosterschüler für ein paar Sous monatlich Mathematik und Latein einbüffelt. Jener ist schon Geschäftsträger der Französischen Republik in London und berühmter Wortführer der Generalstände, da dieser in den Klubs mit Schmeichelei und Betriebsamkeit erst sein Mandat herausfischt. Talleyrand kommt von oben herab in die Revolution, er steigt wie ein Herrscher aus seiner Karosse, mit ehrfürchtigem Jubel begrüßt, ein paar Stufen hinab zum dritten Stand, während Fouché sich mühsam zu ihm hinauf intrigiert. Aus dieser Verschiedenheit ihrer Herkunft erhält ihre gleiche Grundeigenschaft besondere Farbe. Talleyrand dient, der Mann der großen Allüren, mit der gleichgültigen kühlen Herablassung eines Grandseigneurs, Fouché mit der beflissenen und verschlagenen Emsigkeit eines streberischen Beamten. Worin sie einander ähnlich sind, sind sie auch gleichzeitig verschieden, und wenn sie beide das Geld lieben, so Talleyrand auf Edelmannsart, um es zu verschwenden, am Spieltisch und mit Frauen Gold üppig wegströmen zu lassen, Fouché, der Kaufmannssohn, um es kapitalistisch und zinsbar zu raffen und sparsam aufzutürmen. Talleyrand bedeutet Macht nur ein Mittel zum Genuß, sie schafft ihm beste und nobelste Gelegenheit, alle sinnlichen Dinge der Erde, als da sind Luxus, Frauen, Kunst und köstliche Tafel, sich hörig zu machen, indes Fouché auch als vielfacher Millionär spartanischer und klosterhafter Sparfuchs bleibt. Beide können sie nie völlig aus ihrer gesellschaftlichen Herkunft heraus: niemals, auch in den wildesten Tagen des Terrors nicht, wird der Herzog von Périgord, wird Talleyrand echter Volksmann und Republikaner, niemals, auch als neugebackener Herzog von Otranto, trotz aller goldblitzenden Uniform, Joseph Fouché wirklicher Aristokrat werden.

Der blendendere, der bezauberndere, vielleicht auch der bedeutendere von beiden ist Talleyrand. Aus musischer und uralter Kultur geformter, vom Esprit des achtzehnten Jahrhunderts geschmeidigter Geist, liebt er das diplomatische Spiel als eins von den vielen anderen Spannungsspielen des Daseins, aber er haßt die Arbeit. Ungern schreibt er eigenhändig einen Brief, am liebsten läßt sich der echte Wollüstling, der raffinierte Genießer, die ganze Kärrnerarbeit von einem andern tun und rafft nur mit seiner schmalen, beringten Hand dann lässig die Resultate zusammen; ihm genügt seine Intuition, die mit blitzhaftem Blick die verwickeltsten Situationen überschaut. Geborener und geschulter Psychologe, durchdringt er, wie Napoleon sagt, alle Gedanken und bestärkt, ohne zu raten, jeden in dem, was er zuinnerst will. Kühne Wendungen, rasche Konzeptionen, geschmeidige Drehungen in allen gefährlichen Augenblicken sind seine Leistung, verächtlich lehnt er es ab, sich mit Einzelheiten zu befassen, mit Schweiß und Fleiß zu arbeiten. Dieser Liebe zum Minimum, zur konzentriertesten Form geistiger Entscheidungen entspringt auch seine besondere Fähigkeit zum blendendsten Wortwitz, zum Aphorismus. Er schreibt keine langen Berichte, in einem einzigen scharfgeschliffenen Wort erledigt er eine Situation, einen Menschen. Fouché wiederum fehlt vollkommen diese Fähigkeit der rapiden Weltvision, er schleppt bienenhaft mit unzähligen winzigen Maschen, einem geschäftigen Hin und Her, tausend und tausend Beobachtungen zusammen, die dann addiert und kombiniert gewissenhafte und unwiderlegliche Resultate geben. Seine Methode ist die analytische, die Talleyrands die visionäre; sein Talent der Fleiß, Talleyrands die geistige Geschwindigkeit: kein Künstler könnte ein besseres Gegensatzpaar erfinden, als die Geschichte es in diesen beiden Gestalten, in dem trägen und genialen Improvisator Talleyrand und dem tausendäugigen wachen Rechner Fouché, neben Napoleon gestellt hat, neben das vollkommene Genie, das beider Begabung in sich bindet, Weitblick und Nahblick, Leidenschaft und Fleiß, Weltwissen und Weltvision.

Niemand aber haßt sich erbitterter als verschiedene Spezies der gleichen Rasse. Darum verabscheuen aus innerstem Instinkt, aus genauer bluthafter Kenntnis einander Talleyrand und Fouché. Vom ersten Tage ist dem Grandseigneur dieser emsige Kleinarbeiter, Berichtestoppler, Neuigkeitenzuträger, dieser kalte Späher Fouché zuwider, und Fouché seinerseits erbittert sich über die Leichtfertigkeit, die Verschwenderei, die verächtlich-noble und faulenzerisch-frauenhafte Lässigkeit Talleyrands. So reden sie einer über den andern nur vergiftete Dolchspitzen. Talleyrand lächelt: „Fouché verachtet die Menschen deshalb so sehr, weil er sich selbst zu genau kennt." Fouché wieder spottet, als Talleyrand zum Vizekanzler ernannt wird: „Il ne lui manquait que ce vice-là." Wo sie einander ein Ärgernis in den Weg legen können, tun sie es beflissen, wo sie sich schaden können, ergreifen sie willig die erste Gelegenheit. Daß diese beiden, der Flinke und der Fleißige, einander so ergänzen in ihren Eigenschaften, macht sie Napoleon als Minister wichtig, und daß sie einander so ingrimmig hassen, kommt ihm ausgezeichnet zupaß, denn infolge dieses Hasses überwacht einer den andern besser, als hundert emsige Späher es vermöchten. Jede Korruption, jede neue Schwelgerei und Nachlässigkeit Talleyrands meldet ihm eifrig Fouché, jede Schleicherei, jede neue Umtreiberei Fouchés serviert eiligst Talleyrand; so fühlt sich Napoleon von diesem sonderbaren Paar gleichzeitig bedient und bewacht. Als überlegener Psychologe nützt Napoleon bei seinen beiden Ministern die Rivalität aufs glücklichste, um sie einerseits anzutreiben und gleichzeitig im Zaume zu halten.

An dieser beharrlichen Feindschaft der beiden Rivalen Fouché und Talleyrand, ergötzt sich jahrelang ganz Paris. Wie eine Szene aus Molière betrachtet man die unermüdlichen Varianten dieser Komödie an den Stufen des Thrones und erheitert sich, wie immer wieder die beiden Diener des Herrschers gegenseitig einander sticheln, mit spitzen Witzworten verfolgen, indes ihr Meister, olympisch überlegen, diesem ihm zuträglichen Streit zublickt. Aber während er selbst und alle die andern das lustige Katz- und Hundespiel von ihnen erwarten, vertauschen plötzlich diese beiden raffinierten Schauspieler die Rolle und beginnen ein ernstes Zusammenspiel. Zum erstenmal wird ihr gemeinsamer Ärger gegen den Herrn stärker als ihre Rivalität. Man schreibt 1808, und Napoleon beginnt wieder einmal Krieg, den nutzlosesten, sinnlosesten seiner Kriege, den Feldzug gegen Spanien. 1805 hat er Österreich und Rußland besiegt, 1807 Preußen zerschmettert, die deutschen und italienischen Staaten sich hörig gemacht, und nicht der geringste Anlaß besteht zu einer Feindschaft mit Spanien. Aber der einfältige Bruder Joseph (in ein paar Jahren wird Napoleon selbst zugestehen, ›sich für Dummköpfe aufgeopfert zu haben‹) möchte auch eine Krone, und da gerade keine verfügbar scheint, beschließt man, sie der spanischen Dynastie unter Bruch des Völkerrechtes einfach wegzunehmen; wieder rasseln die Trommeln, wieder marschieren die Bataillone, wieder strömt das mühsam geraffte Geld aus den Kassen, und wieder berauscht sich Napoleon an der gefährlichen Lust der Siege. Dieser unbändige Kriegsfuror beginnt nun allmählich auch den Dickfelligsten zu toll zu werden; sowohl Fouché als Talleyrand mißbilligen den völlig vom Zaun gebrochenen Krieg, an dem Frankreich noch sieben Jahre sich ausbluten wird, und da der Kaiser weder auf den einen noch auf den andern hört, so rücken die beiden unmerklich zusammen. Ihre Briefe, ihre Ratschläge, das wissen sie, knüllt der Kaiser erbittert in die Ecke, längst vermögen die Staatsmänner nichts mehr gegen die Marschälle, Generale, Säbelherren und am wenigsten gegen die korsische Sippe, von der jeder eine ärmliche Vergangenheit rasch in den Hermelin hüllen will. So versuchen sie vor aller Öffentlichkeit zu protestieren und beschließen, da ihnen das Wort entzogen ist, eine politische Pantomime, einen echten und rechten Theatercoup: nämlich sich demonstrativ zu verbünden.

Wer die Szene so dramaturgisch ausgezeichnet gestellt hat, ob Talleyrand oder Fouché, ist nicht bekannt. Es begibt sich nun dies: Während Napoleon in Spanien kämpft, rauscht Paris ununterbrochen in Festen und Geselligkeit – man ist den alljährlichen Krieg schon gewöhnt wie Schnee im Winter und Gewitter im Sommer –, und auch in der Rue Saint-Florentin, im Hause des Großkanzlers, flimmern an einem Dezemberabend 1808 (indes Napoleon in irgendeinem schmutzigen Quartier von Valladolid Armeebefehle schreibt) tausend Kerzen und flüstert Musik. Schöne Frauen, die Talleyrand so sehr liebt, blendende Gesellschaft, hohe Staatsräte und die auswärtigen Gesandten sind versammelt. Man plaudert munter, tanzt und amüsiert sich. Plötzlich entsteht ein leises Raunen und Wispern in allen Winkeln, der Tanz bricht ab, die Gäste scharen sich staunend zusammen: ein Mann ist eingetreten, den man hier als letzten erwartet hätte, der hagere Cassius, Fouché, den, wie jedermann weiß, Talleyrand erbittert haßt und verachtet und der noch nie den Fuß in dieses Haus gesetzt hat.

Aber siehe, in ausgesuchter Höflichkeit hinkt der Minister des Äußeren dem Polizeiminister entgegen, grüßt ihn zärtlich wie einen lieben Gast und Freund, faßt ihn liebevoll unter den Arm. Sichtbar und offenkundig ihn karessierend, führt er ihn durch den Saal, dann treten sie in ein Nebenzimmer, setzen sich auf eine Chaiselongue und unterhalten sich mit leiser Stimme, – maßlose Neugier unter allen Anwesenden verbreitend. Am nächsten Morgen weiß ganz Paris die große Sensation. Überall spricht man von nichts als von dieser plötzlichen und so augenfällig plakatierten Versöhnung, und jeder einzelne versteht ihren Sinn. Wenn Hund und Katze sich so stürmisch verbünden, kann es nur gegen den Koch sein: Freundschaft zwischen Fouché und Talleyrand, das bedeutet die offene Mißbilligung der Minister gegen ihren Herrn, gegen Napoleon. Sofort springen alle Spione auf die Beine, um zu erfahren, was dieses Komplott eigentlich beabsichtige. In allen Gesandtschaften sausen die Federn über Immediatberichte, Metternich meldet durch Eilpost nach Wien, (?)›diese Einigung entspräche den Wünschen einer übermäßig ermüdeten Nation‹(?); aber auch die Brüder, die Schwestern Napoleons schlagen Alarm und schicken ihrerseits mit Eilkurier die tolle Nachricht dem Kaiser zu.

Mit Eilkurier saust die Nachricht nach Spanien, aber noch rascher womöglich rast Napoleon, wie von einem Peitschenhieb getroffen, nach Paris zurück. Selbst seine Vertrauten ruft er nicht ins Zimmer, sobald er den Brief empfängt. Er beißt, er verbeißt die Lippen und trifft sofort Anordnungen zur Rückfahrt: diese Annäherung Talleyrands und Fouchés wirkt auf ihn schreckhafter als eine verlorene Schlacht. Geradezu tollwütig ist das Tempo seiner Rückkehr: am 17. reist er von Valladolid ab, am 18. ist er in Burgos, am 19. in Bayonne, nirgends wird Halt gemacht, überall werden hastig die müdgepeitschten Pferde gewechselt, am 22. fegt er wie ein Sturmwind hinein in die Tuilerien, und am 23. erwidert er schon das geistreiche Lustspiel Talleyrands mit einer gleich dramatischen Szene.

Der ganze goldbetreßte Trupp der Höflinge, die Minister und Generale werden sorgfältig als Komparsen aufgestellt: öffentlich soll man sehen, wie der Kaiser auch die geringste Auflehnung gegen seinen Willen mit der Faust niederschlägt. Fouché hat er schon tags zuvor kommen lassen und ihm hinter verschlossener Tür den Kopf gewaschen, den jener, an derlei Duschen gewohnt, reglos hinhält, mit glatten geschickten Worten sich entschuldigend und rechtzeitig ausbiegend. Für diesen servilen Menschen genügt, so meint der Kaiser, ein flüchtiger Fußtritt; Talleyrand aber, gerade weil er als der Stärkere, als der Mächtigere gilt, soll öffentlich die Zeche bezahlen. Die Szene ist oft geschildert worden, und die Dramatik der Geschichte kennt wenig bessere. Zuerst äußert sich der Kaiser nur in allgemeinen Ausdrücken mißliebig über die Hinterhältigkeit einzelner während seiner Abwesenheit, dann aber, durch dessen kühle Gleichgültigkeit gereizt, wendet er sich brüsk Talleyrand zu, der unbeweglich in seiner nachlässigen Haltung, den Arm auf das Sims gestützt, am Marmorkamin lehnt. Und nun wird die vorher komödiantisch berechnete Lektion vor den Augen des ganzen Hofes plötzlich zur wirklichen Wut, der Kaiser schreit dem älteren erfahrenen Manne die gemeinsten Beschimpfungen entgegen; einen Dieb nennt er ihn, einen Eidbrüchigen, einen Abtrünnigen, einen Käuflichen, der seinen eigenen Vater verschachern würde für Geld, er wirft ihm die Schuld an der Ermordung des Herzogs von Enghien vor und die an dem spanischen Krieg. Keine Waschfrau kann hemmungsloser ihre Nachbarin im offenen Hausflur beschimpfen als Napoleon den Herzog von Périgord, den Veteranen der Revolution, den ersten Diplomaten Frankreichs.

Die Zuhörer erstarren. Jedem wird unbehaglich. Jeder spürt: der Kaiser macht in diesem Augenblick schlechte Figur. Nur Talleyrand, dessen Gleichgültigkeit gegen Angriffe so undurchdringlich büffelhäutig scheint, daß man erzählt, er sei einmal bei der Lektüre eines gegen ihn gerichteten Pamphlets eingeschlafen, er verzieht keine Miene, viel zu hochmütig, um derartige Beschimpfungen noch als Beleidigungen zu empfinden. Schweigend hinkt er, nachdem das Gewitter sich ausgetobt, über das glatte Parkett hinaus und schnellt dann im Vorsaal nur eins jener kleinen vergifteten Worte ab, die tödlicher verwunden als alle diese polternden Faustschläge: „Wie schade, daß ein so großer Mann so schlecht erzogen ist", sagt er gleichmütig, während er sich von dem Diener den Mantel umlegen läßt. Am selben Abend ist Talleyrand seiner Kammerherrenwürde entsetzt, und neugierig entfalten alle Mißgünstigen in den nächsten Tagen den ›Moniteur‹, um unter den Staatsnachrichten auch die Mitteilung von der Entlassung Fouchés zu lesen. Aber sie irren sich.

Fouché bleibt. Wie immer hat er sich bei seinem Vorstoß hinter einen Stärkeren gestellt, der ihm als Blitzableiter dient. Collot, sein Mitmitrailleur von Lyon, man erinnert sich, wird auf die Fieberinsel deportiert, Fouché bleibt, Baboeuf, sein Spießgeselle im Kampf gegen das Direktorium, füsiliert, Fouché bleibt. Sein Protektor Barras muß aus dem Lande flüchten, Fouché bleibt. Und auch diesmal fällt nur der Vordermann, Talleyrand, und Fouché bleibt. Die Regierungen, die Staatsformen, die Meinungen, die Menschen wechseln, alles stürzt und schwindet in diesem rasenden Wirbelsturm der Jahrhundertwende, nur einer bleibt immer an der gleichen Stelle in allen Diensten und allen Gesinnungen: Joseph Fouché.

Fouché bleibt an der Macht, ja mehr noch: eben daß der klügste, geschmeidigste und unabhängigste von NapoleonsRatgebern die seidene Schnur geschickt bekam und durch einen bloßen Jasager ersetzt wird, gerade dies verstärkt eigentlich seinen Einfluß. Aber noch wichtiger – außer dem Nebenbuhler Talleyrand räumt für einige Zeit auch der lästige Herr den Platz. Denn man schreibt 1809, Napoleon führt wieder wie alljährlich einen neuen Krieg, diesmal gegen Österreich. Die Abwesenheit Napoleons von Paris und von den Geschäften ist immer das liebste, was Fouché geschehen kann. Und je weiter, desto besser, je länger, desto lieber – in Österreich, Spanien, Polen: am liebsten wünschte er ihn wieder in Ägypten. Denn sein überstarkes Licht wirft alle ringsum in Schatten, seine überragende und schöpferische Gegenwart lähmt durch ihre herrische Überlegenheit jeden andern Willen. Wenn er aber hundert Meilen weit ist, Schlachten kommandiert, Feldzugspläne ausheckt, kann Fouché daheim hie und da doch selber ein wenig Herr und Schicksal spielen und braucht nicht nur Marionette dieser harten energischen Hand zu sein.

Dazu wird Fouchée endlich einmal Gelegenheit geboten, endlich, zum erstenmal! 1809 ist ein Schicksalsjahr für Napoleon. Nie war trotz offenbarster äußerer Erfolge seine militärische Lage ähnlich gefährdet. In dem niedergeworfenen Preußen, in dem schlecht gebändigten Deutschland liegen in einzelnen Garnisonen fast wehrlos zehntausende Franzosen als Wächter von Hunderttausenden, die bloß auf den Ruf zur Waffe warten. Ein zweiter Erfolg der Österreicher wie jener bei Aspern, und von der Elbe bis zur Rhone muß ein Aufstand ausbrechen, Empörung eines ganzen Volkes. Auch in Italien steht es nicht zum besten: die grobe Mißhandlung des Papstes hat ganz Italien scharf gemacht wie die Erniedrigung Preußens ganz Deutschland, dabei ist Frankreich selbst müde. Gelänge es nun, noch einen neuen Stoß zu führen gegen diese, über ganz Europa hin vom Ebro bis zur Weichsel verteilte kaiserliche Militärmacht, wer weiß, ob er nicht den stark erschütterten ehernen Koloß umlegte. Und diesen Stoß planen die Erzfeinde Napoleons, die Engländer. Sie beschließen, während die Truppen des Kaisers bei Aspern, bei Rom und Lissabon verteilt sind, geradeswegs ins Herz Frankreichs vorzudringen, erst die Hafenplätze Dünkirchens zu fassen, Antwerpen zu erobern und den Aufstand der Belgier zu erzwingen. Napoleon, so rechnen sie, ist fern mit den kriegstüchtigen Armeen, mit seinen Marschällen und Kanonen; wehrlos liegt vor ihnen das Land.

Aber Fouché ist zur Stelle, derselbe Fouché, der 1793 unter dem Konvent gelernt hat, wie man zehntausende Rekruten in ein paar Wochen herausholt. Seine Energie hat sich seitdem nicht vermindert, aber nur im Dunkel konnte sie wirken, in kleinen Schlichen und Umtreibereien sich erschöpfen. Und mit Leidenschaft wirft er sich auf die Aufgabe, jetzt einmal vor der Nation und der ganzen Welt zeigen zu können, daß Joseph Fouché nicht bloß ein Hampelmann Napoleons ist und im Notfall ebenso entschlossen und zielkräftig zu handeln vermag wie der Kaiser selbst. Endlich muß einmal – wunderbare Gelegenheit, geradezu vom Himmel gefallen! – klipp und klar bewiesen werden, daß nicht das ganze militärische und moralische Schicksal einzig und allein an diesen einen Mann gebunden ist. Mit herausfordernder Kühnheit unterstreicht er in seinen Proklamationen diese Unnotwendigkeit Napoleons. „Beweisen wir Europa, daß, wenn auch das Genie Napoleons Frankreich seinen Glanz gibt, seine Gegenwart doch nicht notwendig ist, um den Feind zurückzuschlagen", schreibt er an die Bürgermeister und bestätigt diese kühnen selbstherrlichen Worte durch die Tat. Denn sofort, kaum daß er am 31. August von der Landung der Engländer auf der Insel Walcheren erfährt, verlangt er als Polizeiminister und als Innenminister (welches Amt er provisorisch bekleidet) die Einberufung der Nationalgardisten, die ruhig seit den Tagen der Revolution in ihren Dörfern als Schneider, Schlosser, Schuster und Bauern tätig sind. Die andern Minister entsetzen sich. Wie, ohne Erlaubnis des Kaisers, auf eigene Verantwortung eine so weitreichende Maßnahme veranlassen? Insbesondere der Kriegsminister, sehr empört, daß ihm da ein Zivilist, ein Unbefugter in sein geheiligtes Amt hineinredet, wehrt sich aus Leibeskräften: man müsse erst in Schönbrunn um Erlaubnis zur Mobilisierung bitten. Man müsse abwarten, was der Kaiser anordne, und nicht das Land in Unruhe bringen. Aber der Kaiser ist wie gewöhnlich vierzehn Posttage weit für Frage und Antwort, und Fouché fürchtet sich nicht, das Land in Unruhe zusetzen. Tut das Napoleon nicht auch? Im Innersten will er die Unruhe, will er den Aufruhr. Und so nimmt er entschlossen alles auf seine Kappe. Trommler und Befehle rufen im Namen des Kaisers in den bedrohten Provinzen jeden Mann zur sofortigen Verteidigungheran, im Namen des Kaisers, der von allen diesen Maßnahmen nichts weiß. Und zweite Kühnheit: Fouché ernennt zum Oberkommandanten dieser improvisierten Nordarmee Bernadotte, gerade den Mann von allen Generalen, den Napoleon, obgleich er der Schwager seines Bruders ist, wie keinen andern haßt, den er gemaßregelt und in die Verbannung geschickt hat. Aus dieser Verbannung holt ihn Fouché, dem Kaiser, den Ministern und allen seinen Feinden zum Trotz: ihm ist gleichgültig, ob der Kaiser seine Maßnahmen billigt. Wichtig ist nur, daß der Erfolg ihm recht gibt gegen alle.

Solche Verwegenheit in entscheidenden Sekunden gibt Fouché etwas von wirklicher Größe. Unruhig verzehrt sich dieser nervöse, arbeitswillige Geist nach großen Aufgaben, und immer werden ihm nur kleine gestellt, die er spielend erledigt. Nur natürlich, daß dann die überschüssige Kraft sich Auspuff und Freiheit in boshaften und meist sinnlosen Intrigen sucht. Aber im Augenblick, da man diesen Mann – genau wie zu Lyon und später nach dem Sturz Napoleons in Paris – vor eine wirklich welthistorische, vor eine seiner Kraft gemäße Aufgabe stellt, bewältigt er sie meisterhaft. Die Stadt Vlissingen, die Napoleon selbst als uneinnehmbar in seinen Briefen bezeichnet, fällt, ganz wie Fouché es besser vorausgesagt, den Engländern nach einigen Tagen in die Hände. Aber die von Fouché ohne Erlaubnis neugebildete Armee hat inzwischen Zeit gehabt, Antwerpen instand zu setzen, und so endet dieser Einbruch der Engländer mit einer vollständigen und sehr kostspieligen Niederlage. Zum erstenmal, seit Napoleon das Steuer hält, hat ein Minister im Lande gewagt, selbständig die Fahne zu entrollen, das Segel zu raffen, eigenen Kurs zu halten, und hat eben mit dieser Selbständigkeit Frankreich in einem Schicksalsaugenblick gerettet. Seit diesem Tage hat Fouché einen neuen Rang und ein neues Selbstbewußtsein.

Inzwischen sind in Schönbrunn die Anklagebriefe des Kanzlers und Kriegsministers, Beschwerden über Beschwerden angelangt, was für Kühnheiten dieser Zivilminister sich erlaube. Die Nationalgarde habe er einberufen, das Land in Kriegszustand versetzt! Alle hoffen sie, Napoleon werde diese Überhebung züchtigen und Fouché entlassen. Aber erstaunlicherweise, noch ehe er wissen kann, wie glänzend sich die Maßnahmen Fouchés bewährt haben, gibt der Kaiser seiner entschlossenen, rasch zupackenden Energie gegen alle andern recht. Der Kanzler bekommt eine grobe Nase: „Ich bin erbittert, daß

Sie unter so außerordentlichen Umständen Ihre Vollmacht so wenig ausgenützt haben. Sie hätten sofort auf die erste Nachricht hin zwanzigtausend, vierzigtausend oder fünfzigtausend Nationalgarden ausheben sollen", und wörtlich schreibt er an den Kriegsminister: „Ich sehe nur Herrn Fouché, der getan hat, was er konnte, und der das Unpassende gefühlt hat, in einer gefährlichen und entehrenden Untätigkeit zu verharren." So sind die ängstlichen, vorsichtigen und unfähigen Kollegen nicht nur überspielt durch Fouché, sondern auch eingeschüchtert durch die Zustimmung Napoleons. Und trotz Talleyrands und des Kanzlers steht Fouché an der ersten Stelle Frankreichs. Er hat als einziger gezeigt, daß er nicht nur gehorchen kann, sondern auch befehlen.

Immer wieder wird man an Fouché sehen: er kann herrlich handeln in einem Augenblick der Gefahr. Stellt ihn vor die schwierigste Situation, er wird sie bewältigen mit seiner kühn zufassenden klaren Energie. Gebt ihm den verwickeltsten Knoten, er wird ihn entwirren. Aber so großartig er zuzupacken versteht – die schwesterliche Kunst versteht er leider ganz und gar nicht, die Kunst aller politischen Künste: rechtzeitig wieder loszulassen. Wo er die Hand hineingeschoben, kann er sie nicht wieder herausziehen. Und gerade, wenn er den Knoten entwirrt hat, treibt ihn eine teuflische Spiellust, ihn künstlich wieder aufs neue zu verwirren. So auch diesmal. Dank seiner Raschheit, seiner flink sammelnden und zustoßenden Kraft ist der heimtückische Flankenstoß abgeschlagen. Mit furchtbarem Verlust an Menschen und Material, mit noch größerem an Prestige haben die Engländer ihre Armee wieder auf die Schiffe gepackt und sind heimgefahren. Jetzt kann man beruhigt abblasen, die einberufenen Nationalgarden mit Dank und Ehrenlegionen nach Hause schicken. Aber der Ehrgeiz Fouchés hat nun einmal Blut geleckt. Es war zu herrlich, Kaiser zu spielen, drei Provinzen aufzutrommeln, Befehle zu geben, Aufrufe zu verfassen, Ansprachen zu halten, den schwachmütigen Kollegen die Faust unter die Nase zu stecken. Und jetzt soll diese herrliche Zeit schon zu Ende sein? Jetzt schon, da man die eigene Tatkraft lustvoll fühlte in täglicher, stündlicher Entfaltung? Nein, Fouché denkt nicht daran. Lieber weiter Krieg und Verteidigung spielen, auch wenn man den Feind sich erst erfinden muß.

Nur weiter trommeln, das Land aufreißen, Unruhe schaffen, stürmische Bewegung. So befiehlt er auf eine angeblich bei Marseille beabsichtigte Landung der Engländer hin neuerliche Mobilisation. Die Nationalgarde in ganz Piemont, in der Provence und sogar Paris wird zum allgemeinen Erstaunen eingezogen, obwohl weit und breit in Land und Küste kein Feind zu sehen ist, einzig aus dem Grunde, weil Fouché vom Taumel, von der langentbehrten Lust des Organisierens und Mobilisierens ergriffen ist, weil der lang gedämmte, lang gehemmte Tatmensch in ihm sich dank der Abwesenheit des Weltgebieters einmal austoben kann. Aber gegen wen alle diese Armeen? fragt sich immer verwunderter das ganze Land. Die Engländer zeigen sich nicht. Nach und nach werden selbst die wohlwollenden unter seinen Kollegen mißtrauisch: was will dieser Undurchdringliche mit seinen wilden Mobilisationen? Sie verstehen nicht, daß sich bei Fouché nur eine geheime Spiellust an der eigenen Tätigkeitskraft berauscht. Und da sie weit und breit nicht die Spitze eines Bajonetts sehen, keinen Feind, gegen den sich diese ungeheuren Aufgebote täglich verstärken, beginnen sie Fouché unwillkürlich hochfliegende Pläne zu unterschieben; die einen: er bereite einen Aufstand vor, die andern: er wolle, wenn der Kaiser ein zweites Aspern erleide oder ein anderer Friedrich Staps mit seinem Attentat mehr Glück habe, sofort die alte Republik ausrufen; und nun jagt Brief auf Brief ins Hauptquartier nach Schönbrunn, Fouché sei toll oder ein Verschwörer geworden. Jetzt wird schließlich Napoleon trotz seines Wohlwollens stutzig. Er sieht, Fouché ist zu hoch ins Kraut geschossen, man muß ihn wieder ducken. Der Wind in den Briefen schlägt scharf um. Er rüffelt ihn zusammen, nennt ihn ›einen Don Quichotte, der sich mit Windmühlen herumschlägt‹, und schreibt im alten harten Ton: ›Alle Nachrichten, die ich empfange, berichten mir von Nationalgarden, die man in Piemont, in Languedoc, in der Provence, in der Dauphine aushebt. Was zum Teufel will man mit all diesen machen, wenn keine Notwendigkeit vorliegt, und das doch ohne meine Befehle nicht geschehen durfte!‹ So muß Fouché erbitterten Herzens vom Herrenspiel lassen, das Ministerium des Innern abgeben und – Besen, Besen, bists gewesen – wieder in die Ecke, wieder Polizeiminister spielen seines ruhmreich heimkehrenden, seines ihm zu früh heimgekehrten Herrn.

Immerhin, wenn er auch zuviel getan, Fouché hat als einziger inmitten der Verängstigung der anderen Minister in höchster Gefahr des Vaterlands etwas Rechtzeitiges und Richtiges getan. So kann Napoleon ihm nicht länger die Ehre verweigern, die er schon so vielen andern gewährt. Nun, da ein neuer Adel auf der blutüberdüngten Erde Frankreichs emporgezüchtet, da allen Generalen, Ministern und Handlangern der Name nobel gemacht wird, kommt auch Fouché, der alte Aristokratenfeind, an die Reihe, selbst Aristokrat zu werden.

Der Grafentitel war ihm in aller Stille schon früher zugeschneidert worden. Aber der alte Jakobiner soll noch höher steigen auf dieser luftigen Leiter der

Namen. Am 15. August 1809 unterschreibt und siegelt im Palast Seiner Apostolischen Majestät, des Kaisers von Österreich, in dem Prachtgemache von Schönbrunn, der einstige kleine Leutnant aus Korsika dem einstigen Kommunisten und entlaufenen Priesterlehrer eine gutwillige Eselshaut, kraft welchen Pergaments Joseph Fouché sich von nun ab – Respekt! – Herzog von Otranto nennen darf. Er hat zwar nicht bei Otranto gefochten und diese süditalienische Landschaft nie mit Augen erblickt, aber gerade so ein fülliger, fremdtönender Adelsname eignet sich trefflich, um einen ehemaligen Erzrepublikaner zu maskieren, denn wenn er recht rauschend ausgesprochen wird, kann man vergessen, daß hinter diesem Herzog der Henker von Lyon, der alte Fouché des Einheitsbrotes und der Vermögenskonfiskationen steckt. Und damit er sich recht als Ritter fühle, wird ihm noch die Insignie seines Herzogtums verliehen: ein funkelnagelneues Wappenschild. Aber sonderbar: Hat Napoleon selbst diese gefährliche charakteristische Anspielung beabsichtigt, oder hat der amtsbestallte Heraldiker sich privatim ein psychologisches Späßchen geleistet? Jedenfalls, das Wappen des Herzogs von Otranto zeigt als Mittelstück eine goldene Säule – wohl passend für diesen leidenschaftlichen Liebhaber des Goldes. Und um diese goldene Säule windet sich eine Schlange – wahrscheinlich gleichfalls eine zarte Andeutung auf die diplomatische Biegsamkeit des neuen Herzogs. Er muß wahrhaftig kluge Heraldiker im Dienst gehabt haben, Napoleon, denn ein charakteristischeres Wappen hätte man nicht erfinden können für einen Joseph Fouché.

Sechstes Kapitel
Der Kampf gegen den Kaiser
1810

Ein großes Beispiel verdirbt oder erhöht immer ein ganzes Geschlecht. Tritt ein Mann wie Napoleon Bonaparte in die Zeit, so trifft wohl alle Menschen seiner Nähe die Wahl, entweder sich klein zu machen vor ihm und spurlos vor seiner Größe zu verschwinden oder die eigene Kraft an seinem Beispiel ins Maßlose zu spannen. Die Männer um Napoleon können nur seine Sklaven werden oder seine Rivalen: solche überragende Gegenwart duldet auf die Dauer kein mittleres Maß.

Fouché ist einer von jenen, die Napoleon aus dem Gleichgewicht gerissen. Er hat ihm die Seele vergiftet mit dem gefährlichen Beispiel der Ungenügsamkeit, mit dem dämonischen Zwang, sich ständig zu übersteigern: auch er will nun, wie sein Herr, die Grenzen seiner Macht unablässig dehnen und spannen, auch er ist verloren für das stillgeruhige Beharren, für gemächliche Zufriedenheit. Darum welch eine Enttäuschung waren die Tage, da Napoleon als Triumphator wieder aus Schönbrunn heimkehrt und die Zügel selbst in die Hand nimmt! Wie herrlich waren die Monate, da man nach freiem Gutdünken schalten konnte, Armeen auftrommeln, Proklamationen erlassen, über den Kopf der ängstlichen Kollegen kühne Maßnahmen treffen, Herr sein endlich einmal über ein Land, Spieler am großen Tisch des Weltschicksals! Und jetzt soll Joseph Fouché wieder nichts als Polizeiminister sein, Unzufriedene und Zeitungsschwätzer überwachen, aus Spionenberichten täglich sein langweiliges Bulletin zusammenflicken, sich um Läppereien kümmern, etwa mit welcher Frau Talleyrand ein Verhältnis und wer gestern den Sturz der Rente an der Börse verschuldet habe. Nein, das ist, seit er die Hand im Weltgeschehen, am Steuer der großen Politik gefühlt, nur noch Kleinkram und verächtliche Papierkrümelei für diesen unruhigen, geschehnislüsternen Geist. Wer einmal mit so hohem Einsatz gespielt, findet sich nie mehr mit derlei Bagatellen zurecht. Lieber noch einmal zeigen, daß auch neben Napoleon Raum ist zu Taten –, dieser Gedanke will ihn nicht mehr loslassen.

Aber was wäre noch zu leisten neben Einem, der alles geleistet hat, der Rußland niedergeworfen, Deutschland, Österreich, Spanien und Italien, dem der Kaiser der ältesten Dynastie Europas eine Erzherzogin zur Gemahlin gibt, der den Papst und die Jahrtausende alte Vorherrschaft Roms gestürzt und von Paris aus ein europäisches Weltreich gegründet hat? Nervös, fieberhaft, eifersüchtig lugt der Ehrgeiz Fouchés nach allen Seiten auf der Suche nach einer Aufgabe. Und tatsächlich: in dem Gebäude der Weltherrschaft fehlt nur die letzte oberste Zinne, der Friede mit England, dann erst wäre das Werk vollendet. Und diese letzte europäische Tat will nun Joseph Fouché allein vollbringen, ohne Napoleon und gegen Napoleon.

England ist – 1809 noch genau wie 1795 – der Urfeind, der gefährlichste Gegner Frankreichs. Vor den Toren von Akkon, vor den Schanzen von Lissabon, an allen Enden der Welt ist Napoleons Wille gegen die nervenkalte, überlegte, methodische Kraft der Angelsachsen gestoßen, und während er alles Land Europas eroberte, haben sie ihm die andere Hälfte der Welt, das Meer, entrungen. Er kann sie nicht fassen und sie nicht ihn, beide mühen sie sich seit fast zwanzig Jahren in immer wieder erneuter Anstrengung, einer den andern zu erledigen. Beide haben sie sich in diesem widersinnigen Kampf fürchterlich geschwächt, und beide sind sie schon, ohne es einzugestehen, ein wenig müde. Die Banken in Frankreich, Antwerpen und Hamburg fallieren, seit die

Engländer den Handel ihnen abwürgen; auf der Themse wiederum stauen sich die Schiffe mit unverkauften Waren, immer tiefer sinkt die englische wie die französische Rente, und in beiden Ländern treiben die Kaufleute, die Bankherren, die Vernunftsmenschen zur Verständigung und leiten ganz zaghaft leise Verhandlungen ein. Aber Napoleon scheint es wichtiger, daß sein brüderlicher Schwachkopf Joseph die Königskrone von Spanien behält und seine Schwester Karoline Neapel; so bricht er die mühsam über Holland angeknüpften Friedensverhandlungen ab und hämmert mit der Eisenfaust auf seine Verbündeten, daß sie die englischen Schiffe aussperren, ihre Waren ins Meer schütten, und schon gehen nach Rußland drohende Briefe, sich gleichfalls der Kontinentalsperre zu unterwerfen. Wieder einmal erwürgt Leidenschaft die Vernunft, und der Krieg droht sich zu verewigen, wenn nicht in letzter Stunde die Friedenspartei Mut faßt und zur Tat schreitet. Bei diesen frühzeitig abgerissenen Verhandlungen mit England hat auch Fouché seine Hände im Spiel gehabt. Er hat dem Kaiser und dem König von Holland den Vermittler besorgt, einen französischen Finanzmann, dieser einen holländischen, dieser dann seinerseits einen englischen; über die bewährte goldene Brücke gingen – wie während jedes Krieges und zu allen Zeiten – geheime Versuche zur Verständigung von Regierung zu Regierung. Jetzt aber hat der Kaiser brüsk befohlen, die Verhandlungen einzustellen. Das paßt Fouché nicht. Warum nicht weiter verhandeln? Verhandeln, Markten, Versprechen und Narren ist ja seine liebste Leidenschaft. So faßt er einen verwegenen Plan.

Er beschließt, auf eigene Faust weiter zu verhandeln, allerdings scheinbar im Auftrag des Kaisers, also sowohl die eigenen Agenten wie das englische Amt im besten Glauben zu lassen, der Kaiser bemühe sich durch sie um den Frieden, während in Wahrheit einzig der Herzog von Otranto die Drähte zieht. Das ist ein tolles Stück, ein frecher Mißbrauch des kaiserlichen Namens und seines eigenen Ministeramts, eine welthistorische Frechheit ohnegleichen. Aber solche Geheimnisse, solche zweideutige und labyrinthische Spiele, nicht einen, sondern drei oder vier gleichzeitig zu mystifizieren, sind ja des geborenen und geschworenen Intriganten Fouché ureigentliche Leidenschaft. Wie ein Schuljunge die Grimasse hinter der Schulter des Lehrers, liebt er die Extratouren hinter dem Rücken des Kaisers, und genau wie der verwegene Bub riskiert er gerne Prügel oder einen Verweis um der bloßen Freude willen an der Frechheit, an dem Schwindel. Hundertmal, man hat es gesehen, ergötzt er sich an solchen politischen Seitensprüngen – niemals aber hat er sich eine kühnere, eigenmächtigere und gefährlichere Tat erlaubt, als scheinbar im Namen des Kaisers und in Wirklichkeit gegen dessen Willen mit dem englischen

Außenamt über den Frieden zwischen Frankreich und England zu verhandeln. Die Zettelei ist genial vorbereitet. Er holt zu diesem Behuf einen seiner dunklen Finanzmänner heran, den Bankier Ouvrard, der schon ein paarmal mit dem Kopf an die Gefängniswand gestreift ist. Napoleon verabscheut diesen üblen Gesellen wegen seines schlechten Rufes, doch das stört Fouché wenig, der mit ihm zusammen an der Börse arbeitet. Bei diesem Mann weiß er sich sicher, denn er hat ihm zu verschiedenen Malen aus der Patsche geholfen und hat ihn fest an der Kandare. Diesen Ouvrard nun schickt er zu dem holländischen Bankier de Labouchère, einem tonangebenden Mann, der sich guten Glaubens an seinen Schwiegervater, den Bankier Baring in London, wendet, der ihn wiederum mit dem englischen Kabinett in Beziehung bringt. Und nun ergibt sich ein tolles Kreiselspiel: Ouvrard glaubt selbstverständlich, Fouché handle im Auftrag des Kaisers, und gibt seine Mitteilung als offiziell an die holländische Regierung weiter. Diese Versicherung genügt wieder den Engländern, die Verhandlungen durchaus ernst zu nehmen. So meint England, mit Napoleon zu verhandeln, und verhandelt nur mit Fouché, der sich natürlich sorgfältig hütet, den Kaiser von dem geheimen Fortgang zu verständigen. Er will erst die Sache schön ausreifen lassen, die Schwierigkeiten ausgleichen, um dann plötzlich als der Deus ex machina vor den Kaiser und das französische Volk zu treten und stolz zu sagen: „Hier ist der Friede mit England! Was alle wollten und alle begehrten, was keinem eurer Diplomaten gelang, das habe ich, der Herzog von Otranto, als Fleißaufgabe allein geleistet."

Aber schade! Ein kleiner dummer Zufall stört dieses herrlich aufregende Schachspiel. Napoleon ist mit seiner jungen Frau Maria Louise nach Holland zum Besuche seines Bruders Ludwig gefahren. Rauschender Empfang läßt ihn die Politik vergessen. Aber eines Tages, bei einem zufälligen Gespräch, erkundigt sich sein Bruder König Ludwig, selbstverständlich wie alle andern voraussetzend, jene geheimen Verhandlungen mit England gingen im Einverständnis des Kaisers, nach den Fortschritten der Verständigung. Napoleon stutzt auf. Blitzhaft erinnert er sich, diesem verhaßten Ouvrard gerade in Antwerpen begegnet zu sein. Was geht da vor? Was hat dieses Hin und Her zwischen England und Holland zu bedeuten? Aber er läßt seine Überraschung nicht merken: nur ganz lässig bittet er seinen Bruder, er möchte ihm doch den Briefwechsel des holländischen Bankiers gelegentlich zustellen. Das geschieht sofort, und auf dem Rückweg von Holland nach Paris hat Napoleon Gelegenheit, ihn zu lesen: tatsächlich eine Verhandlung, von der er keine Ahnung hatte. Mit maßloser Wut wittert er sofort die Wilddiebfährte des Herzogs von Otranto, der wieder einmal auf fremdem Grunde pirscht. Aber selbst listig geworden an diesem Listigen, versteckt er zunächst seinen Verdacht unter hinterhältiger Höflichkeit, um den Geschmeidigen nicht zu warnen und auswischen zu lassen. Nur dem Kommandanten seiner Gendarmerie, Savary, dem Herzog von Rovigo, vertraut er sich an und befiehlt ihm, rasch und unauffällig den Bankier Ouvrard zu verhaften und sich aller seiner Papiere zu bemächtigen.

Dann erst, am 2. Juni, drei Stunden nach diesem Befehl, beruft er seine Minister nach Saint-Cloud und fragt grob und ohne Umschweife den Herzog von Otranto, inwieweit er Kenntnis habe von irgendwelchen Reisen des Bankiers Ouvrard, und ob er ihn am Ende selbst nach Amsterdam geschickt. Fouché, überrascht, aber noch lange nicht die Falle ahnend, in die er geraten, handelt wie gewöhnlich, wenn man ihn am Ärmel faßte; genau wie seinerzeit unter der Revolution mit Chaumette und unter dem Direktorium mit Baboeuf sucht er freizukommen, indem er seinen Spießgesellen glatt abschüttelt. Ach, Ouvrard, das sei so ein zudringlicher Mensch, der sich gern in allerhand Dinge einmenge, und außerdem sei die ganze Sache doch herzlich belanglos, eine Spielerei, eine Kinderei. Aber Napoleon hat einen harten Griff, er läßt nicht so leicht locker. „Das sind keine unbedeutenden Anzettelungen", pafft ihn Napoleon an. „Das ist eine unerhörte Pflichtvergessenheit, wenn man sich erlaubt, mit dem Feind hinter dem Rücken seines Landesherrn zu unterhandeln, auf Bedingungen, die er nicht kennt und vermutlich nie genehmigen wird. Eine Pflichtverletzung ist das, die auch die schwächste Regierung nicht dulden würde. Ouvrard muß auf der Stelle verhaftet werden." Nun wird es Fouché ungemütlich. Das fehlte noch, Ouvrard zu verhaften! Der würde aus der Schule schwatzen! So bemüht er sich mit allerhand Ausflüchten, den Kaiser von dieser Maßregel abzubringen. Aber der Kaiser, der weiß, daß zu dieser Stunde sein eigener Polizist den Bankier bereits hinter Schloß und Riegel hat, hört dem Entlarvten nur noch höhnisch zu. Er kennt jetzt den eigentlichen Anstifter dieser verwegenen Zettelei, und die bei Ouvrard beschlagnahmten Papiere enthüllen sehr bald Fouchés ganzes Spiel.

Nun bricht der Blitz aus der lange gesammelten Wolke des Mißtrauens. Am nächsten Tage, einem Sonntage, ruft Napoleon nach der Messe (man ist, obwohl man ein paar Jahre vorher noch den Papst verhaftete, als Schwiegersohn der Apostolischen Majestät wieder fromm geworden) alle Minister und Hofwürdenträger zum Morgenempfang. Ein einziger fehlt: der Herzog von Otranto. Obwohl Minister, ist er nicht gebeten. Der Kaiser läßt seinen Rat rings um den Tisch Platz nehmen und beginnt unvermittelt mit der Frage: „Wie denken Sie über einen Minister, der seine Stellung mißbraucht und ohne

Wissen seines Herrschers einen Verkehr mit einer fremden Macht anknüpft? Der auf Grundlagen, die er sich nur selbst ausgedacht hat, Verhandlungen führt und derart die Politik des ganzen Landes bloßstellt? Welche Strafe findet sich in unseren Gesetzbüchern für eine solche Pflichtverletzung?“ Nach dieser strengen Frage sieht der Kaiser im Kreise herum, zweifellos erwartend, nun würden alle seine Ratgeber und Kreaturen eilig Verbannung oder sonst eine schmachvolle Maßnahme vorschlagen. Aber siehe, die Minister, obwohl sofort erratend, gegen wen der Pfeil gezielt ist, hüllen sich in peinliches Schweigen. Im Grunde geben sie alle Fouché recht, daß er sich energisch um den Frieden bemüht habe, und als echte rechte Diener freuen sie sich über den verwegenen Streich, den er dem Autokraten gespielt. Talleyrand (nicht mehr Minister, aber als Großwürdenträger zu dieser wichtigen Angelegenheit berufen) lächelt leise in sich hinein, er erinnert sich seiner eigenen Demütigung vor zwei Jahren, und ihn ergötzt die Verlegenheit, in der sich jetzt Napoleon und anderseits Fouché befinden, die er beide nicht liebt. Endlich bricht der Großkanzler Cambacères das Schweigen und äußert vermittelnd: „Es ist dies ohne Zweifel ein Fehltritt, der strenge Strafe verdiente, es sei denn, daß der Schuldige durch ein Übermaß von Diensteifer sich zu diesem Irrtum verleiten ließ.“ „Übermaß des Diensteifers!“ fährt Napoleon zornig auf– die Antwort paßt ihm nicht, denn er will keine Entschuldigung, sondern strenges Exempel, eine augenfällige Bestrafung jeder Selbständigkeit. Aufgeregt erzählt er den ganzen Hergang und fordert die Anwesenden auf, ihm einen Nachfolger vorzuschlagen.

Aber wiederum: keiner der Minister beeilt sich, in so leidiger Sache mitzureden – die Angst vor Fouché kommt bei ihnen allen gleich hinter der Angst vor Napoleon. Schließlich hilft sich Talleyrand wie immer bei schwierigen Gelegenheiten mit einem geschickten Witzwort. Er wendet sich zu seinem Nachbar und sagt halblaut: „Ohne Zweifel hat Herr Fouché einen Fehler begangen, aber wenn ich ihm einen Nachfolger geben sollte, und ich würde ihm einen Nachfolger geben, so wäre es niemand anders als Herr Fouché selbst.“ Unzufrieden über seine Minister, die er selbst zu Automaten und mutlosen Mamlucken gemacht, hebt Napoleon die Sitzung auf und ruft den Kanzler in sein Kabinett. „Wirklich, es ist nicht der Mühe wert, diese Herren zu befragen. Sie sehen, welche nützlichen Vorschläge man von ihnen zu erwarten hat. Aber Sie glauben doch nicht, daß ich ernstlich daran dachte, sie zu befragen, bevor ich selbst mit mir im reinen war. Meine Wahl ist getroffen, der Herzog von Rovigo wird Polizeiminister.“ Und ohne daß sich dieser äußern kann, ob er zu solcher unangenehmen Nachfolge Neigung habe oder nicht, begrüßt ihn noch am selben Abend der Kaiser mit dem brüsken Befehl: „Sie sind Polizeiminister. Leisten Sie den Eid und gehen Sie an Ihre Arbeit!"

Die Entlassung Fouchés wird sofort Tagesgespräch, und mit einem Ruck stellt sich die ganze Öffentlichkeit auf seine Seite. Nichts hat diesem doppelzüngigen Minister so viele Sympathieen erworben als gerade sein Widerstand gegen das schrankenlose und für das an Freiheit gewöhnte französische Geschlecht schon unerträgliche Zarentum eines durch die Revolution hochgekommenen Mannes. Und niemand will außerdem einsehen, daß es ein strafwürdiges Verbrechen gewesen, auch gegen den Willen des Kriegswütigen endlich Frieden mit England zu suchen.

Alle Parteien, die Royalisten, die Republikaner und die Jakobiner, und ebenso die auswärtigen Gesandten beklagen einmütig in dem Sturz des letzten freimütigen Ministers Napoleons die sichtliche Niederlage des Friedensgedankens, und sogar im eigenen Palast, in seinem eigenen Schlafzimmer muß Napoleon, ebenso wie bei seiner ersten Gattin Josephine, nun auch bei der zweiten, Maria Louise, einen Anwalt für Joseph Fouché finden. Der einzige Mensch in ihrer Umgebung, auf den sie ihr Vater, der Kaiser von Österreich, als vertrauenswürdig hingewiesen habe, sei nun entlassen, äußert sie betroffen. Nichts drückt deutlicher die wahre Stimmung des damaligen Frankreich aus, als daß Mißgunst des Kaisers das Ansehen eines Mannes in der Öffentlichkeit erhöht; und der neue Polizeiminister Savary faßt den niederschmetternden Eindruck von Fouchés Entlassung in die charakteristischen Worte zusammen: „Ich glaube, die Nachricht vom Ausbruch einer Pest hätte nicht mehr Schrecken verbreiten können als die meiner Ernennung zum Polizeiminister." Wahrhaftig, er ist mit dem Kaiser stark geworden in diesen zehn Jahren, Joseph Fouché.

Auf welchem Weg, man weiß es nicht, muß auch der Rücklauf dieser Auswirkung bis zu Napoleon gelangt sein. Denn kaum, nachdem er Fouché den Stoß aus dem Amt gegeben, zieht er noch eilig Handschuhe über die Faust. Nachträglich wird die Entlassung, genau wie die erste 1802, noch vergoldet und als Verwendung in anderer Stelle maskiert. Dem Herzog von Otranto wird für den Verlust des Polizeiministeriums der Ehrentitel eines Staatsrates verliehen, und er wird zum Botschafter der Monarchie in Rom ernannt. Und nichts charakterisiert die zwischen Furcht und Zorn, zwischen Vorwurf und Dank, zwischen Erbitterung und Versöhnlichkeit schwankende Stimmung des Kaisers besser als der nur zum persönlichen Gebrauch bestimmte Abschiedsbrief. „Herr Herzog von Otranto, ich weiß, welche Dienste Sie mir geleistet haben, und glaube an Ihre Anhänglichkeit an meine Person und an Ihren Eifer für meinen Dienst. Dennoch ist es mir unmöglich, Ihnen die Ministerstelle zu lassen, ich würde mir dadurch zuviel vergeben.

Die Stelle eines Polizeiministers verlangt volles, unbeschränktes Zutrauen, und dieses Zutrauen kann nicht mehr bestehen, seit Sie in einer wichtigen Angelegenheit meine Ruhe und die des Staates aufs Spiel gesetzt haben, was in meinen Augen selbst nicht durch löbliche Beweggründe entschuldigt werden kann. Ihre sonderbare Ansicht von den Pflichten eines Polizeiministers verträgt sich nicht mit dem Wohl des Staates. Ohne an Ihrer Anhänglichkeit und Treue zu zweifeln, müßte ich Sie doch einer steten ermüdenden Aufsicht unterwerfen, die mir nicht zugemutet werden kann. Ihre Beaufsichtigung wäre notwendig wegen der vielen Dinge, die Sie auf eigene Hand tun, ohne zu wissen, ob sie meinem Willen, meinen Absichten entsprechen .... Ich kann nicht hoffen, daß Sie Ihre Handlungsweise ändern, da schon seit Jahren auffallende Bezeigungen meines Mißfallens keine Änderung bei Ihnen bewirkt haben. Gestützt auf die Reinheit Ihrer Absichten haben Sie nicht begreifen wollen, daß man viel Unheil anrichten kann mit der Absicht, Gutes zu tun. Mein Vertrauen auf Ihre Begabung und Ihre Treue ist unerschüttert. Ich hoffe bald Gelegenheit zu finden, jenes zu beweisen und diese für meine Dienste zu benützen." Dieser Brief schließt wie ein geheimer Schlüssel die innerste Beziehung Napoleons zu Fouché auf, und man nehme sich die Mühe, dieses kleine Meisterwerk ein zweites Mal zu lesen, um zu spüren, wie Wille und Gegenwille, Anerkennung und Abneigung, Furcht und geheime Achtung sich in jedem Satze überschneiden. Der Autokrat will einen Sklaven und ist erbittert, einen selbständigen Menschen zu finden. Er will sich seiner entledigen und fürchtet doch, sich ihn zum Feinde zu machen. Er bedauert, ihn zu verlieren, und ist gleichzeitig glücklich, den Gefährlichen los zu sein. Aber mit Napoleons Selbstbewußtsein ist in gleichen Riesenmaßen auch das seines Ministers gewachsen, und die allgemeine Sympathie steift Joseph Fouché noch straffer den Rücken. Nein, so einfach läßt sich der Herzog von Otranto nicht mehr wegschicken. Napoleon soll sehen, wie sein Polizeiministerium aussieht, wenn man Joseph Fouché die Tür von außen zeigt, und sein Nachfolger soll merken, daß man sich in ein Wespennest setzt und nicht auf einen Ministersessel, wenn man die Kühnheit wagt, ihn ersetzen zu wollen. Nicht für einen plumpfingrigen Schnauzbart wie Savary, einen solchen diplomatischen Neuling, hat er in zehn Jahren dieses prachtvoll abgestimmte Instrument geschaffen, nicht dafür, daß ein Stümper darauf tölpisch weiterwerkele und als eigene Leistung ausgebe, was sein Vorgänger in mühevollen arbeitsamen Tagen und Nächten ersonnen. Nein, so bequem wie die beiden sichs vorstellen, soll es mit seiner Verabschiedung nicht werden. Sie sollen beide erfahren, Napoleon und Savary, daß ein Joseph Fouché nicht wie die andern bloß den krummen Rücken, sondern auch die Zähne zeigt.

Fouché ist entschlossen, nicht mit gesenktem Haupt wegzugehen. Er will keinen faulen Frieden, keine gelassene Kapitulation. Offenen Widerstand zu leisten, so töricht ist er freilich nicht, das liegt nicht in seiner Art. Nur ein Späßchen will er sich machen, ein kleines, witziges, munteres Späßchen, an dem Paris sich ergötzen und Savary lernen soll, daß es famose Fußangeln im Revier des Herzogs von Otranto gibt. Immer wieder muß an den merkwürdigen, diabolischen Charakterzug Joseph Fouchés erinnert werden, daß gerade seine äußerste Erbitterung eine grimmige Spaßlust erzeugt, daß sein Mut, wenn er sich steigert, nicht mannhaft wird, sondern ein grotesk-gefährlicher Über-Mut. Nie schlägt er, wenn ihm jemand nahe kommt, mit der Faust zu, sondern immer und gerade in der größten Erbitterung mit der Narrenpeitsche, freilich so, daß sie den andern zum Narren macht. Alles, was in diesem verhaltenen, verschlossenen Menschen an leidenschaftlichen Instinkten steckt, schäumt und moussiert bei solchen Gelegenheiten schußhaft heraus, und diese Momente der scheinbaren Lustigkeit im Zorn sind gleichzeitig diejenigen, die das Untergründig-Hitzige, das Dämonisch-Diabolische seiner Natur am besten enthüllen.

Ein scharfes Späßchen also für seinen Nachfolger! Das kann nicht schwer zu erfinden sein, zumal wenn man es mit einem arglosen Tölpel zu tun hat. Der Herzog von Otranto zieht also die Galauniform und eine besonders höfliche Miene an, um seinen Nachfolger bei seinem Antrittsbesuche zu empfangen. Und tatsächlich, kaum erscheint Savary, Herzog von Rovigo, da überströmt er ihn stürmisch mit Liebenswürdigkeiten. Nicht nur, daß er ihn beglückwünscht zu der sehr ehrenden Wahl des Kaisers, er bedankt sich geradezu, daß er ihm dieses Amt abgenommen habe, das ihn ermüde und ihm allzulange schon auf den Schultern laste. Ach, er sei jetzt so glücklich, so zufrieden, ein wenig ausruhen zu dürfen von der ungeheuerlichen Arbeit. Denn eine ungeheuerliche Arbeit, ja, eine undankbare Arbeit, das sei dies Ministerium – der Herzog werde dies bald selber sehen, besonders da er sie nicht gewohnt sei. Immerhin, er würde ihm gern gefällig sein, indem er das ein wenig ungeordnete Ministerium – die Entlassung habe ihn ja ziemlich unvorbereitet getroffen – rasch in gute Ordnung bringe. Freilich, das erfordere ein paar Tage Zeit, aber wenn der Herzog von Rovigo einverstanden sei, so wolle er, Fouché, gern diese kleine Mühe noch auf sich nehmen, und unterdes könnte ja auch seine Frau, die Herzogin von Otranto, die Übersiedlung bequem durchführen. Der gute Savary, der Herzog von Rovigo, spürt nicht den Pfeffer im Honig. Er ist nur freudig erstaunt über so viel Liebenswürdigkeit bei einem Mann, den doch alle als boshaft und verschlagen schildern, ja, er bedankt sich sogar noch höflich bei dem Herzog von Otranto für die außerordentliche Gefälligkeit. Natürlich solle er noch bleiben, solange es ihm nur passe; er verbeugt sich und schüttelt dem braven, allzu verkannten Fouché gerührt die Hand.

Wie schade, daß man das Gesicht Joseph Fouchés nicht sehen und nicht zeichnen konnte in dem Augenblick, da sich die Tür hinter seinem geprellten Nachfolger schloß. Dummkopf, glaubst du wirklich, ich werde dir noch Ordnung machen und die letzten Geheimnisse, die ich in zehn Jahren mühsamer Arbeit zusammengestückelt, für deine plumpen Flossen in geordneten Mappen übersichtlich und handlich hinlegen? Dir die Maschine noch ölen und sauber machen, meine wundervoll ersonnene, die so prächtig lautlos, Zahn in Zahn, Rad in Rad, unsichtbar aus einem ganzen Reiche Nachrichten in sich saugt und verarbeitet? Dummkopf, du wirst noch Augen machen!

Sofort beginnt ein tolles Treiben. Ein vertrauter Freund ist bestellt, ihm zu helfen. Sorgfältig wird die Tür zum Kabinett verriegelt, und nun werden alle wichtigen und geheimen Papiere hastig aus den Dossiers gerissen. Alle, die ihm einst noch als Waffen dienen können, die anklägerischen und verräterischen, nimmt sich Joseph Fouché zu privater Verwendung mit, die andern werden rücksichtslos verbrannt. Wozu braucht Herr Savary zu wissen, wer in dem vornehmen Viertel des Faubourg Saint-Germain, wer in der Armee, bei Hof Spitzeldienste leistet? Es könnte ihm die Arbeit zu leicht machen. Also ins Feuer mit den Listen! Nur die Namen der ganz wertlosen Zubringer und Angeber, der Hausmeister und Huren, von denen er ohnehin nichts Wichtiges erfährt, die mag er behalten. Blitzschnell leeren sich die Kartone. Die kostbaren Verzeichnisse mit den Namen der auswärtigen Royalisten, der Geheimkorrespondenten, verschwinden, künstlich wird überall Unordnung erzeugt, die Registratur zerstört, Akten werden mit falschen Nummern versehen, die Chiffren umgestellt und gleichzeitig die wichtigsten Angestellten des zukünftigen Ministers als Spione in geheimen Dienst genommen, damit sie dem ehemaligen und wirklichen Herrn geheim weiterberichten. Schraube um Schraube lockert und bricht Fouché heraus aus der riesigen Maschinerie, damit das Zahnwerk nicht mehr ineinandergreife und der Umschwung in den Händen des ahnungslosen Erben vollkommen stockt. Wie die Russen ihre heilige Stadt Moskau vor Napoleon verbrennen, damit er dort kein behagliches Quartier finde, so zerstört und unterminiert Fouché sein eigenes geliebtes Lebenswerk. Vier Tage, vier Nächte raucht der Kamin, vier Tage und vier Nächte dauert diese Teufelsarbeit. Und ohne daß jemand im Umkreis das geringste ahnt, flattern die Geheimnisse des Reichs als unfaßbare Materie zum Rauchfang hinaus oder wandern in die Schränke nach Ferrières.

Dann noch eine besonders höfliche, besonders liebenswürdige Verbeugung vor dem ahnungslosen Nachfolger: Bitte, nehmen Sie Platz! Ein Händedruck und ein verschlagen entgegengenommener Dank. Eigentlich sollte sich der Herzog von Otranto jetzt mit Eilpost nach Rom zu seiner Gesandtschaft begeben. Aber er zieht es vor, zunächst noch nach Ferrières auf sein Schloß zu reisen. Und dort wartet er, innerlich bebend vor Ungeduld und Lust, auf den ersten Zornschrei seines geprellten Nachfolgers, sobald der das Späßchen bemerken wird, das Joseph Fouché ihm gespielt hat.

Nicht wahr, das Stückchen ist herrlich ersonnen, raffiniert gespielt und verwegen zu Ende geführt? Nur leider, ein kleiner Denkfehler ist Joseph Fouché bei dieser muntern Mystifikation untergelaufen. Er denkt nämlich, mit dem unerfahrenen, frischgebackenen Herzog, diesem Ministersäugling sein Späßchen zu haben. Aber er vergißt, daß dieser Platzhalter zum Minister bestellt ist von einem Herrn, der nicht mit sich spaßen läßt. Ohnehin beobachtet schon Napoleon mißtrauischen Blicks das Verhalten Fouchés. Ihm gefällt dieses langwierige Zögern bei der Übergabe nicht, dieses endlose Hinausziehen der Reise nach Rom. Außerdem hat die Untersuchung gegen Ouvrard, den Helfershelfer Fouchés, ein unerwartetes Resultat erbracht, nämlich daß Fouché schon vorher einem andern Zwischenträger Noten an das englische Kabinett mitgegeben hat. Und mit Napoleon zu spaßen, ist bisher noch niemand gut bekommen. Plötzlich, am 17. Juni, saust wie ein Peitschenhieb ein schneidendes Billett nach Ferrières hinüber: „Herr Herzog von Otranto, ich ersuche Sie, mir jenen Bericht zu übersenden, den Sie, um Lord Wellesley zu sondieren, einem Herrn Fagan übergaben, der Ihnen von diesem Lord eine Antwort brachte, die mir niemals bekannt geworden ist." Dieser harte Fanfarenton könnte einen Toten aufwecken. Aber Fouché, ganz betrunken von Selbstgefühl und Übermut, beeilt sich nicht mit der Antwort. Inzwischen ist in den Tuilerien Öl ins Feuer geflossen. Savary hat die Plünderung des Polizeiministeriums entdeckt und bestürzt dem Kaiser gemeldet. Sofort saust ein zweites Billett, ein drittes hinüber, unverzüglich „das ganze Ministerportefeuille" auszuliefern. Der Kabinettssekretär überbringt den Befehl persönlich und hat Auftrag, sofort die widerrechtlich entnommenen Papiere dem Herzog von Otranto abzunehmen. Der Spaß ist zu Ende, der Kampf beginnt.

Der Spaß ist zu Ende, wahrhaftig: Fouché sollte das jetzt einsehen. Aber es ist, als ob ihn der Teufel ritte, sich ganz ernstlich mit Napoleon, mit dem stärksten Mann der Welt, zu messen. Denn er erklärt dem Abgesandten, glatt gegen die Wahrheit, er bedaure unendlich, aber er habe keine Briefe. Er habe alle verbrannt. Das glaubt natürlich Fouché kein Mensch, und am wenigsten Napoleon. Ein zweites Mal läßt er ihn mahnen, härter, dringlicher: man kennt seine Ungeduld. Aber jetzt wird Unbesonnenheit zum Trotz, Trotz zu Frechheit, Frechheit zu Herausforderung. Denn Fouché wiederholt, er habe kein Blatt mehr, und begründet diese angebliche Vernichtung der Privatdokumente des Kaisers in einer geradezu erpresserischen Art. Seine Majestät habe ihn, sagt er höhnisch, mit solchem Vertrauen geehrt, daß, wenn einer seiner Brüder seinen Unwillen hervorrief, er ihn beauftragt hätte, sie zur Pflicht zurückzuführen. Und da nun jeder der Brüder dann seinerseits seine Beschwerden mitteilte, habe er es für seine Pflicht gehalten, solche Briefe nicht aufzubewahren. Auch seien die Schwestern Seiner Majestät nicht immer vor Verleumdungen geschützt gewesen, und der Kaiser selbst habe ihn der Mitteilung aller jener Gerüchte gewürdigt und beauftragt, nachzuforschen, welche Unklugheiten dazu Ursachen gegeben hatten. Das ist deutlich und mehr als deutlich: Fouché deutet dem Kaiser an, daß er viel wisse und mit sich nicht umspringen lassen wolle wie mit einem Lakaien. Der Bote versteht die erpresserische Drohung und wird Mühe gehabt haben, eine so verwegene Antwort seinem Herrn in eine erträgliche Form zu übersetzen. Nun bricht der Kaiser los. Er tobt dermaßen, daß der Herzog von Massa ihn beruhigen muß und, um die ärgerliche Sache endlich beizulegen, sich erbietet, persönlich den Widerspenstigen zur Auslieferung der hinterzogenen Papiere zu mahnen. Eine zweite Mahnung ergeht durch den neuen Polizeiminister, den Herzog von Rovigo. Aber auf alles antwortet Fouché mit gleicher Höflichkeit und Entschlossenheit: leider, leider, leider, aber in allzu großer Diskretion habe er die Papiere verbrannt. Zum erstenmal bietet ein Mann in Frankreich dem Kaiser offen Trotz.

Das ist zuviel. So wie Napoleon durch zehn Jahre Fouché, so hat Fouché Napoleon unterschätzt, wenn er glaubt, ihn durch ein paar Indiskretionen einschüchtern zu können. Ihm Trotz bieten vor allen Ministern, ihm, dem der Zar Alexander, der Kaiser von Österreich, der König von Sachsen ihre Töchter angeboten haben, vor dem sämtliche deutschen und italienischen Könige wie

Schuljungen zittern! Ihm, dem alle Heere Europas nicht widerstehen konnten, will diese fahle Mumie, dieser dürre Intrigant im noch nicht ausgetragenen Herzogsmantel Gehorsam verweigern? Nein, so läßt man mit sich nicht spaßen, wenn man Napoleon ist. Sofort beruft er den Chef der Privatpolizei, Dubois, ergeht sich vor ihm in den wütendsten Ausbrüchen gegen den „miserablen, niederträchtigen Fouché". Mit harten hallenden Schritten geht er zornig auf und ab und schreit dann plötzlich los. „Aber er soll nicht hoffen, mit mir tun zu können, was er mit seinem Gott, mit dem Konvent und dem Direktorium getan, die er niederträchtig verriet und verkaufte. Ich habe bessere Augen als Barras, mit mir wird er nicht so leichtes Spiel haben, aber ich rate ihm, auf der Hut zu sein. Ich weiß, er hat Noten und Instruktionen von mir, ich bestehe darauf, daß er sie mir zurückgibt. Wenn er es verweigert, dann übergeben Sie ihn sofort zehn Gendarmen und lassen Sie ihn ins Gefängnis führen, und bei Gott, ich werde ihm zeigen, wie schnell man einen Prozeß führen kann."

Nun wird die Sache brenzlich. Nun beginnt sie sogar einem Fouché in die Nase zu beizen. Als Dubois jetzt erscheint, muß Fouché sichs gefallen lassen, daß ihm, dem Herzog von Otranto, dem ehemaligen Polizeiminister, von seinem eigenen ehemaligen Untergebenen die Siegel an alle Briefschaften angelegt werden, eine Sache, die gefährlich werden könnte, wenn nicht natürlich längst der Vorsichtige die eigentlichen und wichtigen beiseite geschafft hätte. Aber immerhin, ihm beginnt aufzudämmern, daß er mit dem Kopf gegen die Wand gerannt ist. In fliegender Eile schreibt er jetzt Brief auf Brief, einen an den Kaiser, andere an die einzelnen Minister, um sich zu beklagen über das Mißtrauen, das man ihm, dem ehrlichsten, dem aufrichtigsten, dem charaktervollsten, dem treuestergebenen Minister entgegenbringe, und in einem dieser Briefe ergötzt man sich insbesondere an dem bezaubernden Satz: „Il n'est pas dans mon caractère de changer" (tatsächlich, schwarz auf weiß, sind diese Worte von dem Charakterchamäleon Fouché eigenhändig hingeschrieben). Und genau wie fünfzehn Jahre vorher bei Robespierre hofft er durch eine rasche Versöhnung noch dem Unheil zuvorzukommen. Er nimmt einen Wagen, fährt nach Paris, um dem Kaiser persönlich seine Erklärungen oder wohl schon Entschuldigungen abzugeben.

Aber schon ist es zu spät. Er hat zu lange gespielt, zu lange gespaßt, jetzt gibt es keine Aussöhnung, keinen Ausgleich mehr; wer öffentlich Napoleon herausgefordert, muß öffentlich erniedrigt werden. Ein Brief wird an ihn gerichtet, so muskelhart und messerscharf, wie Napoleon kaum jemals an einen andern Minister geschrieben. Er ist sehr kurz, dieser Brief, dieser Fußtritt: „Herr

Herzog von Otranto, Ihre Dienste können mir nicht weiterhin erwünscht sein. Sie haben innerhalb vierundzwanzig Stunden nach Ihrer Senatorie abzureisen." Kein Wort mehr von der Ernennung zum Gesandten in Rom; nackte brutale Entlassung und dazu noch Verbannung. Gleichzeitig erhält der Polizeiminister den Befehl, über die sofortige Ausführung des Edikts zu wachen. Die Spannung ist allzu groß gewesen, das Spiel zu verwegen, nun geschieht das Unerwartete: Fouché bricht völlig zusammen, wie ein Nachtwandler, der, ahnungslos über alle Dächer kletternd, von einem harten Anruf plötzlich erweckt, aus Schreck über die eigene tolle Lage in die Tiefe saust. Derselbe Mann, der zwei Schritte vor der Guillotine nüchtern und klardenkend geblieben, sackt unter dem Hieb Napoleons erbärmlich zusammen. Dieser dritte Juni 1810 ist Joseph Fouchés Waterloo. Die Nerven reißen ihm durch, er stürzt zum Minister um einen Auslandspaß, erjagt, in jeder Station die Pferde wechselnd, ohne Aufenthalt bis nach Italien. Dort rennt er, wie eine rasende Ratte über brennenden Herd, kreuz und quer von Ort zu Ort. Bald ist er in Parma, bald in Florenz, bald in Pisa, bald in Livorno, statt, wie vorgeschrieben, sich in seine Senatorie zu begeben. Aber die Panik schüttelt ihn zu wild. Nur außer Reichweite Napoleons sein, nur außer der Griffspanne dieser furchtbaren Hand! Selbst Italien scheint ihm nicht sicher genug, es ist immerhin noch Europa und ganz Europa diesem schrecklichen Manne Untertan. So mietet er in Livorno ein Schiff, um nach Amerika, Land der Sicherheit, Land der Freiheit, hinüberzusetzen, aber er wird von Sturm, Seekrankheit und der Angst vor englischen Kreuzern zurückgetrieben, und nun saust der Wahnwitzige wieder im Wagen im Zickzack von Hafen zu Hafen, von Stadt zu Stadt, bettelt die Schwestern Napoleons, die Fürsten, die Freunde um Hilfe an, verschwindet, taucht wieder zum Ärger der Polizeibeamten auf, die seine Spur suchen und immer wieder verlieren, kurzum, er gebärdet sich vollkommen toll, völlig irrsinnig vor Angst und bietet zum erstenmal, er, der Nervenlose, ein geradezu klinisches Beispiel eines völligen Nervenzusammenbruchs. Nie hat Napoleon mit einer einzigen Geste, mit einem bloßen Faustschlag vollständiger einen Gegner zerschmettert als hier diesen kühnsten und kaltblütigsten seiner Diener. Dieses Verstecken und Auftauchen, dieses fiebrige Hin und Her dauert Tage, dauert Wochen, ohne daß man genau erraten könnte (auch sein meisterhafter Biograph Madelin weiß es nicht und wahrscheinlich er selber nicht), was und wohin er in dieser Zeit wollte. Es scheint, nur im rollenden Wagen fühlt er sich sicher vor der eingebildeten Rache Napoleons, der zweifellos längst nicht mehr daran denkt, dem ungebärdigen Diener ernstlich an den Kragen zu gehen. Nur seinen Willen hat Napoleon behaupten wollen, seine

Papiere zurückhaben, und diesen Willen setzt er durch. Denn während der Rasende, der hysterisch Gewordene, in Italien überall die Postpferde zu Tode hetzt, handelt seine Frau in Paris bedeutend vernünftiger. Sie kapituliert für ihn. Es kann kein Zweifel bestehen, daß die Herzogin von Otranto, um ihren Mann zu retten, damals die von ihm tückisch zurückgehaltenen Papiere auf diskrete Art Napoleon wieder eingehändigt hat, denn niemals ist mehr eines jener intimen Blätter, auf die Fouché erpresserisch hindeutete, in die Öffentlichkeit gelangt. Ebenso wie bei Barras, dem der Kaiser die Papiere abkaufte, und bei den andern lästigen Vertrauten seines Aufstiegs, ist der schriftliche Besitz Fouchés, soweit er auf Napoleon Bezug hatte, spurlos verschwunden. Entweder hat Napoleon selbst oder später Napoleon der Dritte allen Dokumenten, die der offiziellen Napoleon-Darstellung nicht genehm waren, völlig den Garaus gemacht.

Nun erhält Fouché endlich die gnädige Erlaubnis, sich zurück auf seine Senatorie nach Aix zu begeben. Das große Gewitter hat sich verzogen, der Blitz nur die Nerven gerüttelt, nicht das innere Mark getroffen. Am 25. September langt der Gehetzte auf seinem Gute an, „blaß und müde und durch die Zusammenhanglosigkeit seiner Gedanken und Reden eine vollkommene Verstörung verratend". Aber es wird ihm reichlich Zeit gelassen werden, seine Nerven zu erholen, denn wer sich einmal aufgelehnt hat gegen Napoleon, der ist für lange Zeit aller öffentlichen Geschäfte enthoben. Der Ehrgeizige muß sein grimmiges Späßchen bezahlen: wieder wirft ihn die Welle in die Tiefe. Drei Jahre bleibt Joseph Fouché ohne Würde und Amt: sein drittes Exil hat begonnen.

Siebentes Kapitel
Unfreiwilliges Intermezzo
1810–1815

Das dritte Exil Joseph Fouchés hat begonnen. In seinem herrlichen Schloß zu Aix residiert der seines Dienstes enthobene Staatsminister, der Herzog von Otranto, wie ein souveräner Fürst. Er ist nun zweiundfünfzig Jahre alt, er hat alle Spannungen und Spiele, alle Erfolge und Widrigkeiten des politischen Lebens, den ewigen Wechsel von Ebbe und Flut im Wellenspiel des Schicksals, bis zur Neige erfahren. Er hat die Gunst der Mächtigen gekannt und die Verzweiflung der Verlassenheit, er ist arm gewesen bis zur Sorge um die tägliche Brotkrume und unermeßlich reich, beliebt und verhaßt, gefeiert und geächtet – nun darf er endlich rasten an goldenem Strand, Herzog, Senator, Exzellenz, Staatsminister, Staatsrat, vielfacher Millionär, niemand Untertan als dem eigenen Willen.

Gemächlich fährt er in seiner livrierten Karosse spazieren, macht Besuche in den Häusern des Adels, empfängt laute Huldigung aus seiner Provinz und heimlich flüsternde Sympathieen aus Paris; er ist enthoben der ärgerlichen Mühe, sich täglich mit törichten Beamten und einem despotischen Herrn abzuplagen. Dürfte man seinem zufriedenen Gehaben trauen, so fühlt der Herzog von Otranto sich procul negotiis wohl. Aber wie trügerisch diese Zufriedenheit vorgespielt ist, verrät die (zweifellos echte) Stelle in seinen (sonst sehr bezweifelbaren) Memoiren: "Die eingefressene Gewohnheit, von allem zu wissen, verfolgte mich, und ich unterlag ihr noch mehr in der Langweile eines durchaus angenehmen, aber eintönigen Exils." Und den „charme de sa retraite" bildet nach seinem eigenen Geständnis nicht die milde Landschaft der Provence, sondern ein Zettelwerk von Berichten und Spionagen aus der Großstadt. „Mit Hilfe sicherer Freunde und treuer Boten richtete ich mir einen geheimen Briefwechsel ein, den mehrere regelmäßige Berichte aus Paris unterstützten, die einer den andern ergänzten. Mit einem Wort, ich hatte in Aix meine Privatpolizei." Was ihm als Dienst verweigert ist, treibt der Ruhelose jetzt als Sport, und wenn er die Ministerien nicht mehr betreten darf, so gelüstet es ihn, wenigstens mit fremden Augen durch die Schlüssellöcher zu blicken, mit fremden Ohren an den Beratungen teilzunehmen und vor allem auszulauschen, ob nicht endlich eine Gelegenheit sich ergebe, sich wieder anzubieten, sich wieder anzudrängen an den Spieltisch der Zeitgeschichte.

Aber er wird noch lange im Abseits warten müssen, der Herzog von Otranto, denn Napoleon bedarf seiner nicht. Er steht auf der Höhe seiner Macht, er hat Europa bezwungen, ist Schwiegersohn des Kaisers von Österreich, er ist – erfüllter Wunsch seiner Wünsche! – Vater eines Königs von Rom. Demütig wedeln vor ihm sämtliche deutsche und italienische Fürsten, dankbar für die Gnade, daß er ihnen ihre Kronen und Krönchen zu lassen geruhte; schon schwankt und wankt der letzte und einzige Feind: England. Dieser Mann ist so stark geworden, daß er auf so behende und so wenig verläßliche Helfer wie Joseph Fouché lächelnd verzichten kann; jetzt erst, da ihm so reichlich Zeit gegeben wird, ruhig und gemächlich nachzudenken, mag der Herr Herzog die ganze rasende Überheblichkeit erkennen, die ihn getrieben, sich mit diesem mächtigsten aller Männer zu messen. Nicht einmal die Ehre seines Hasses gönnt ihm der Kaiser – von der ungeheuren Höhe, auf die ihn das Schicksal gestellt und emporgeschwungen, bemerkt er gar nicht mehr das kleine bissige

Insekt, das einst in seinem Pelz genistet und das er mit einem einzigen kräftigen Ruck herausgeschüttelt hat. Er beachtet weder seine Zudringlichkeit noch seine Abwesenheit, Fouché ist für ihn erledigt. Und nichts zeigt deutlicher dem Gestürzten, wie wenig Napoleon ihn jetzt achtet und fürchtet, als daß er schließlich wieder auf sein Schloß nach Ferrières zurückkehren darf, zwei Stunden von Paris. Näher freilich läßt ihn der Kaiser nicht heran, Paris und die Tuilerien bleiben dem Manne verschlossen, der ihm Trotz zu bieten gewagt hat.

Nur ein einziges Mal in diesen zwei leeren Jahren wird Joseph Fouché in den Palast gerufen. Napoleon bereitet den Krieg gegen Rußland vor: dies eine Mal soll, da alle andern abreden, auch Fouché seine Meinung äußern. Er äußert sich, wenn man ihm glauben darf, leidenschaftlich warnend, er überreicht sogar (wenn er es nicht post festum gefälscht hat) jenes Memorandum, das in seinen Erinnerungen zu finden ist; aber Napoleon will längst nur noch seinen eigenen Willen bestätigt hören, er begehrt nur noch blinde Zustimmung für seine Worte. Wer ihm vom Kriege abrät, scheint seine Größe zu bezweifeln. So wird Fouché frostig zurückgeschickt auf sein Schloß, in sein müßiges Exil, indes der Kaiser aufbricht mit sechshunderttausend Mann, der kühnsten und irrwitzigsten seiner Taten, Moskau entgegen.

Ein sonderbarer Rhythmus waltet in diesem merkwürdigen und abwechslungsreichen Leben Joseph Fouchés. Wenn er steigt, gelingt ihm alles; wenn er fällt, wendet sich das Schicksal gegen ihn. Jetzt, da er vergrämt, verbittert im Schatten der Ungunst, in seinem abgelegenen Schloß außerhalb der Bannmeile der Geschehnisse untätig warten muß, gerade jetzt, wo seine Enttäuschung seelischer Hilfe bedürfte, treuer Aussprache, zärtlicher Tröstung, gerade jetzt verliert er den einzigen Menschen, der ihn durch zwanzig Jahre liebevoll, ausdauernd und bestärkend auf allen seinen gefährlichen Wegen begleitet hat, verliert er seine Frau. Im ersten Exil, in jener Mansarde waren die ersten beiden Kinder gestorben,die er über alles liebte, im dritten Exil geht die Gefährtin von ihm. Dieser Verlust trifft den scheinbar Fühllosen in der innersten Seele. Denn ungetreu und launenhaft gegen alle Parteien und Ideen, war dieser undurchdringliche Mann zärtlichst getreu seiner häßlichen Frau, der aufmerksamste Gatte, der besorgteste Vater; wie hinter der Maske des trockenen Schreibstubenmenschen der nervöse intrigante Geistspieler, so verbirgt sich scheu und unsichtbar hinter dem Gefährlichen und Unverläßlichen ein treubürgerlicher, provinzfranzösischer Ehegatte, ein einsamer Mensch, der sich nur sicher und wohl fühlt im engsten Kreise seiner Familie. Was tief verschattet an geheimer Güte und Rechtlichkeit in diesem verschlagenen Diplomaten lebte, hat er heimlich und mit einer verschwiegenen Liebe dieser Gefährtin zugewandt, die nur für ihn lebte, niemals bei Hoffesten, Banketten und Empfängen erschien, nie sich in seine gefährlichen Spiele mengte. Ganz verborgen im unzugänglichen Grund seines Privatlebens wirkte da ein Gegengewicht dem Fahrigen, Spielhaften und Wandelbaren seiner politischen Existenz entlastend entgegen; und dieser Halt reißt gerade jetzt durch, da er am meisten einer Hilfe bedarf. Zum erstenmal fühlt man bei diesem steinkalten Menschen eine wirkliche Erschütterung, zum erstenmal hört man aus seinen Briefen einen sehr warmen, sehr echten, sehr menschlichen Ton. Als die Freunde ihn drängen, nach der rasenden Dummheit seines Nachfolgers, des Herzogs von Rovigo, der sich bei dem lächerlichen Putsch eines Halbnarren zum Gelächter von ganz Paris willenlos einsperren ließ, dasPolizeiministerium wieder anzustreben, lehnt er jede Rückkehr in die politische Welt ab: „Mein Herz ist allen diesen menschlichen Torheiten verschlossen. Die Macht hat keinen Anreiz mehr für mich, die Ruhe ist nicht nur ein passender Zustand in meiner gegenwärtigen Situation, sondern der einzig notwendige. Die öffentlichen Geschäfte gewähren mir nur das Bild eines Tumultes, der Verwirrung und der Gefahren.“ Zum erstenmal scheint an der Lehre des Schmerzes der Kluge wahrhaft klug geworden. Ein tiefes Bedürfnis nach Ruhe, nach innerlicher Entspannung hat nach einer Zeit ewiger sinnloser Ehrgeizigkeiten den alternden Mann überkommen, seit er die Gefährtin zwanzig furchtbarer Jahre an seiner Seite sterben sah. Alle Lust an der Intrige scheint in ihm für immer erloschen, der Wille zur Macht endlich, endlich gebrochen, in diesem vielumgetriebenen, ruhelos begehrenden Geist.

Aber tragische Ironie! Dieses einzige und erste Mal, da Fouche, der sonst Ruhelose, nur noch Ruhe will und kein Amt, drängt sein Gegenspieler Napoleon es ihm gewaltsam auf. Nicht aus Liebe, nicht aus Zuneigung, nicht aus Vertrauen fordert noch einmal Napoleon Fouché in seinen Dienst, sondern aus Mißtrauen, aus einer jähen Unsicherheit. Zum erstenmal ist der Kaiser als Besiegter heimgekehrt. Nicht an der Spitze einer Armee, hoch zu Roß, fahnenumschwungen, reitet er durch den Triumphbogen in Paris ein, sondern, den Pelz über das Kinn geschlagen, um nicht erkannt zu werden, ist er bei Nacht zurückgeflüchtet. Die herrlichste Armee, die er jemals geschaffen, liegt erfroren im russischen Schnee, und mit dem Nimbus der Unbesiegbarkeit sind alle Freunde entflohen. Alle die Kaiser und Könige, die gestern und vorgestern noch mit krummen Rücken vor ihm buckelten, besinnen sich vor dem besiegten Kaiser mit peinlicher Plötzlichkeit ihrer Würde. Eine Welt in Waffen steht gegen ihren harten Herrn auf. Von Rußland reiten die Kosaken heran, aus Schweden stößt der alte Nebenbuhler Bernadotte als Feind vor, der eigene Schwiegervater Kaiser Franz rüstet in Böhmen, das geplünderte, geknechtete Preußen erhebt sich mit rachedurstiger Begeisterung – die Drachensaat unzähliger leichtfertiger Kriege, nun bricht sie aus der verbrannten, zerfurchten, gequälten Erde Europas, und sie wird in diesem Herbste auf den Feldern von Leipzig reifen.

Überall wankt und knistert das gigantische Gebäude, das zehn Jahre dieses einzigen Weltwillens aufgerichtet; aus Spanien, Westfalen, Holland und Italien flüchten die verjagten bonapartischen Brüder. Nun gilt es für Napoleon, die äußerste Energie zu entfalten. Mit herrlichem, hellseherischem Blick, mit zehnfach übersteigerter Arbeitskraft bereitet er alles für den letzten Entscheidungskampf vor. Wer noch einen Tornister tragen oder auf einem Pferde sitzen kann, wird aus Frankreich herausgeholt; von überall, aus Spanien, aus Italien werden die bewährten Truppen zurückgezogen, um wettzumachen, was der russische Winter mit seinen eisigen Kinnbacken zermalmte. Tag und Nacht arbeiten Tausende in den Fabriken an Säbeln und Kanonen, Gold wird gemünzt aus den verborgenen Schätzen, die Ersparnisse aus den Geheimkammern der Tuilerien werden geholt, die Festungen instand gesetzt und, während von Ost und West die Armeen schweren Schrittes auf Leipzig losrücken, gleichzeitig nach allen Richtungen diplomatische Netze geworfen. Nirgends darf eine schwache und unsichere Stellung bleiben, nirgends eine Lücke in diesem eisernen Stacheldraht, der Frankreich umzäunen soll; jede Möglichkeit muß durchdacht und ebenso wie die Front muß auch der Rücken gesichert sein. Denn nicht ein zweites Mal darf, wie während des russischen Feldzuges, ein Narr oder ein Böswilliger das Vertrauen des Volkes zu Napoleon erschüttern oder verwirren. Kein Unsicherer darf zurückbleiben, kein Gefährlicher unbewacht. An jeden Machtfaktor denkt der Kaiser vor dieser letzten Entscheidungsschlacht, an jede Möglichkeit, an jede mögliche Gefahr. So denkt er auch an den einen, der gefährlich werden könnte, an Joseph Fouché. Man sieht, er hat ihn nicht vergessen, er hat ihn nur mißachtet, solange er selbst stark war. Nun, da Napoleon unsicher wird, muß er sich wieder sichern. Kein möglicher Feind darf in seinem Rücken, darf in Paris zurückbleiben. Und da Napoleon Fouché nicht zu seinen Freunden zählt, beschließt er: Fouché muß weg von Paris.

Freilich, verhaften und in eine Festung stecken, damit dieser unruhige intrigante Geist keine Ränke spinnen kann, dazu liegt kein greifbarer Anlaß vor.

Aber frei darf er gleichfalls nicht bleiben. So am besten, man bindet ihm die spiellüsternen Hände fest an ein Amt und womöglich an eines, das weit abliegt von Paris. Vergebens sucht man inmitten des Tumults der Geschäfte und der kriegerischen Vorbereitungen im Hauptquartier von Dresden nach einer derartigen Stellung, die gleichzeitig ehrenvoll scheint und Sicherung bietet; sie will sich so rasch nicht finden. Aber Napoleon ist schon ungeduldig, diesen Schattengänger aus Paris weg zu haben. Und da man keine Stellung für Fouche findet, so erfindet man ihm eine, man verleiht ihm nämlich ein Amt in Wolkenkuckucksheim: die Verwaltung der besetzten Gebiete von Preußen. Eine schöne Stellung, eine würdige, eine erstklassige Stellung ohne Zweifel, die leider nur den kleinen Fehler hat, an ein „Wenn" gebunden zu sein, nämlich daß diese Regentschaft erst beginnen kann, wenn Napoleon Preußen erobert hat. Und davon lassen die kriegerischen Ereignisse bisher wenig spüren, denn Blücher drückt den Kaiser bereits bedenklich in seine sächsische Flanke, und es ist daher nichts als possenhafte Belehnung mit einem luftigen Posten, wenn der Kaiser am zehnten Mai an den Herzog von Otranto schreibt: „Ich habe Ihnen mitteilen lassen, daß es meine Absicht ist, Sie sofort, wenn ich in das Gebiet des Königs von Preußen einrücke, zu mir rufen zu lassen und Sie an die Spitze der Regierung dieses Landes zu stellen. Davon darf in Paris nichts verlauten. Es muß den Anschein haben, als ob Sie sich auf Ihr Landgut begeben würden, während Sie in Wahrheit schon hier sein werden, indes man Sie daheim glaubt. Nur die Kaiserin hat Kenntnis von Ihrer Abreise. Ich begrüße die Gelegenheit, von Ihnen bald neue Dienste und neue Beweise Ihrer Anhänglichkeit zu empfangen." So schreibt der Kaiser, gerade weil er seiner „Anhänglichkeit" so ganz und gar nicht traut, an Joseph Fouché. Und unwillig, mißtrauisch, die innerste Absicht seines Herrn sofort durchschauend, macht sich der Herzog von Otranto auf den Weg nach Dresden. „Ich war mir sofort klar," bemerken seine Memoiren, „daß der Kaiser nur aus Furcht vor meinem Verbleiben in Paris mich als Geisel in der Hand haben wollte, indem er mich zu sich berief." Demgemäß beeilt sich der zukünftige Regent von Preußen nicht allzusehr, zum Staatsrat nach Dresden zu kommen, weil er weiß, daß man in Wahrheit nicht seinen Rat im Staate will, sondern ihm die Hände binden. Erst am 29. Mai trifft er ein, und das erste Wort, mit dem ihn der Kaiser begrüßt, ist: „Sie kommen spät, Herr Herzog."

Von dem komödienhaften Vorwand, ihm die Regierung von Preußen zu geben, wird in Dresden selbstverständlich kein Wort mehr gesprochen; die Zeit ist zu ernst geworden für dergleichen Scherze. Aber man hat ihn jetzt sicher in der Hand, und glücklicherweise findet sich ein anderer herrlicher Posten, um ihn weit weg vom Schauplatz der Geschehnisse abzuschieben, nicht gerade wie der frühere, hoch oben in Wolkenkuckucksheim oder im Monde, aber doch Hunderte von Kilometern weit von Paris: die Statthalterschaft von Illyrien. Der alte Kamerad Napoleons, der General Junot, der diese Provinz verwaltet, ist plötzlich wahnsinnig geworden, eine Zelle für Ungebärdige also frei. So händigt mit kaum verhaltener Ironie der Kaiser diese kurzlebige Herrschaft Joseph Fouché ein, der wie immer sich nicht wehrt, sich gehorsam verbeugt und bereit erklärt, sofort abzureisen.

Illyrien, der Name klingt nach Operette, und tatsächlich, was für einen scheckigen Staat hat man da bei dem letzten Gewaltfrieden zusammengeschneidert aus den Fetzen von Friaul, Kärnten, Dalmatien, Istrien und Triest! Ein Staat ohne einheitliche Ideen, ohne Sinn und Zweck, mit einer winzigen kleinbäuerlichen Provinzstadt Laibach als Residenz, ein zwitterhaftes unlebensfähiges Unding, von betrunkenem Herrscherwillen und blinder Diplomatie gezeugt. Fouché findet dort nichts als schlecht gefüllte Kassen, ein paar Dutzend gelangweilter Beamter, sehr wenig Soldaten und eine mißtrauische Bevölkerung, die nur auf den Abmarsch der Franzosen wartet. Überall bröckelt es schon im Gebälk dieses zu rasch aufgemörtelten Kunststaates, ein paar Kanonenschüsse, und das ganze schwanke Gebäude muß zusammenkrachen. Diese Kanonenschüsse feuert nun der eigene Schwiegervater, Kaiser Franz, gegen seinen Schwiegersohn Napoleon baldigst ab, und sofort geht es mit der illyrischen Herrlichkeit zu Ende. An einen ernstlichen Widerstand kann Fouché mit seinen paar Regimentern nicht denken, die, meist aus Kroaten zusammengesetzt, bereit sind, beim ersten Schuß zu ihren alten Kameraden überzugehen. So bereitet er vom ersten Tage an eigentlich nur den Rückzug vor, und um ihn geschickt zu maskieren, hält er nach außen an der großen Gebärde eines unbesorgten Herrschers fest, gibt Bälle und Gesellschaften, läßt bei Tag die Truppen stolz paradieren, während nachts schon die Kassen, die Regierungspapiere heimlich nach Triest geschafft werden. Seine ganze Leistung als Herr und Herrscher kann sich nur darauf beschränken, vorsichtig und Schritt um Schritt mit möglichst geringen Verlusten das Land zu räumen, und bei diesem strategischen Rückzug bewährt sich seine alte Kaltblütigkeit, seine rasch zugreifende Energie wieder absolut meisterhaft. Nur Schritt auf Schritt weicht er und ohne Verlust, von Laibach nach Görz, von Görz nach Triest, von Triest nach Venedig: beinahe vollzählig bringt er alle seine Beamten, die Kasse und viel kostbares Material aus seinem kurzlebigen Illyrien zurück. Aber was zählt der Verlust dieser lächerlichen Provinz! Denn in den gleichen Tagen verliert Napoleon die wichtigste und letzte seiner großen Schlachten in diesem Kriege, die Völkerschlacht bei Leipzig, und damit die Herrschaft der Welt.

Nun hat sich Fouche seiner Aufgabe entledigt, und zwar in tadellosester, ehrenhaftester Art. Jetzt, da es kein Illyrien mehr zu verwalten gibt, fühlt er sich wieder frei und will selbstverständlich nach Paris zurück. Aber so war es von Napoleon nicht gemeint. Um keinen Preis darf gerade jetzt ein Fouché nach Paris zurück: „Fouché ist ein Mann, den man unter den gegenwärtigen Umständen nicht in Paris lassen darf", das Wort, in Dresden ausgesprochen, gilt nach Leipzig doppelt und siebenfach. Er muß weg, weit weg und um jeden Preis. Mitten in der ungeheuren Aufgabe der Abwehr einer fünffachen Übermacht sinnt sich der Kaiser eilig eine andere Mission für den Unbequemen aus, wieder eine, die ihn für die Dauer des Feldzugs unschädlich machen soll. Nur ihm jetzt etwas zu diplomatisieren und zu intrigieren in die Hand geben, nur nicht seine kribbeligen Finger nach Paris greifen lassen! So beauftragt ihn Napoleon, zunächst sich nach Neapel zu begeben (Neapel ist weit), um Murat, den König von Neapel, den Schwager Napoleons, der mehr für sein eigenes Königreich besorgt ist als für das Kaiserreich, zur Pflicht zurückzurufen und ihn zu bewegen, mit einer Armee dem Kaiser zu Hilfe zu kommen. Wie Fouché diesen Auftrag ausführte – ob er den alten Reitergeneral Napoleons wirklich zur Treue bereden wollte oder ihn in seiner Abtrünnigkeit bestärkt hat –, das ist in der Geschichte nicht deutlich geworden. Jedenfalls, der Hauptzweck des Kaisers ist erreicht, nämlich Fouché vier Monate jenseits der Alpen, tausend Meilen weit festzuhalten in unablässigen Verhandlungen. Während die Österreicher, Preußen und Engländer schon auf Paris marschieren, muß er fortwährend und eigentlich zwecklos zwischen Rom und Florenz und Neapel, zwischen Lucca und Genua hin und her pendeln, wieder an eine unlösbare Aufgabe seine Zeit und Energie verschwenden. Denn auch hier rücken die Österreicher unaufhaltsam vor; nach Illyrien geht auch Italien, das zweite ihm zugewiesene Reich verloren. Schließlich, Anfang März, hat der Kaiser Napoleon kein Land mehr, wohin er den Unbequemen abschieben kann, und außerdem auch im eigenen Frankreich nichts mehr zu verbieten und zu befehlen. So kehrt am 11. März Joseph Fouché über die Alpen in seine Heimat zurück, vier Monate unwiederbringlich durch die geniale Voraussicht des Kaisers ferngehalten von jeder politischen Zettelei innerhalb Frankreichs. Und als er sich endlich von der Kette losreißt, ist es genau um vier Tage zu spät.

In Lyon erfährt Fouché, daß die Dreikaisertruppen auf Paris marschieren. In wenigen Tagen also wird Napoleon gestürzt, eine neue Regierung gebildet sein. Selbstverständlich verzehrt sich sein Ehrgeiz vor Ungeduld, „d'avoir la main dans la pâte", die Finger im Brei zu haben und sich dabei die dicksten Rosinen herauszuholen. Aber der gerade Weg nach Paris ist durch die vordrängenden Truppen schon versperrt, er muß den langwierigen Umweg machen über Toulouse und Limoges; endlich, am 8. April rollt sein Postwagen durch die Schranken von Paris. Auf den ersten Blick erkennt er: er ist zu spät gekommen. Und wer zu spät kommt, behält unrecht. Alle seine heimlichen Spiele und Streiche hat ihm Napoleon noch einmal vergolten durch die meisterhafte Voraussicht, daß er ihn ferne hielt, solange noch etwas im trüben zu fischen war, Jetzt hat Paris bereits kapituliert, Napoleon ist abgesetzt. Ludwig der Achtzehnte König und schon die neue Regierung vollzählig gebildet unter der Führung Talleyrands. Dieser verfluchte Hinkefuß war rechtzeitig zur Stelle gewesen und hat rascher die Front gewechselt, als er, Fouché, es vermochte. Bereits wohnt der Zar von Rußland in Talleyrands Haus, der neue König verhätschelt ihn mit Beweisen des Vertrauens, er hat nach seinem Gutdünken alle Ministerplätze besetzt und niederträchtigerweise keinen reserviert für den Herzog von Otranto, der inzwischen sinnlos und zwecklos Illyrien verwaltete und in Italien herumdiplomatisierte. Niemand hat auf ihn gewartet, niemand kümmert sich um ihn, niemand will etwas von ihm, niemand wünscht von ihm Rat und Hilfe. Wieder einmal ist Joseph Fouché, wie so oft in seinem Leben, ein erledigter Mann.

Lange will er nicht glauben, daß man ihn so gleichgültig fallen läßt, ihn, den großen Gegner Napoleons. Er bietet sich an, offen und im geheimen; man sieht ihn im Vorzimmer Talleyrands, bei dem Bruder des Königs, beim englischen Gesandten, in den Sitzungssälen des Senats, überall. Und doch hört keiner auf ihn. Er schreibt Briefe, einen an Napoleon, dem er den Rat gibt, nach Amerika auszuwandern, und schickt gleichzeitig eine Abschrift davon an König Ludwig XVIII., um sich bei ihm einzuschmeicheln. Aber er bekommt keine Antwort. Er petitioniert bei den Ministern um eine würdige Anstellung – sie empfangen ihn höflich, kalt, aber fördern ihn nicht. Er läßt sich vorschieben durch Frauen und anempfehlen durch alte Schützlinge, aber vergeblich, er hat den unverzeihlichsten Fehler der Politik begangen: er ist zu spät gekommen. Alle Plätze sind schon besetzt, und kein Würdenträger denkt daran, freiwillig aufzustehen, um aus Liebenswürdigkeit dem Herzog von Otranto seine Stellung einzuräumen. So bleibt dem Ehrgeizigen nichts anderes übrig, als wieder einmal seine Koffer zu packen und sich auf sein Schloß nach Ferrières zurückzuziehen. Nur eine Helferin hat er jetzt noch, da seine

Frau gestorben ist: die Zeit. Sie hat ihm bisher noch immer geholfen, sie wird ihm auch diesmal helfen.

In der Tat: sie hilft ihm auch diesmal. Bald spürt Fouché, daß die Luft wieder nach Pulver schmeckt. Wenn man feine Ohren hat, so hört man auch von Ferrières aus, wie ein Thronsessel knackt und knistert. Der neue Herr, Ludwig der Achtzehnte, begeht Fehler über Fehler. Ihm beliebt es, die Revolution zu ignorieren und zu vergessen, daß nach zwanzig Jahren Bürgertums sich Frankreich nicht wieder vor zwanzig Adelsgeschlechtern ducken will. Er mißachtet ferner die ganze Gefährlichkeit der Prätorianergilde der Offiziere und Generale, die, auf Halbsold gesetzt, unzufrieden murren über diese niederträchtige Knickerigkeit des Gurkenkönigs. Ja, wenn Napoleon zurückkäme, dann gäbe es gleich wieder den guten, herrlichen Krieg. Dann könnte man gleich wieder losziehen und die Länder ausplündern, Karriere machen und straff die Zügel in die Hand kriegen! Schon gehen verdächtige Botschaften von einer Garnison zur andern, schon bereitet sich in der Armee allmählich eine Verschwörung vor, und Fouché, der keineswegs und zu keiner Zeit die Nabelschnur zwischen sich und seinem Geschöpf, der Polizei, völlig durchgeschnitten hat, horcht und hört mancherlei, was ihm zu denken gibt. Leise lächelt er in sich hinein: der gute König hätte allerlei erfahren, wenn er den Herzog von Otranto zum Polizeiminister genommen hätte. Aber wozu diese Hofschranzen warnen? Bisher hat immer nur der Umsturz Fouchéhoch gebracht, der umspringende Wind. Darum hält er still, versteckt sich und rührt sich nicht und zieht den Atem ein wie ein Ringer vor dem Kampf. Am 5. März 1815 stürmt ein Kurier in die Tuilerien mit der verblüffenden Botschaft, Napoleon sei von Elba ausgebrochen und mit sechshundert Mann am 1. März in Fréjus gelandet. Lächelnd und verächtlich nehmen die königlichen Höflinge die Nachricht auf. Natürlich, sie haben es ja immer gesagt, daß dieser Napoleon Bonaparte, von dem man so viel Aufhebens macht, nicht recht bei Sinnen sei. Mit sechshundert Mann – parbleu, man muß wirklich lachen! – will dieser Narr den König bekämpfen, hinter dem die ganze Armee und Europa stehen! Also nur keine Aufregung, keine Sorge – mit einer Handvoll Gendarmen wird man diesen erbärmlichen Abenteurer schon bändigen. Der Marschall Ney, der alte Waffengefährte Napoleons, bekommt den Befehl, sich seiner zu bemächtigen. Großmäulig verspricht er dem König, den Ruhestörer nicht nur anzufangen, sondern sogar in „einem eisernen Käfig im Lande herumzuführen".

Ludwig XVIII. und seine Getreuen promenieren behaglich ihre Unbesorgtheit durch Paris, wenigstens die ersten acht Tage lang, und der „Moniteur" stellt die ganze Sache unentwegt heiter dar. Aber bald mehren sich unangenehme Nachrichten. Nirgendwo hat Napoleon Widerstand gefunden, jedes gegen ihn ausrückende Regiment verstärkt, statt ihm den Weg zu sperren, seine anfänglich winzige Armee, und derselbe Marschall Ney, der ihn einfangen und im eisernen Käfig herumführen sollte, geht mit fliegenden Fahnen zu seinem früheren Herrn über. Schon ist Napoleon in Grenoble eingezogen, schon in Lyon – eine Woche noch, und seine Prophezeiung ist erfüllt, und der kaiserliche Adler läßt sich auf den Türmen von Notre-Dame nieder. Jetzt bricht am königlichen Hofe Panik aus. Was tun? Welche Dämme dieser Lawine entgegensetzen? Zu spät erkennen der König und seine gräflichen und fürstlichen Ratgeber, wie töricht es gewesen, sich dem Volke zu entfremden und künstlich vergessen zu wollen, daß zwischen 1792 und 1815 so etwas wie eine Revolution in Frankreich bestanden hatte. Also jetzt rasch sich beliebt machen! Auf irgendeine Weise dem dummen Volk zeigen, daß man es wahrhaft liebt, daß man seine Wünsche und Rechte achtet, rasch republikanisch, rasch demokratisch regieren! – immer, wenn es zu spät ist, entdecken ja die Kaiser und Könige gern in sich ein demokratisches Herz. Aber wie die Republikaner gewinnen? Nun, sehr einfach: indem man einen von ihnen in das Ministerium holt, irgendeinen recht Radikalen, der sofort dem Lilienbanner einen roten Aufputz gibt! Aber wo ihn finden? Man denkt nach und erinnert sich plötzlich an einen gewissen Joseph Fouché, der noch vor ein paar Wochen in allen Vorzimmern seine Aufwartung gemacht und den Tisch des Königs und seiner Minister mit Vorschlägen überschwemmt hat. Ja, das ist der Richtige, der Einzige, der immer und zu allem zu gebrauchen ist – also rasch ihn heraufgeholt aus der Versenkung! Immer wenn eine Regierung in Schwierigkeiten ist, ob Direktorium, ob Konsulat, ob Kaisertum oder Königreich, immer wenn man einen rechten Mittler, einen Ausgleicher braucht, einen Ordnungsmacher, wendet man sich an den Mann mit der roten Fahne, an den unzuverlässigsten Charakter und verläßlichsten Diplomaten, an Joseph Fouché.

So erlebt der Herzog von Otranto die Genugtuung, daß eben dieselben Grafen und Fürsten, die ihn vor ein paar Wochen noch kühl abgefertigt und ihm die kalte Schulter gezeigt, sich jetzt mit respektvollster Dringlichkeit an ihn wenden und ihm ein Ministerportefeuille anbieten, ja geradezu in die Hand pressen wollen. Aber der alte Polizeiminister kennt zu genau die wirkliche politische Lage, um sich jetzt noch in dreizehnter Stunde für die Bourbonen zu kompromittieren. Er spürt, die Agonie muß schon gekommen sein, wenn man ihn so dringlich als Arzt beruft. So lehnt er höflich ab unter allerhand Vorwänden und läßt zart durchblicken, man hätte sich etwas früher an ihn wenden sollen. Je näher aber die Truppen Napoleons anrücken, desto mehr schmilzt das Ehrgefühl am königlichen Hofe. Immer dringlicher mahnt und drängt man Fouché, die Regierung zu übernehmen, sogar der eigene Bruder Ludwigs des Achtzehnten bittet ihn zu geheimer Unterredung. Aber diesmal bleibt Fouché fest – nicht aus Charakterüberzeugung, sondern weil er sich für faule Fische wenig begeistert und sehr behaglich auf der Schaukel fühlt zwischen beiden, zwischen Ludwig XVIII. und Napoleon. Jetzt sei es zu spät, beruhigt er den Bruder des Königs, der König möge sich nur selbst in Sicherheit bringen, das ganze Napoleonische Abenteuer sei nicht von langer Dauer, und er werde inzwischen alles tun, um dem Kaiser entgegenzuwirken. Man möge ihm nur vertrauen. So behält er einen Stein im Brett und kann, wenn die Bourbonen siegreich bleiben, sich als ihren Helfer ausspielen. Und andererseits, wenn Napoleon siegt, kann er stolz darauf pochen, das Angebot der Bourbonen ausgeschlagen zu haben. Zu oft hat er das bewährte System der Rückversicherung nach beiden Seiten erprobt, daß er es diesmal nicht von neuem versuchte: gleichzeitig als der getreue Diener zweier Herren, des Kaisers und des Königs, zu gelten. Aber diesmal soll es noch heiterer kommen – immer wieder verwandelt sich gerade in den entscheidenden Schicksalswendungen im Leben Fouchés die tragische Szene zur Komödie. Etwas haben die Bourbonen inzwischen schon von Napoleon gelernt, nämlich, daß man einen Mann wie Fouché in gefährlichen Zeiten niemals im Rücken lassen solle. So bekommt die Polizei am drittletzten Tage vor der Abreise des Königs, während Napoleon schon scharf auf Paris losrückt, den Auftrag, Fouché, weil er sich weigere, Minister des Königs zu werden, sofort als verdächtig zu verhaften und von Paris wegzutransportieren.

Der derzeitige Polizeiminister, dem die Ausführung dieses unerfreulichen Verhaftungsbefehls zufällt, heißt – die Geschichte liebt wahrhaftig aparte Überraschungen – Bourrienne. Er ist der intimste Jugendfreund Napoleons, sein Kamerad aus der Kriegsschule, sein Gefährte in Ägypten, sein langjähriger Sekretär gewesen, er hat alle seine Vertrauten gekannt, so kennt er – gründlichst auch Fouché. Deshalb erschrickt er ein wenig, als der König ihm den Auftrag gibt, Fouché, den Herzog von Otranto, zu verhaften. Ob das wirklich ratsam sei, erlaubt er sich zu bemerken. Und wie der König energisch den Befehl wiederholt, schüttelt er abermals den Kopf: das werde nicht so leicht sein. Dieser alte Hecht ist, er weiß es, durch zuviel Reusen und Schleusen geschwommen, als daß er sich am lichten Tag mit der Schlinge fangen ließe; zu solcher Menschenfischerei benötige man doch mehr Zeit und ein gerütteltes Maß von Geschicklichkeit. Aber immerhin, er gibt den Auftrag. Und tatsächlich, am 16. März 1815 um 11 Uhr vormittags, umringen die Polizisten auf dem offenen Boulevard den Wagen des Herzogs von Otranto und erklären ihn auf Grund des Befehls von Bourrienne für verhaftet. Fouché, der nie seine Kaltblütigkeit verliert, lächelt verächtlich: „Man verhaftet einen ehemaligen Senator nicht auf offener Straße." Und ehe die Agenten, die allzulange seine Untergebenen waren, sich von ihrer Überraschung erholen können, hat er dem Kutscher schon zugeschrieen, scharf auf die Pferde einzuhauen, – und die Karosse saust nach seiner Wohnung zurück. Verblüfft stehen mit aufgerissenem Mund die Polizisten und schlucken den Staub der wegrollenden Kutsche. Bourrienne hat recht gehabt: es ist nicht so leicht, einen Mann zu fangen, der einem Robespierre, einem Konventsbefehl und einem Napoleon heil entkommen war.

Wie nun die genarrten Polizisten ihrem Minister Bericht erstatten, daß Fouché ihnen entwischt sei, zieht Bourrienne sofort die Zügel schärfer an: jetzt geht es um seine Autorität; derart darf er nicht mit sich spaßen lassen. Sofort läßt er das Haus in der Rue Cerutti von allen Seiten umstellen und das Tor bewachen – eine starke bewaffnete Abordnung steigt die Treppe empor, um den Flüchtling zu fassen. Aber Fouché hat noch einen zweiten Spaß für ihn bereit, einen jener herrlichen und einzigen Meisterstreiche, wie sie ihm fast immer nur in der schwierigsten, gespanntesten Situation gelingen. Gerade in der Gefahr, man hat es ja oft gesehen, überfällt ihn diese Lust an Spaß und toller Irreführerei der Menschen. Der gerissene Mystifikator empfängt also die Beamten, die ihn verhaften wollen, mit viel Höflichkeit und nimmt Einsicht in den Verhaftungsbefehl. Jawohl, er sei gültig. Und selbstverständlich denke er nicht an Widerstand gegen einen Befehl Seiner Majestät des Königs. Die Herren möchten nur hier im Salon Platz nehmen, er habe nur noch einige Kleinigkeiten zu ordnen, dann folge er ihnen sofort. So versichert Fouché aufs höflichste und tritt ins Nebenzimmer.

Die andern warten respektvoll, bis er seine Toilette beendigt hat, – schließlich, man kann doch nicht einen Senator, einen ehemaligen Minister und Hofwürdenträger wie einen Taschendieb hart am Ärmel fassen oder ihm Handschellen anlegen. Sie warten respektvoll, sie warten einige Zeit, bis die Zeit ihnen doch verdächtig lang erscheint. Dann, als er noch immer nicht zurückkommt, treten sie in den Nebenraum und entdecken – eine echte Komödienszene inmitten des politischen Tumultes –, daß Fouché ihnen durchgebrannt ist. Der Sechsundfünfzigjährige hat ganz wie im damals noch nicht erfundenen Kino im Garten eine Leiter an die Wand gestellt und ist, während die Polizisten auf ihn ehrerbietig im Salon warteten, mit einer für sein Alter erstaunlichen Behendigkeit einfach hinübergeklettert in den Nachbargarten der Königin Hortense und hat sich von dort in Sicherheit gebracht. Am Abend lacht ganz Paris über den gelungenen Streich. Lange freilich kann ein solcher Spaß nicht anhalten – der Herzog von Otranto ist zu stadtbekannt, als daß er sich auf die Dauer verbergen könnte. Aber Fouché hat wieder einmal richtig gerechnet, nämlich, daß es diesmal nur auf ein paar Stunden ankam, denn jetzt müssen der König und seine Getreuen sich schon damit befassen, nicht selber von der vordringenden Kavallerie Napoleons festgenommen zu werden. Schleunigst werden die Koffer in den Tuilerien gepackt, und mit seinem grimmigen Verhaftungsbefehl hat Ludwig XVIII. nichts anderes erreicht, als Fouché ein öffentliches Zeugnis für seine (nie vorhandene) Treue zum Kaiser auszustellen, eine Treue, an die freilich Napoleon nicht glauben wird. Aber als er vom gelungenen Trick dieses politischen Künstlers hört, muß er doch lachen und sagt mit einer Art zorniger Bewunderung: „Il est décidement plus malin qu'eux tous." „Er ist doch der Gerissenste von allen!"

Achtes Kapitel
Der Endkampf mit Napoleon
1815, Die hundert Tage

Am 19. März 1815 fahren um Mitternacht – der riesige Platz liegt dunkel und menschenverlassen – zwölf Wagen in den Hof des Tuilerienpalais. Eine unscheinbare Seitentür öffnet sich, heraus tritt, die Fackel in erhobener Hand, ein Diener, und hinter ihm schleppt sich mühsam, rechts und links von zwei getreuen Adeligen gestützt, ein feister, asthmatisch keuchender Mann, Ludwig XVIII. Beim Anblick des siechen Königs, der, kaum heimgekehrt nach fünfzehn Jahren des Exils, bei Nacht und Nebel schon wieder aus seinem Lande flüchten muß, ergreift Mitleid alle Anwesenden. Die meisten beugen das Knie, während man diesen durch seine Hinfälligkeit würdelosen, durch seine Tragik erschütternden alten Mann in die Karosse hebt. Dann ziehen die Pferde an, die anderen Wagen folgen, einige Minuten klappert auf dem harten Kies noch die Kavalkade der begleitenden Garde. Dann liegt der riesige Raum wieder dunkel und still, bis der Morgen graut, der Morgen des 20. März, der erste von den hundert Tagen des von Elba heimgekehrten Kaisers Napoleon.

Erst schleicht die Neugier heran. Mit zitternden lüsternen Nüstern umschnuppert sie den Palast, ob das aufgejagte Königswild schon vor dem Kaiser geflüchtet: Kaufleute, Nichtstuer, Spaziergänger. Ängstlich oder freudig, je nach Temperament und Gesinnung, flüstern sie einander Nachrichten zu. Um zehn Uhr strömen schon dichte, drängende Massen her. Und da immer erst die Masse den Menschen mutig macht, wagen sich schon erste klare Schreie vor: „Vive l'Empereur!" und „A bas le Roi!" Dann rückt plötzlich Kavallerie heran, Offiziere, die unter dem Königtum auf Halbsold gesetzt wurden. Sie wittern wieder Krieg, Beschäftigung, vollen Sold, Ehrenlegionen, Avancements mit der Wiederkehr des Kriegskaisers: tumultuarisch jubelnd besetzen sie unter Exelmans' Befehl ungehindert die Tuilerien (und weil der Übergang von Hand zu Hand sich so gemächlich, so unblutig vollzieht, klettert die Rente an der Börse sofort um einige Punkte hinauf). Mittags weht die Trikolore wieder auf dem uralten Königsschloß, ohne daß ein Schuß gefallen wäre. Und schon melden sich hundert Nutznießer, die „Getreuen" des Kaiserhofes, die Palastdamen, Bedienten, Truchsesse, Küchenmarschälle, die alten Staatsräte und Zeremonienmeister, alle, die unter der weißen Lilie nicht dienen und verdienen durften, der ganze neue Adel, den Napoleon aus den Trümmern der Revolution ins Höfische hinaufgeholt hat. Alles trägt Gala, die Generale, die Offiziere, die Damen: Diamanten sieht man wieder funkeln, Pallasche und Orden. Zimmer werden geöffnet und vorbereitet zum Empfang des neuen Herrn, rasch noch die königlichen Embleme entfernt – auf der Seide der Fauteuils flimmert statt der Königslilie wieder die napoleonische Biene. Jeder zittert, nur rechtzeitig zur Stelle zu sein, von vornherein als „Getreuer" bemerkt zu werden. Unterdes wird es Abend. Wie bei den Bällen und großen Empfängen entzünden die livrierten Diener alle Kandelaber und Kerzen; bis weit zum Triumphbogen empor leuchten die Fenster des wieder kaiserlichen Palastes und locken ungeheure Massen Neugieriger in die Tuileriengärten.

Endlich, um neun Uhr abends, saust in vollem Galopp ein Wagen heran, rechts, links, vorn, rückwärts geschützt oder flankiert von Reitern aller Grade und Rangstufen, die begeistert ihre Säbel schwenken (sie werden sie bald brauchen gegen die Armeen Europas!). Wie eine Explosion bricht der Jubelruf „Vive l'Empereur!" aus der gestauten Masse, widerhallend im weiten Viereck erklirrender Fenster. In einer einzigen unsinnigen Sturzwelle wirft sich die begeisterte Brandung gegen den Wagen, mit den Säbelspitzen müssen die Soldaten den Kaiser vor dem lebensgefährlichen Andrang der Begeisterung schützen. Dann fassen sie ihn selbst und tragen die heilige Beute, den großen Kriegsgott, ehrfürchtig durch das betäubende Rasen die Treppe empor in den alten Palast. Auf den Schultern seiner Soldaten, die Augen geschlossen unter der Überfülle des Glückes, ein seltsames, fast somnambules Lächeln auf den Lippen, so landet, der vor zwanzig Tagen Elba als ein Verbannter verlassen, wieder auf dem Kaiserthrone Frankreichs. Das ist Napoleon Bonapartes letzter Triumph. Zum letzten Male erlebt er so unwahrscheinlichen Aufschwung, solchen Traumflug aus dem Dunkel bis zu den höchsten Zinnen der Macht. Zum letzten Male braust ihm die Muschel des Ohres von dem meerhaften Dröhnen des geliebten Kaiserrufes. Eine Minute, zehn Minuten genießt er, geschlossenen Auges und staunenden Herzens, dies berauschende Elixier der Macht. Dann läßt er die Türen des Palastes schließen, die Offiziere abrücken und die Minister rufen: die Arbeit beginnt. Der Mann muß verteidigen, was das Schicksal ihm geschenkt. Gedrängt voll warten die Säle auf den Heimgekehrten. Aber der erste Blick schon bietet Enttäuschung: die ihm Treugebliebenen sind nicht die Besten, die Klügsten, die Wichtigsten. Er sieht Höflinge und Höfliche, Stellengierige und Neugierige – viel Uniformen und wenig Köpfe. Fast alle großen Marschälle fehlen ohne Entschuldigung, die wahren Kameraden seines Aufstiegs; sie sind auf ihren Schlössern geblieben oder zum König übergegangen, bestenfalls neutral, meist sogar feindlich. Von den Ministern ist der gescheiteste, der weltgewandteste, Talleyrand, abwesend, von den neugeschaffenen Königen die eigenen Brüder, die eigenen Schwestern und vor allem seine eigene Frau und der eigene Sohn. Viele Bewerber sieht er und wenig Würdige unter dem Schwarm; noch schwingt der Jubelruf der Tausende ihm wirr im Blut, und schon beginnt der klar überschauende Geist im Triumph den ersten Schauer der Gefahr zu fühlen.

Da plötzlich ein Surren in den Vorräumen, erstaunt und freudig anschwellend, und zwischen den Uniformen und gestickten Fräcken tut eine Gasse sich respektvoll auf. Ein Wagen ist vorgefahren, etwas spät – man kommt, aber man wartet nicht, man bietet sich an, aber nicht dringlich wie die kleinen Höflinge, – und ihm entsteigt die schmale, fahle, allen wohlbekannte Gestalt des Herzogs von Otranto. Langsam, gleichgültig, mit kühl verdeckten, undurchdringlichen Augen schreitet er, ohne zu danken, durch die aufgetane Gasse, und gerade diese wohlbekannte selbstverständliche Ruhe erweckt Begeisterung. „Platz für den Herzog von Otranto!“ rufen die Diener. Die ihn näher kennen, wiederholen den Ruf anders: „Platz für Fouché. Er ist der Mann, den der Kaiser jetzt am nötigsten braucht!“ Er ist schon gewählt, bestimmt, gefordert von der allgemeinen Meinung, ehe der Kaiser entscheiden kann. Nicht als Bewerber kommt er, sondern als Macht, majestätisch und gravitätisch; und tatsächlich, Napoleon läßt ihn nicht warten, sofort entbietet er den ältesten seiner Minister, den getreuesten seiner Feinde, zu sich. Über ihre Unterredung ist so wenig bekannt wie über jene erste, da Fouché dem aus Ägypten geflüchteten General zum Konsul emporhalf und sich ihm zu untreuer Treue verbündete. Aber als er nach einer Stunde aus dem Zimmer tritt, ist Fouché wieder sein Minister, Polizeiminister zum drittenmal. Noch sind die Lettern feucht, die im „Moniteur" die Ernennung des Herzogs von Otranto zum Minister Napoleons ankündigen, und schon bereuen beide, der Kaiser und der Minister, im geheimen, sich wieder aufeinander eingelassen zu haben. Fouché ist enttäuscht: er hat mehr erwartet. Längst genügt seinem kalt brennenden Ehrgeiz das mindere Amt eines Polizeiministers nicht mehr. 1796 noch Rettung und Auszeichnung für den halbverhungerten, geächteten und verachteten Exjakobiner Joseph Fouche, scheint solche Berufung dem millionenreichen, allbeliebten Herzog von Otranto 1815 erbärmliche Sinekure. Am Erfolg ist sein Selbstbewußtsein gewachsen; nur noch das große Weltspiel reizt ihn, das aufregende Hasard europäischer Diplomatie, der Kontinent als Spieltisch und das Geschick ganzer Länder als Einsatz. Zehn Jahre hat ihm Talleyrand den Weg versperrt, der einzige ihm Gleichwertige; nun, da dieser gefährlichste Konkurrent Napoleon Paroli bietet und in Wien die Bajonette von ganz Europa gegen den Kaiser zusammenbündelt, glaubt Fouché als der einzig Fähige das Ministerium des Äußeren für sich beanspruchen zu dürfen. Aber Napoleon, argwöhnisch und dies mit gutem Rechte, verweigert dieses wichtigste Portefeuille seiner geschickten, weil allzu geschickten und allzu unverläßlichen Hand. Nur das Polizeiministerium schiebt er ihm widerwillig zu; er weiß, diesem gefährlichen Ehrgeiz muß man wenigstens einen Brocken Macht hinwerfen, damit er nicht bissig wird. Aber selbst in diesem engen Ressort setzt er dem Unzuverlässigen noch einen Spion hinter den Nacken, indem er Fouchés grimmigsten Feind, den Herzog von Rovigo; zum Chef der Gendarmerie ernennt. So erneuert sich am ersten Tage ihrer erneuten Verbindung das alte Spiel: Napoleon postiert eine eigene Polizei hinter seinen Polizeiminister. Und Fouché treibt eine eigene Politik neben und hinter der kaiserlichen. Beide betrügen einander, beide mit offenen Karten; wieder muß sich entscheiden, wer auf die Dauer die Oberhand behält: der Stärkere oder der Geschicktere, das heiße oder das kalte Blut.

Unwillig nimmt Fouché das Ministerium. Aber er nimmt es doch. Dieser prachtvolle und leidenschaftliche Geistspieler hat einen tragischen Defekt: er kann nicht abseits stehen, auch nicht für eine Stunde bloß Zuschauer bleiben im Weltspiel. Er muß unablässig Karten in der Hand haben, Atout geben, mischen, betrügen, irreführen, Paroli geben und trumpfen. Er muß zwanghaft immer an einem Tisch sitzen – gleichgültig, an welchem, ob am königlichen, kaiserlichen oder republikanischen; nur dabei sein, nur „avoir la main dans la pâte“, nur die Finger im heißen Brei haben, gleichgültig in welchem, nur Minister sein, der Rechten, der Linken, des Kaisers, des Königs, nur am Knochen der Macht nagen. Nie wird er die sittliche und ethische Kraft, nie auch nur die Nervenklugheit haben oder den Stolz, irgendeinen Abhub Macht, den man ihm hinwirft, zurückzuweisen. Immer wird er jeden Dienst annehmen, den man ihm gibt; nichts ist ihm der Mensch, nichts die Sache – das Spiel alles.

Und ebenso unwillig nimmt Napoleon Fouché wieder in seinen Dienst. Er kennt diesen Schattengänger aus zehn Jahren und weiß, daß er niemand dient und immer nur seiner Spiellust folgt. Er weiß, dieser Mann wird ihn fallen lassen wie den Kadaver einer toten Katze, er wird ihn verlassen im gefährlichsten Moment, so wie er die Girondisten, die Terroristen, Robespierre und die Thermidoristen, so wie er Barras, seinen Retter, das Direktorium, die Republik, das Konsulat verlassen und verraten hat. Aber er braucht ihn oder meint, ihn zu brauchen – so wie Napoleon Fouché durch sein Genie, so fasziniert eben Fouché durch seine Brauchbarkeit immer wieder Napoleon. Ihn zurückzuweisen, wäre lebensgefährlich; in einem so unsicheren Augenblick Fouché zum Feind zu haben, wagt nicht einmal Napoleon. So wählt er das geringere Übel, ihn zu beschäftigen, ihn mit Befugnissen und Ämtern abzulenken, sich von ihm untreu dienen zu lassen. „Nur von Verrätern habe ich die Wahrheit erfahren“, sagt, Fouchés gedenkend, der Besiegte später auf St. Helena. Noch in seinem äußersten Ingrimm flackert Hochachtung auf vor den ungewöhnlichen Fähigkeiten dieses mephistophelischen Menschen, denn nichts erträgt das Genie unduldsamer als die Mittelmäßigkeit; und wissend betrogen, weiß sich Napoleon von Fouché immerhin noch verstanden. So nimmt er, wie ein Verdurstender nach Wasser greift, das er vergiftet weiß, lieber diesen Klugen und Unverläßlichen zum Diener als die Treuen und Unzulänglichen. Zehn Jahre erbitterter Feindschaft binden Menschen oft geheimnisvoller als eine mittlere Freundschaft. Zehn Jahre lang und länger hat Fouché Napoleon, der Minister dem Herrn, der Geist dem Genie gedient, zehn Jahre lang als der immer Unterliegende. 1815, im Endkampf, ist in Wahrheit von Anfang an Napoleon der Schwächere. Noch einmal hat er, zum letztenmal, den Rausch des Ruhmes erlebt, wie mit Adlersflügeln hat das Geschick ihn unverhofft hergetragen von der fremden Insel auf den Kaiserthron. Regimenter, gegen ihn gesandt in hundertfacher Übermacht, werfen beim bloßen Anblick seines Mantels ihre Waffen weg. In zwanzig Tagen stürmt der Verbannte, der mit sechshundert gekommen, an der Spitze einer Armee nach Paris, und den Donner des Jubels von Tausenden im Ohr, schläft er abermals im Bett der Könige von Frankreich. Aber welch ein Erwachen in den nächsten Tagen, wie rasch blaßt der phantastische Traum an den Ernüchterungen der Wirklichkeit! Kaiser, er ist es wieder, aber nur dem Namen nach, denn die Welt, einst hingeknechtet zu seinen Füßen, sie erkennt ihren Herrn nicht mehr an. Er schreibt Briefe und Proklamationen, leidenschaftliche Friedensbeteuerungen; mit Achselzucken belächelt man sie und gewährt ihnen nicht einmal die Ehre einer Erwiderung. Boten an den Kaiser, die Könige und Fürsten werden an den Grenzen abgefangen wie Schmuggler mit Konterbande und rücksichtslos kaltgestellt. Ein einziger Brief gelangt auf Umwegen nach Wien, den wirft Metternich uneröffnet auf den Verhandlungstisch. Rings um Napoleon wird es leer, die alten Freunde und Gefährten sind in alle Winde zerstoben, Berthier, Bourrienne, Murat, Eugen Beauharnais, Bernadotte, Augereau, Talleyrand, sie sitzen und besitzen auf ihren Gütern oder leisten seinen Feinden Gefolgschaft.

Vergebens will er sich und die andern täuschen; er läßt die Gemächer der Kaiserin und des Königs von Rom prunkvoll herrichten, als kämen sie schon morgen zu ihm zurück, aber in Wirklichkeit flirtet Marie Louise mit ihrem Cicisbeo Neipperg, und sein Sohn spielt mit österreichischen Bleisoldaten in Schönbrunn, wohlbewacht unter den Augen des Kaisers Franz. Selbst das eigene Land erkennt die Trikolore nicht an. Aufstände im Süden, im Westen: die Bauern haben die ewigen Rekrutierungen satt und knallen auf die Gendarmen, die ihre Pferde wieder zu den Kanonen holen wollen. Auf den Straßen kleben höhnische Plakate, die im Namen Napoleons dekretieren: „Artikel I. Es haben mir jährlich dreihunderttausend Schlachtopfer geliefert zu werden. Artikel II. Unter Umständen werde ich diese Zahl auf drei Millionen erhöhen. Artikel III. Alle diese Opfer werden mit Post zur großen Schlächterei geschickt.“ Kein Zweifel, die Welt will Frieden, und alle Vernünftigen sind bereit, den unerwünscht Heimgekehrten zum Teufel zu schicken, wenn er nicht den Frieden garantiert, und – tragisches Schicksal – nun, da der Soldatenkaiser zum erstenmal wahrhaft Ruhe haben will für sich und die Welt, vorausgesetzt, daß sie ihm die Herrschaft lasse, nun glaubt ihm die Welt nicht mehr. Die braven Bürger, voll Angst um ihre Rente, teilen nicht die Begeisterung der Halbsoldoffiziere und professionellen Hahnenkämpfer, denen der Frieden Störung der Geschäfte bedeutet, und kaum daß ihnen – notgedrungen – Napoleon ein Wahlrecht gibt, so schlagen sie ihm ins Gesicht, indem sie gerade diejenigen wählen, die er seit fünfzehn Jahren gewaltsam verfolgt und im Dunkel gehalten, die Revolutionäre von 1792, Lafayette und Lanjuinais. Nirgends ein Verbündeter, wenig wirkliche Anhänger in Frankreich, kaum ein

Mensch, mit dem er sich wirklich beraten kann im engeren Kreise. Mißmutig und verstört irrt der Kaiser im leeren Palast. Seine Nerven und seine Spannkraft lassen nach; bald schreit er unbeherrscht los, bald versinkt er in stumpfe Lethargie. Oft legt er sich mitten am Tage hin, um zu schlafen: eine Müdigkeit von innen, nicht vom Leibe, sondern von der Seele her schlägt ihn mit bleierner Keule für Stunden hin. Einmal findet ihn Carnot in seinen Gemächern, Tränen im Auge, das Bild des Königs von Rom, seines Sohnes, starr betrachtend; seine Vertrauten hören ihn klagen, sein guter Stern habe ihn verlassen. Irgendwie spürt der innere Magnet, daß der Zenit des Erfolges überschritten ist, unruhig zittert und schwankt darum die Nadel seines Willens von Pol zu Pol. Widerwillig, ohne rechte Hoffnung, bereit zu jeder Verständigung, zieht endlich der Sieggewohnte hinaus in den Krieg. Aber niemals schwebt Nike über einem demütig gebeugten Haupte.

So Napoleon 1815, Scheinherr und Scheinkaiser auf Borg und Leihe des Schicksals, nur noch mit einem Schattenkleid der Macht bekleidet. Der aber an seiner Seite, Fouché, steht gerade in jenen Jahren in der Fülle seiner Kraft. Die stahlhart zustoßende, stets in der Scheide der Tücke verborgene Vernunft nutzt sich nicht dermaßen ab wie die ständig rotierende Leidenschaft. Niemals erweist sich Fouché geistig gewandter, intriganter, geschmeidiger, kühner als in jenen hundert Tagen zwischen Aufbau und Sturz des Kaiserreiches; nicht Napoleon, sondern ihm wenden sich erwartungsvoll, als dem Retter, alle Blicke zu. Alle Parteien – phantastisches Phänomen – bringen diesem Minister des Kaisers mehr Vertrauen entgegen als dem Kaiser selbst. Ludwig XVIII., die Republikaner, die Royalisten, London, Wien, alle erblicken in Fouché den einzigen Mann, mit dem man wahrhaft verhandeln kann, und seine rechnerische, kalte Vernunft gibt einer erschöpften, friedensbedürftigen Welt mehr Zuversicht als das flackernde, im Wind der Verwirrung unverläßlich auf und nieder zuckende Genie Napoleons. Und die dem „General Bonaparte" den Titel des Kaisers verweigern, sie alle respektieren den persönlichen Kredit Fouchés. Dieselben Grenzen, an denen die Staatsagenten des kaiserlichen Frankreich rücksichtslos abgefangen und in den Kotter gesteckt werden, eben dieselben öffnen sich, wie mit magischem Schlüssel berührt, den geheimen Boten des Herzogs von Otranto. Wellington, Metternich, Talleyrand, Orleans, der Zar und die Könige, alle empfangen sie bereitwillig und mit größter Höflichkeit seine Emissäre, und mit einem Male gilt, der bisher alle betrogen, als der einzige verläßliche Spieler im Weltspiel. Nur die Finger braucht er zu rühren, und es geschieht sein Wille; die Vendee erhebt sich, ein blutiger Kampf steht bevor – aber es genügt, daß Fouché einen Boten schickt, und er verhindert den Bürgerkrieg mit einer einzigen Besprechung. „Wozu", sagt er ganz offenherzig kalkulierend, „jetzt noch französisches Blut opfern? Ein paar Monate, und entweder der Kaiser hat gesiegt, oder er ist verloren, wozu da noch kämpfen für etwas, was euch wahrscheinlich kampflos in den Schoß fällt? Legt die Waffen weg und wartet ab!" Und sofort schließen die royalistischen Generale, von diesen unsentimentalen, nüchternen Darlegungen überzeugt, den gewünschten Pakt. Alles im Ausland, alles im Inland wendet sich zunächst an Fouché, kein Parlamentsbeschluß geschieht ohne ihn – ohnmächtig muß Napoleon zusehen, wie sein Diener ihm den Arm lähmt, überall, wo er zuschlagen will, wie er die Wahlen im Land gegen ihn lenkt und ihm mit einem republikanisch gesinnten Parlament den Hemmschuh für seinen despotischen Willen in den Weg wirft. Vergebens möchte er sich nun von ihm befreien, aber die Zeit, die selbstherrliche, ist vorbei, wo man den Herzog von Otranto wie einen unbequemen Diener mit ein paar Millionen in den Ruhestand abschob; heute kann eher der Minister den Kaiser von seinem Thron stoßen als der Kaiser den Herzog von Otranto von seinem Ministerplatz.

Diese Wochen eigenwilliger und doch besonnener, vieldeutiger und doch klarer Politik zählen zu den vollkommensten in der Diplomatie der Weltgeschichte. Selbst ein persönlicher Gegner, der idealistisch gesinnte Lamartine, kann dem machiavellistischen Genie Fouché seinen Tribut nicht versagen. „Man muß anerkennen," schreibt er, „daß er eine seltene Kühnheit und eine tatkräftige Unerschrockenheit in seiner Rolle an den Tag legte. Sein Kopf haftete täglich für seine Umtriebe, er konnte bei der ersten Regung des Schamgefühles und des Zornes fallen, die in der Brust Napoleons aufstieg. Von allen, die noch von jener Zeit des Konvents stammten, zeigte er allein sich weder abgenützt noch irgend vermindert in seiner Verwegenheit. Durch sein kühnes Spiel auf der einen Seite zwischen der Tyrannei, welche wieder ins Leben trat, und der Freiheit, welche aufleben wollte, auf der anderen zwischen Napoleon, der das Vaterland seinem Interesse opferte, und Frankreich, das sich nicht für einen einzigen Menschen schlachten lassen wollte, grausam eingeklemmt, schüchterte Fouché den Kaiser ein, schmeichelte den Republikanern, beruhigte Frankreich, winkte Europa zu, lächelte Ludwig XVIII. an, unterhandelte mit den Höfen, korrespondierte durch Gesten mit Herrn von Talleyrand und erhielt durch seine Haltung alles in der Schwebe – eine hundertfältige, schwierige, ebenso niedrige wie erhabene, aber ungeheuerliche Rolle, welcher die Geschichte heute noch nicht die gehörige Aufmerksamkeit geschenkt hat. Eine Rolle ohne Seelenadel, aber nicht ohne Vaterlandsliebe und ohne Heldenmut, bei der sich ein Untertan auf die Höhe seines Herrschers, ein Minister über seinen Souverän stellte, Schiedsrichter zwischen Kaiserreich, der Restauration und der Freiheit, aber Schiedsrichter durch Zweizüngigkeit. Die Geschichte wird, während sie Fouché verdammt, ihm während dieser Periode der hundert Tage eine Kühnheit in der Haltung, eine Überlegenheit in der Handhabung der Parteien und eine Größe in der Intrige nicht absprechen können, die ihn den ersten Staatsmännern des Jahrhunderts zur Seite stellen würde, wenn es wahre Staatsmänner ohne Charakterwürde und ohne Tugend gäbe."

So klarsichtig urteilt Lamartine, der Dichter, der Staatsmann, der Zeitgenosse aus der unmittelbar nachschwingenden Atmosphäre. Die napoleonische Legende, fünfzig Jahre später einsetzend, als die zehn Millionen Toten schon verwest, die Krüppel begraben und die Verwüstungen Europas längst verheilt waren, geht selbstverständlich strenger und ungerechter mit Fouché ins Gericht. Jede heroische Legende ist ja immer eine Art geistiges Hinterland der Geschichte, sie fordert, wie jedes Hinterland, sehr billig alle Tugenden, die sie nicht selbst miterleiden muß: unbeschränkte Menschenopfer, restlose Hingabe auch an den heroischen Wahnsinn, fremden Heldentod und fremde sinnlose Treue. Die napoleonische mit ihrer obligaten Schwarz-Weiß-Technik kennt nur „Getreue" und „Verräter" ihres Helden, sie macht keinen Unterschied zwischen dem ersten Napoleon, dem Konsul, der seinem Land Frieden und Ordnung durch Klugheit und Energie wiedergab, und jenem späteren cäsarisch wahnsinnigen Napoleon, dem das Kriegführen Manie geworden war, der immer wieder um seines privaten Machtlustwillens die Welt rücksichtslos in mörderische Abenteuer riß und zu Metternich die Tamerlansworte sprach: „Ein Mann wie ich pfeift auf das Leben von einer Million Menschen." Jeden Vernünftigen Frankreichs, der diesem Ehrgeizirrwitz des dämonisch Besessenen, des blindwütig seinem eigenen Untergang Entgegenrasenden mit Mäßigung entgegentreten wollte, der nicht durch dick und dünn hündisch und sklavisch sich an seinen Dschagernatwagen kettete, Talleyrand, Bourrienne, Murat, sie alle wirft die Legende mit dantischem Ingrimm in ihr Inferno, und Fouché vor allem gilt ihnen als der Erzverräter unter den Verrätern, der Advocatus diaboli. Nach ihrer Darstellung wäre Fouché 1815 einzig ins Ministerium wieder eingetreten, um dem Kaiser nahe an den Rücken zu kommen und im rechten Augenblick den Dolchstoß zu geben, voraus schon verkauft an Ludwig XVIII. und Europa. Angeblich hätte er den Monarchisten schon am 20. März bei der Abreise des Königs sagen lassen: „Retten Sie nur den König, ich übernehme es, die Monarchie zu retten", und am Tage seiner Portefeuilleübernahme seinem Sancho Pansa anvertraut: „Meine erste Pflicht ist, alle Pläne des Kaisers zu konterminieren; in drei Monaten werde ich stärker sein als er, und wenn er mich bis dahin nicht erschießen läßt, so muß er vor mir aufs Knie", – eine Prophezeiung, die leider in den Daten doch zu genau stimmt, um nicht a posteriori erfunden zu sein.

Aber Fouché dies zuzumuten, er sei von vornherein als Anhänger Ludwigs des Achtzehnten, als bezahlter Spion des Königs, in Napoleons Ministerium eingetreten, das heißt, ihn erbärmlich unterschätzen, heißt vor allem, das prachtvoll psychologisch Komplizierte, das geheimnisvoll Dämonische seines Charakters mißkennen. Nicht daß Fouché, der absolute Amoralist und Machiavellist, gegebenenfalls dieses und überhaupt jedes Verrates nicht fähig gewesen wäre; aber solche Niedertracht war viel zu simpel, zu wenig anreizend für seinen spiellüsternen und verwegenen Geist. Einen Mann und selbst einen Napoleon glatt zu betrügen, liegt nicht auf seiner Linie: Alle zu betrügen, ist immer seine einzige Lust, keinen gewiß zu machen und jeden zu locken, mit allen Seiten und gegen alle Seiten gleichzeitig zu spielen, niemals nach vorgefaßten Plänen zu handeln, sondern, aus den Nerven heraus, Proteus zu sein, Gott der Verwandlung; nicht ein Franz Moor, ein Richard III., ein geradliniger Intrigant – nur die schillernde, ihn selbst überraschende Rolle begeistert seine leidenschaftliche Diplomatennatur. Er liebt die Schwierigkeiten gerade um der Schwierigkeit willen, er steigert sie künstlich zur doppelten, zur vierfachen Rolle, nicht einmaliger Verräter, sondern mehrmaliger, allseitiger, urtümlicher. Und tatsächlich sagt, der ihn am tiefsten kannte, Napoleon, auf St. Helena von ihm das profunde Wort: „Ich habe nur einen wirklichen, vollendeten Verräter gekannt: Fouché!" Vollendeter Verräter – nicht gelegentlicher, eine Genienatur des Verrats, das allein war er, denn der Verrat ist nicht so sehr seine Absicht, seine Taktik, als seine ureigenste Natur. Und man begreift vielleicht sein Wesen am besten aus der Analogie der im Kriege so bekannten Doppelspione, die fremden Mächten Geheimnisse bringen, um dabei bei ihnen wieder wertvollere zu erspähen, und die bei diesem Hin- und Hertragen schließlich selbst nicht mehr wissen, welcher Macht sie eigentlich dienen; die von beiden bezahlt sind und keiner treu – wirklich ergeben nur dem Spiel, dem doppelzüngigen Spiel des Hin und Her, des Dazwischenseins, einer beinahe schon wieder immateriellen, einer durchaus tödlichen und diabolischen Lust. Erst wenn sich die Wage endgültig niedersenkt auf eine Seite, tritt nach der Spielleidenschaft die Vernunft wieder in Aktion, um den Gewinn einzukassieren: erst wenn der Sieg entschieden ist, entscheidet sich Fouché – so im

Konvent, so unter dem Direktorium, unter dem Konsulat und unter dem Kaiserreich. Im Kampf ist er bei keinem, beim Kampfausgang immer beim Sieger.

Wäre Grouchy zurecht gekommen, so wäre Fouché (wenigstens für einige Zeit) überzeugter Minister Napoleons geworden. Da er die Schlacht verliert, läßt er ihn fallen und fällt ab von ihm. Und ohne sich zu verteidigen, hat er mit seinem gewohnten Zynismus das entscheidende Wort über seine Haltung während der hundert Tage gesagt: „Nicht ich habe Napoleon verraten, sondern Waterloo." Immerhin, man kann verstehen, daß Napoleon dieses zweideutige Spiel seines Ministers rasend macht. Denn er weiß, diesmal geht es um seinen Kopf. Jeden Morgen tritt wie seit mehr als einem Jahrzehnt der hagere, magere Mann, fahl und blutleer das Gesicht über dem dunkeln, gestickten Palmenrock, in sein Zimmer und erstattet Bericht, ausgezeichneten, klaren, unwidersprechlichen Bericht über die Situation. Niemand übersieht die Ereignisse besser, niemand weiß klarer die Weltlage darzustellen, alles durchdringt und alles sieht – so fühlt Napoleon – dieser überlegene Geist. Und doch fühlt er gleichzeitig auch, daß Fouché ihm nicht alles sagt, was er weiß. Ihm ist bekannt: es gehen Boten hin zum Herzog von Otranto von den fremden Mächten, vormittags, mittags und nachts empfängt sein eigener Kabinettsminister verdächtige Royalistenagenten hinter verschlossenen Türen, er hat Besprechungen und Beziehungen, über die er ihm, dem Kaiser, kein Wort referiert. Aber geschieht dies, wie Fouché ihn glauben machen will, wirklich nur, um Informationen zu gewinnen, oder spinnen sich da geheime Intrigen? Gräßliche Unsicherheit für einen Gehetzten, von hundert Feinden Umstellten! Vergebens, daß er ihn bald freundschaftlich fragt, bald eindringlich mahnt, bald mit groben Verdächtigungen überschüttet: dieser dünne Mund bleibt unerschütterlich verschlossen, die Augen fühllos wie Glas. Man kann nicht an Fouché heran, man kann ihm sein Geheimnis nicht entreißen. Und so fiebert Napoleon: wie ihn fassen? Wie endlich wissen, ob der Mann, den man in alle Karten blicken läßt, Verräter an ihm ist oder Verräter an den Feinden? Wie ihn fassen, den Unfaßbaren, wie ihn durchdringen, den Undurchdringlichen?

Endlich – Erlösung! – eine Spur, eine Fährte, beinahe ein Beweis. Im April entdeckt die geheime Polizei, das heißt jene Polizei, die der Kaiser eigens dazu beschäftigt, um seinen Polizeiminister zu überwachen, daß ein angeblicher Angestellter eines Wiener Bankhauses in Paris eingetroffen ist und geradeswegs den Herzog von Otranto aufgesucht habe. Sofort wird der Bote aufgespürt, verhaftet und – selbstverständlich ohne Wissen des Polizeiministers Fouché – in einen Pavillon des Elysees vor Napoleon gebracht. Dort droht man ihm mit sofortiger Füsilierung und schüchtert ihn so lange ein, bis er endlich gesteht, einen mit sympathetischer Tinte geschriebenen Brief Metternichs an Fouché überbracht zu haben, der eine Vertrauensmännerbesprechung in Basel einleiten soll. Napoleon schäumt vor Wut: Briefe mit solchen Praktiken vom Minister seiner Feinde an seinen Minister, das bedeutet Hochverrat. Und sein erster Gedanke ist der natürliche: den ungetreuen Diener sofort verhaften und seine Papiere beschlagnahmen zu lassen. Aber seine Vertrauten raten ihm ab, noch sei kein Beweis erbracht und zweifellos bei der oft erprobten Vorsicht des Herzogs von Otranto niemals in seinen Papieren eine Spur seiner Machenschaften zu finden. So beschließt der Kaiser zunächst die Probe auf Fouchés Ergebenheit. Er läßt ihn rufen und spricht mit einer ihm sehr ungewohnten Verstellung, die er von seinem eigenen Minister gelernt hat, sondierend über die Lage, ob es nicht doch möglich sei, mit Österreich in Verhandlungen zu kommen? Fouché, ahnungslos, daß jener Bote längst die ganze Sache ausgeplaudert, erwähnt mit keinem Wort das Billett Metternichs, und gleichmütig, scheinbar gleichmütig entläßt ihn der Kaiser, nun vollkommen von der Schurkerei seines Ministers überzeugt. Aber um ihn ganz zu überführen, inszeniert er– mitten in der erbittertsten Stimmung – eine raffinierte Komödie mit dem ganzen Quiproquo eines Molièrischen Lustspiels. Durch den Agenten weiß man das Stichwort für die Zusammenkunft mit dem Vertrauten Metternichs. So schickt der Kaiser einen Vertrauten hin, der als Vertrauter Fouchés auftreten soll – ihm wird der österreichische Agent zweifellos alle Konfidenzen machen, und endlich wird der Kaiser wissen, nicht nur daß, sondern wie weit ihn Fouché verraten hat. Noch am selben Abend reist der Bote Napoleons: in zwei Tagen muß Fouché entlarvt und in seiner eigenen Falle gefangen sein.

Aber so rasch man greift – einen Aal oder eine Schlange, die richtigen Kaltbluttiere fängt man nicht mit der bloßen Hand. Die Komödie, die der Kaiser aufspielen läßt, hat, wie jedes vollendete Lustspiel, auch eine Gegenhandlung, quasi einen doppelten Boden. So wie Napoleon hinter dem Rücken Fouchés eine geheime Polizei, so hat wieder Fouché im Rücken Napoleons seine gekauften Schreiber und geheimen Berichterstatter: seine Kundschafter arbeiten nicht minder flink als die des Kaisers. Noch am selben Tage, da der Agent Napoleons zu jenem Maskenspiel ins Hotel „Drei Könige" in Basel abreist, hat Fouché bereits Lunte gerochen, einer der „Vertrauten" Napoleons hat ihm die Komödie anvertraut. Und der überrascht werden sollte, überrascht nun seinen Herrn gleich am nächsten Morgen beim täglichen Vortrag. Mitten im Gespräch fährt er sich plötzlich an die Stirn mit der Nachlässigkeit eines

Mannes, dem irgendeine ganz, ganz unwichtige Belanglosigkeit entfallen ist: „Ach, richtig, Sire, ich habe vergessen, Ihnen zu sagen, daß ich ein Billett von Metternich bekommen habe, man ist ja mit wichtigeren Dingen beschäftigt. Und dann, sein Gesandter hat mir nicht das Pulver übergeben, um die Schrift lesbar zu machen, und ich vermutete zuerst eine Mystifikation. So kann ich Ihnen erst heute berichten."

Nun kann sich der Kaiser nicht mehr halten: „Sie sind ein Verräter, Fouché," schreit er ihn an, „ich sollte Sie hängen lassen."

Und kühl: „Ich bin nicht dieser Meinung Eurer Majestät", antwortet der unerschütterlichste, kaltblütigste Minister. Napoleon bebt vor Wut. Wieder ist ihm durch dieses unerwünscht vorzeitige Geständnis der Fra Diavolo entschlüpft. Und der Agent, der zwei Tage später ihm den Bericht über die Unterredung in Basel überbringt, hat wenig Entscheidendes zu melden und viel Unerfreuliches. Wenig Entscheidendes: denn aus dem Verhalten des österreichischen Agenten ergibt sich, daß Fouché, der Vorsichtige, viel zu raffiniert war, sich nachweislich bindend einzulassen, daß er nur hinter dem Rücken seines Herrn sein Lieblingsspiel spielte: alle Möglichkeiten in einer Hand. Aber viel Unerfreuliches auch bringt der Bote mit: nämlich, daß die Mächte mit jeder Regierungsform in Frankreich einverstanden seien, nur mit einer nicht, mit Napoleon Bonaparte. Zornig beißt der Kaiser die Zähne in die Lippen. Seine Schlagkraft ist gelähmt. Er hat den Schattengänger von rückwärts heimlich treffen wollen und bei diesem Zweikampf aus dem Dunkel selbst eine tödliche Wunde empfangen.

Der richtige Augenblick ist durch die Parade Fouchés versäumt, Napoleon weiß es: „Es liegt auf der flachen Hand, daß er mich verrät," äußert er zu seinen Vertrauten, „und ich bedaure, ihn nicht weggejagt zu haben, ehe er mir die Eröffnung seines Verkehres mit Metternich mitteilte. Jetzt ist der Augenblick versäumt, und es fehlt an einem Vorwand. Er würde überall ausstreuen, ich sei ein Tyrann, der alles seinem Argwohn opfere." Mit voller Hellsichtigkeit erkennt der Kaiser seine Unterlegenheit, aber er kämpft weiter bis zur letzten Minute, ob man den Doppelseitigen nicht doch zu sich hinüberreißen könne oder irgendeinmal überraschen und zerschmettern. Alle Register zieht er auf. Er versucht es mit Vertrauen, mit Freundlichkeit, mit Nachsicht und mit Vorsicht, aber sein starker Wille prallt ohnmächtig von diesem nach allen Facetten hin gleich kalt und blendend geschliffenen Stein: Diamanten kann man zertrümmern oder wegschleudern, nie durchdringen. Schließlich reißen dem von Argwohn Gepeinigten die Nerven durch; Carnot erzählt die Szene, in der sich die Ohnmacht des Kaisers gegen seinen Peiniger dramatisch enthüllt. „Sie verraten mich, Herzog von Otranto, ich habe Beweise dafür", schreit Napoleon einmal inmitten des Ministerrats den Unerschütterlichen an, und ein elfenbeinernes Messer, das auf dem Tisch liegt, erfassend: „Da, nehmen Sie das Messer, und stoßen Sie es mir in die Brust, das wäre loyaler als das, was Sie tun. Es läge nur an mir, Sie erschießen zu lassen, und die ganze Welt würde einem solchen Akt zustimmen. Aber wenn Sie mich fragen, warum ich es nicht tue, so ist es, weil ich Sie verachte und Sie nicht eine Unze schwer in meiner Wage wiegen." Man sieht, sein Mißtrauen ist schon zu Wut geworden, seine Gequältheit zu Haß. Nie wird er diesem Mann vergessen, ihn dermaßen herausgefordert zu haben, und das weiß Fouché. Aber er rechnet klar die armseligen Machtmöglichkeiten des Kaisers durch. „In vier Wochen wird mit diesem Wütenden alles zu Ende sein", sagt er hellsehend und verächtlich zu seinem Freunde. Darum denkt er gar nicht daran, jetzt zu paktieren; einer muß nach der Entscheidungsschlacht aus dem Wege: Napoleon oder er. Er weiß, Napoleon hat angekündigt, der erste Bote vom siegreichen Schlachtfeld werde seine Entlassung nach Paris bringen, vielleicht auch den Befehl zu seiner Verhaftung. Und mit einem Ruck springt die Uhr zwanzig Jahre zurück, 1793, wo gleichfalls der Mächtigste seiner Zeit, Robespierre, ebenso entschlossen gesagt, in vierzehn Tagen müsse ein Kopf fallen: der Fouchés oder der seine. Aber der Herzog von Otranto ist seitdem selbstbewußt geworden. Und überlegen erinnert er einen seiner Freunde, der ihn vor Napoleons Zorn warnt, an jene Drohung von einst und fügt lächelnd hinzu: „Aber der seine ist gefallen."

Am 18. Juni beginnen plötzlich die Kanonen vor dem Invalidendom zu dröhnen. Die Bevölkerung von Paris zuckt begeistert auf. Sie kennt seit fünfzehn Jahren diese eherne Stimme. Ein Sieg ist erfochten, erfolgreiche Schlacht geschlagen – vollständige Niederlage Blüchers und Wellingtons meldet der „Moniteur". Begeistert fluten die Menschenscharen über die sonntäglich überfüllten Boulevards, die allgemeine Stimmung, schwankend noch vor wenigen Tagen, springt plötzlich in Kaisertreue und Begeisterung um. Nur der feinste Gradmesser, die Rente, sinkt um vier Punkte, denn jeder Sieg Napoleons bedeutet Verlängerung des Krieges. Und nur ein Mann zittert vielleicht im Innersten bei diesem erzenen Schall: Fouché. Ihm kann der Sieg des Despoten den Kopf kosten. Aber tragische Ironie: zur gleichen Stunde, wo in Paris französische Kanonen Salut schießen, schmetterten die englischen bei Waterloo längst die Kolonnen der Infanterie und der Garde zusammen, und während die Hauptstadt ahnungslos illuminiert, jagen staubwirbelnd die Rosse der preußischen Kavallerie die letzte lose Spreu der flüchtenden Armee vor sich her.

Noch einen zweiten Tag des Vertrauens hat das ahnungslose Paris. Erst am zwanzigsten sickern unheimliche Nachrichten durch. Blaß, mit zuckenden Lippen, flüstert der eine dem andern beunruhigendes Gerücht zu. In den Kammern, auf der Straße, an der Börse, in den Kasernen, überall raunen und reden die Leute von einer Katastrophe, obwohl die Zeitungen wie gelähmt schweigen. Alles redet, zaudert, murrt, klagt und hofft in der plötzlich verschüchterten Hauptstadt. Nur einer handelt: Fouché. Kaum daß er (natürlich allen anderen voraus) die Nachricht von Waterloo erfahren hat, betrachtet er Napoleon nur noch als einen lästigen Kadaver, den es schleunigst wegzuschaffen gilt. Und sofort setzt er den Spaten an, um sein Grab zu schaufeln. Unverzüglich schreibt er an den Herzog von Wellington, um vonvornherein mit dem Siegerin Fühlung zu kommen, gleichzeitig warnt er mit einer psychologischen Voraussicht ohnegleichen die Abgeordneten, daß Napoleon als erste Handlung versuchen werde, sie alle nach Hause zu schicken. „Er wird wütender zurückkommen als je und sofort die Diktatur verlangen." Rasch ihm also einen Prügel in den Weg! Am Abend ist das Parlament bereits eingespielt, der Ministerrat gegen den Kaiser gewonnen, die letzte Möglichkeit, die Macht wieder zu ergreifen, Napoleon aus der Hand geschlagen, und all dies, noch ehe er den Fuß nach Paris gesetzt hat. Der Herr der Stunde ist nicht mehr Napoleon Bonaparte, sondern endlich, endlich, endlich Joseph Fouché. Knapp vor dem Frührot noch, den schwarzen Mantel der Nacht wie ein Leichentuch um sich geschlagen, rollt eine schlechte Karosse (die eigene mit dem Thronschatz, dem Degen und den Papieren hat Blücher erbeutet) durch das Tor von Paris und dem Elysee zu. Der vor sechs Tagen in seinem Armeebefehl pathetisch geschrieben: „Für jeden Franzosen, welcher Mut hat, ist der Augenblick gekommen, zu siegen oder zu sterben", hat weder gesiegt, noch ist er gestorben, wohl aber sind bei Waterloo und Ligny noch einmal sechzigtausend Menschen für hingefallen. Jetzt ist er nur rasch heimgereist wie seinerzeit von Ägypten, wie von Rußland, um die Macht zu retten: mit Absicht hat er die Fahrt verlangsamen lassen, nur um heimlich, vom Dunkel gedeckt, einzutreffen. Und statt geradeswegs in die Tuilerien zu treten zu den Volksvertretern Frankreichs in seinen kaiserlichen Palast, verbirgt er seine zerschlagenen Nerven in dem kleineren und abseitigeren Elysee.

Ein müder, zerschmetterter Mensch steigt aus dem Wagen, zusammenhanglose, verwirrte Worte stammelnd, nachträgliche Erklärungen und Entschuldigungen suchend für das Unvermeidliche. Ein heißes Bad lockert ihn auf, dann erst beruft er seinen Rat. Unruhig, zwischen Zorn und Mitleid schwankend, respektvoll ohne inneren Respekt, hören sie den wirren und fiebrigen Reden des Geschlagenen zu, der von neuem von hunderttausend Mann phantasiert, die er ausheben will, von der Requirierung der Luxuspferde, der ihnen (die genau wissen, daß man keine hundert Mann mehr aus dem ausgepreßten Land herausholen kann) vorrechnet, in vierzehn Tage könne er den Verbündeten wieder zweihunderttausend Mann entgegenstellen. Die Minister, darunter Fouché, stehen mit gesenkten Stirnen. Sie wissen, daß derartige Fieberreden nur noch die letzten Zuckungen jenes riesigen Machtwillens sind, der in diesem Giganten noch immer und immer nicht sterben will. Genau, was Fouché vorausgesagt hat, fordert er: die Diktatur, Vereinigung aller militärischen und politischen Macht in eine, in seine Hand – und er fordert sie vielleicht nur, um sie sich von den Ministern ablehnen zu lassen, um ihnen einmal später vor der Geschichte die Schuld zuzuschieben, eine letzte Möglichkeit des Sieges versäumt zu haben (die Gegenwart kennt Analogieen für solche Umstellungen!).

Aber alle Minister äußern sich vorsichtig, jeder voll Scham, diesem Leidenden, diesem wahnwitzig Fiebernden durch ein hartes Wort wehzutun. Nur Fouché braucht nicht zu reden. Er schweigt, denn er hat längst gehandelt und alle Vorkehrungen getroffen, um diesen letzten Ansturm Napoleons auf die Macht zu hindern. Mit sachlicher Neugier, der eines Arztes, wenn er die wilden letzten Zuckungen eines Sterbenden klinisch kalt betrachtet und im voraus berechnet, wann der Puls stocken, der Widerstand zerbrechen wird, hört er ohne Mitleid diesen vergeblichen Krampfreden zu: kein Wort kommt über seine eigene, dünne, blutlose Lippe. Moribundus, ein Verlorener, ein Aufgegebener, was zählen dessen verzweifelte Reden noch! Er weiß, während der Kaiser sich hier selbst berauscht, um mit gewaltsamen Phantastereien auch die anderen zu berauschen, entscheidet tausend Schritte weiter, in den Tuilerien, schon die Ratsversammlung unbarmherzig logisch nach seinem, Fouchés, endlich ungehemmten Geheiß und Willen.

Er selbst freilich erscheint, genau wie am 9. Thermidor, an diesem 21. Juni nicht in der Deputiertenversammlung. Er hat – und das genügt – im Dunkel seine Batterieen aufgefahren, den Schlachtplan entworfen, den rechten Mann und die rechte Minute für den Angriff gewählt: Napoleons tragischen und beinahe grotesken Gegenspieler, Lafayette. Als Held des amerikanischen Freiheitskrieges vor einem Vierteljahrhundert heimgekehrt, ein blutjunger Edelmann und doch schon mit dem Ruhm zweier Welten gekrönt, Fahnenschwinger der Revolution, Bahnbrecher der neuen Idee, Liebling seines Volkes, hatte

Lafayette früh, allzu früh, alle Ekstasen der Macht gekannt. Und dann war plötzlich aus dem Nichts, aus dem Schlafzimmer Barras', ein kleiner Korse gekommen, irgendein Leutnant mit halbzerrissenem Mantel und abgetretenen Schuhen, und hatte in zwei Jahren alles an sich gerissen, was er aufgebaut und begonnen, ihm seinen Platz raubend, seinen Ruhm; derlei vergißt sich nicht. Grollend bleibt der gekränkte Edelmann auf seinem Landgut, während jener im gestickten Kaisermantel die Fürsten Europas zu seinen Füßen empfängt und eine neue Despotie, die härtere des Genies, einführt für die einstige des Adels. Keinen Sonnenstrahl Gunst wirft diese aufsteigende Sonne hinüber in das entlegene Landgut; und wenn der Marquis de Lafayette in seinem schlichten Kleid einmal nach Paris kommt, beachtet der Emporkömmling ihn kaum, die goldgestickten Röcke der Generale, die Uniformen der im Blutbrei gebackenen Marschälle überglänzen seinen schon verstaubten Ruhm. Lafayette ist vergessen, niemand nennt seinen Namen zwanzig Jahre lang. Das Haar wird ihm grau, hager und ausgetrocknet die kühne Gestalt, und niemand ruft ihn, nicht zur Armee, nicht in den Senat, verächtlich läßt man ihn Rosen pflanzen in La Grange und dicke Kartoffeln. Nein, derlei vergißt ein Ehrgeiziger nicht. Und wie nun das Volk, 1815 der Revolution sich erinnernd, seinen einstigen Liebling wieder als Vertreter wählt und Napoleon gezwungen ist, das Wort an ihn zu richten, antwortet Lafayette nur kühl und abwehrend – zu stolz, zu ehrlich, zu aufrichtig, um seine Feindschaft zu verbergen.

Jetzt aber, von Fouché im Rücken gestoßen, tritt er vor, der rückgestaute Haß in ihm wirkt beinahe wie Klugheit und Kraft. Zum erstenmal hört man wieder die Stimme des alten Bannerträgers von der Tribüne: „Wenn ich seit so viel Jahren zum erstenmal wieder meine Stimme erhebe, welche die alten Freunde der Freiheit wieder erkennen werden, fühle ich mich gedrängt, von den Gefahren des Vaterlandes zu euch zu sprechen, dessen Rettung jetzt allein in eurer Gewalt steht." Zum ersten Male ist das Wort Freiheit wieder ausgesprochen, und das bedeutet in dieser Minute: Befreiung von Napoleon. Lafayettes Antrag pariert im voraus jeden Versuch, die Kammer aufzulösen, noch einmal einen Staatsstreich zu versuchen; begeistert wird beschlossen, daß die Volksvertretung sich in Permanenz erkläre und jeden als Verräter des Vaterlandes betrachte, der sich des Versuches schuldig macht, sie aufzulösen. An welche Adresse solche harte Botschaft sich wendet, ist nicht zu verkennen; kaum ist sie ihm überbracht, fühlt Napoleon schon den Faustschlag mitten ins Gesicht. „Ich hätte diese Leute vor meiner Abreise wegschicken sollen", sagt er wütend. „Jetzt ist es vorbei." In Wahrheit ist es weder vorbei noch zu spät. Noch könnte er mit dem Federstrich rechtzeitiger Abdankung seinem Sohn die Kaiserkrone retten, sich selber die Freiheit, noch könnte er andrerseits die tausend Schritte vom Elysee hinüber in den Sitzungssaal tun und dort durch seine Gegenwart der unsicheren Hammelherde seinen Willen aufzwingen; aber immer wieder zeigt die Weltgeschichte das gleiche verblüffende Phänomen, daß gerade die energischsten Gestalten im Scheitelpunkt der Entscheidung eine seltsame Unentschlossenheit überfällt, gleichsam eine Lähmung der Seele. Wallenstein vor dem Abfall, Robespierre in der Nacht vom 9. Thermidor und nicht zum mindesten die Führer des letzten Krieges, sie alle zeigen gerade dort, wo selbst Voreiligkeit geringerer Irrtum wäre, eine verhängnisvolle Unentschlossenheit. Napoleon parlamentiert, er diskutiert vor den paar Ministern, die ihn gleichgültig anhören, er beredet gerade in der Stunde, die seine Zukunft entscheiden soll, fruchtlos alle Fehler der Vergangenheit, er klagt an, er phantasiert, er holt Pathos aus sich, echtes und theatralisches, aber keinen Mut. Er redet, aber er handelt nicht. Und als ob Geschichte innerhalb eines Lebenskreises je sich wiederholte, als ob nicht immer Analogieen die gefährlichsten Denkfehler in der Politik wären, schickt er wie am 18. Brumaire seinen Bruder Lucien statt seiner als Redner hinüber, um die Abgeordneten zu gewinnen. Aber damals stand Lucien der Sieg des Bruders als beredter Anwalt zur Seite und harthändige Grenadiere, entschlossene Generale als Komplizen.

Und ferner, das hat Napoleon verhängnisvollerweise vergessen: zwischen diesen fünfzehn Jahren liegen zehn Millionen Tote. Und als Lucien jetzt auf die Tribüne tritt und das französische Volk beschuldigt, es lasse die Sache seines Bruders undankbar im Stich, da bricht plötzlich in Lafayette der zurückgestaute Zorn der enttäuschten Nation gegen ihren Schlächter aus, unvergeßliche Worte, die, wie Funken ins Pulverfaß geworfen, mit einem Schlage die letzte Hoffnung Napoleons zersprengen: „Wie," donnert er Lucien an, „Sie wagen uns den Vorwurf zu machen, wir hätten nicht genug für Ihren Bruder getan? Haben Sie vergessen, daß die Gebeine unserer Söhne, unserer Brüder überall von unserer Treue Zeugnis geben? In den Sandwüsten Afrikas, an den Ufern des Guadalquivir und des Tajo, an den Gestaden der Weichsel und auf den Eisfeldern von Moskau sind seit mehr als zehn Jahren drei Millionen Franzosen für einen Mann umgekommen! Für einen Mann, der noch heute mit unserm Blut gegen Europa kämpfen will. Das ist genug, übergenug für einen Mann! Jetzt ist unsere Pflicht, das Vaterland zu retten." Der donnernde Beifall von allen, denkt man, könnte Napoleon belehren, daß es nun höchste Zeit wäre, freiwillig zu entsagen. Aber nichts scheint schwieriger auf Erden, als

Abschied zu nehmen von der Macht. Napoleon zögert. Und dieses Zögern kostet seinem Sohn das Kaiserreich und ihm selbst die Freiheit.

Nun aber reißt Fouché die Geduld. Will der Unbequeme nicht freiwillig, so eben weg mit ihm; nur rasch die Hebel richtig ansetzen, dann stürzt auch so kolossalischer Nimbus. In der Nacht bearbeitet er die ihm ergebenen Abgeordneten, und prompt am nächsten Morgen verlangt die Kammer befehlshaberisch die Abdankung. Aber auch dies scheint nicht deutlich genug für einen, dem die Welle der Macht im Blut braust. Noch immer parlamentiert Napoleon hin und her, bis auf einen Fingerdruck Fouchés hin Lafayette das entscheidende Wort ausspricht: „Wenn er mit der Abdankung zögert, werde ich die Absetzung vorschlagen."

Eine Stunde Zeit geben sie dem Herrn der Welt zu ehrenvollem Abgang, eine Stunde dem Machtmenschen zu endgültigem Verzicht; aber er nützt sie genau wie 1814 vor seinen Generalen in Fontainebleau bloß theatralisch, statt politisch. „Wie," ruft er empört aus, „Gewalt? Wenn es so aussieht, werde ich nicht abdanken. Die Kammer ist nur eine Rotte von Jakobinern und Ehrgeizigen, die ich der Nation hätte denunzieren und auseinanderjagen sollen! Aber die Zeit, die ich verloren habe, läßt sich wieder einbringen." In Wirklichkeit will er sich noch dringlicher bitten lassen, um das Opfer zu erhöhen, und tatsächlich, genau wie 1814 die Generale, sprechen ihm nun seine Minister rücksichtsvoll zu. Nur Fouché schweigt. Nachrichten auf Nachrichten kommen, die Uhr läuft unbarmherzig weiter auf dem Zifferblatt. Endlich wirft der Kaiser einen Blick auf Fouché, einen, wie die Zeugen erzählen, gleichzeitig spöttischen und von leidenschaftlichem Haß erfüllten Blick. „Schreiben Sie den Herren," herrscht er ihn verächtlich an, „sie sollen sich ruhig verhalten, ich werde sie zufriedenstellen." Sofort wirft Fouché mit Bleistift ein paar Zeilen auf einen Zettel an seine Drahtzieher in der Kammer, der Eselstritt sei nicht mehr nötig; und Napoleon begibt sich in ein abgelegenes Zimmer, um seinem Bruder Lucien die Abdankung zu diktieren.

Nach einigen Minuten tritt er wieder in das Hauptkabinett zurück. Wem das inhaltsschwere Blatt übergeben? Furchtbare Ironie: gerade dem, der es ihm in die Feder gezwungen und nun unbeweglich wartend steht wie Hermes, der unerbittliche Bote. Ohne ein Wort reicht der Kaiser es ihm hin. Ohne ein Wort nimmt Fouché die schwer erkämpfte Urkunde und verbeugt sich. Dies aber war seine letzte Verbeugung vor Napoleon. In der Sitzung der Kammer hat Fouché, der Herzog von Otranto, gefehlt: Jetzt, da der Sieg entschieden ist, tritt er ein und langsam die Stufen empor, das welthistorische Blatt in der

Hand. Sie mag ihm gebebt haben vor Stolz, die schmale, harte Intrigantenhand, in dieser Minute, denn er hat gesiegt, zum zweitenmal über den stärksten Mann Frankreichs, und dieser 22. Juni heißt für ihn abermals 9. Thermidor. In ein erschüttertes Schweigen spricht er, selber kalt und unbewegt, ein paar Abschiedsworte für seinen einstigen Herrn, Papierblumen auf ein frisch geschaufeltes Grab. Dann aber keine Sentimentalitäten mehr! Man hat diesem Riesen nicht die Macht aus der Faust geschlagen, um sie lose zu Boden kollern zu lassen, jedem Geschickten zur Beute. Jetzt gilt es, selber zuzufassen, die Minute zu nützen, die seit Jahren ersehnte. So stellt er den Antrag, sofort eine provisorische Regierung, ein Direktorium von fünf Männern zu wählen, im voraus gewiß, jetzt endlich selbst gewählt zu werden. Jedoch noch einmal droht ihm die solange ersehnte Selbständigkeit aus der Hand zu gleiten; zwar gelingt es, bei der Wahl dem gefährlichsten Konkurrenten Lafayette, der ihm eben mit seinem Geradsinn und seiner republikanischen Überzeugung so treffliche Sturmbockdienste geleistet hat, auf heimtückische Weise ein Bein zu stellen; jedoch im ersten Wahlgang erhält Carnot 324 Stimmen, er selbst, Fouché, nur 293, so daß der Vorsitz der neuen provisorischen Regierung unzweifelhaft Carnot zufällt.

Aber in diesem entscheidenden Augenblick, knapp einen Zoll vor dem Ziele, schlägt Fouché, der gerissene Glücksspieler, noch einmal die bezauberndste und infamste seiner Volten. Nach diesen Wahlziffern gehört der Vorsitz selbstverständlich Carnot, und er, Fouché, wäre wie immer auch in dieser Regierung nur der Zweite, während er endlich der Erste sein will, der unumschränkte Gebieter. So greift er zu einer raffinierten List: kaum daß sich der Rat der Fünf versammelt hat und Carnot den ihm gebührenden Präsidentschaftsfauteuil einnehmen will, schlägt Fouché wie etwas Selbstverständliches den Kollegen vor, sich zu konstituieren. „Was verstehen Sie unter Konstituieren?“ fragt ganz erstaunt Carnot. „Nun,“ antwortet der naive Fouché, „unseren Schriftführer und Präsidenten wählen.“ Und fügt mit falscher Bescheidenheit gleich hinzu: „Ich gebe Ihnen selbstverständlich meine Stimme für den Präsidentenplatz.“ Carnot läßt sich übertölpeln und antwortet höflich:“Und ich Ihnen die meine.“ Aber zwei der Mitglieder sind im geheimen schon für Fouché gewonnen, so hat er drei Stimmen gegen zwei und sitzt, ehe Carnot noch begreifen kann, wie sehr er genarrt wurde, auf dem Präsidentenstuhl. Nach Napoleon und Lafayette ist glücklich nun auch Carnot überspielt, der populärste Mann, und statt seiner der gerissenste, nämlich Joseph Fouché, Herr der Geschicke Frankreichs. Innerhalb von fünf Tagen, vom 13. bis 18. Juni, hat der Kaiser die Macht verloren, in fünf Tagen, vom 17. bis 22. Juni, hat Joseph Fouché sie an sich gerissen, endlich nicht Diener mehr, zum erstenmal unbeschränkter Herr Frankreichs, frei, göttlich frei für das geliebte und verwirrende Spiel der Weltpolitik.

Erste Maßnahme nun: Weg mit dem Kaiser! Selbst der Schatten eines Napoleon erdrückt einen Fouché, und genau wie Napoleon als Herrscher sich nicht wohlfühlte, solange er diesen unberechenbaren Fouché in Paris wußte, so fühlt Fouché nicht den Atem frei, wenn nicht zwischen ihm und dem grauen Mantel ein paar tausend Meilen liegen. Ihn persönlich noch zu sprechen, vermeidet er – wozu Sentimentalitäten? –; nur Diktate schickt er ihm hinüber, dünn noch mit einem Rosapapier von Wohlwollen umkleidet. Aber auch diese matte, höfliche Verhüllung reißt er bald ab und zeigtmitleidslos dem Gestürzten seine Machtlosigkeit. Eine pathetische Proklamation, die Napoleon an seine Armee zum Abschied richtet, wirft er glatt unter den Tisch, und vergebens und verblüfft sucht am nächsten Morgen Napoleon seine kaiserlichen Worte im „Moniteur". Fouché hat ihr Erscheinen verboten. Fouché verbietet dem Kaiser! Noch kann er nicht an die grenzenlose Verwegenheit glauben, mit der sein einstiger Diener sich über ihn hinwegsetzt, aber mit einer zwingenden Nachdrücklichkeit wird er von Stunde zu Stunde von dieser harten Faust gepufft, bis er schließlich nach Malmaison übersiedelt. Doch dort bleibt er sitzen und stemmt sich. Er will nicht weiter, obwohl schon die Dragoner der Armee Blücher heranrücken, obwohl ihn von Stunde zu Stunde Fouché immer grimmiger mahnen läßt, er solle doch endlich Vernunft annehmen und verschwinden. Aber immer krampfhafter, je mehr er sich stürzen fühlt, klammert sich Napoleon an die Macht. Und schließlich, während die Reisekutsche im Hof schon bereit steht, fällt ihm noch eine großartige Geste ein; er erbietet sich, er, der Kaiser, als einfacher General an die Spitze der Truppen zu treten, um wieder einmal zu siegen oder zu sterben. Aber Fouché, der Nüchterne, nimmt derlei romantische Offerte nicht ernst: „Treibt dieser Mensch seinen Spott mit uns?" ruft er zornig aus. „Seine Gegenwart an der Spitze der Armee wäre nur eine neue Herausforderung für Europa, und der Charakter Napoleons gestattet nicht, ihm irgendeine Gleichgültigkeit gegen die Macht zuzutrauen."

Er schnauzt den General an, wie er die Kühnheit haben könne, solche Botschaften überhaupt zu bestellen, statt den Kaiser zu expedieren, und befiehlt ihm, sofort die Abreise des Lästigen durchzuführen. Napoleon selbst würdigt er überhaupt keiner Antwort. Besiegte sind für Fouché keine Unze Tinte wert. Nun ist er frei, nun ist er am Ziel: nach der Erledigung Napoleons steht in seinem sechsundfünfzigsten Jahre Joseph Fouché, der Herzog von Otranto, endlich allein und unbeschränkt auf dem Gipfel der Macht. Unendlicher Irrweg durch das Labyrinth eines Vierteljahrhunderts: vom kleinen, blassen Kaufmannssohn zum tristen, tonsurierten Priesterlehrer, dann empor zum Volkstribunen und Prokonsul, schließlich zum Herzog von Otranto, Diener eines Kaisers, und nun endlich niemandes Diener mehr, endlich Alleingebieter in Frankreich. Die Intrige hat triumphiert über die Idee, das Geschick über das Genie. Eine Generation Unsterblicher rings um ihn ist zur Tiefe gestürzt: Mirabeau tot, Marat ermordet, Robespierre, Desmoulins, Danton guillotiniert, sein Mitkonsul Collot verbannt auf die Fieberinsel von Guayana, Lafayette erledigt, alle, alle dahin und verschwunden, seine Kameraden aus der Revolution. Während er nun in Frankreich entscheidet, frei gewählt vom Vertrauen aller Parteien, flüchtet Napoleon, der Herr der Welt, in ärmlicher Verkleidung, mit falschem Paß als Sekretär eines kleinen Generals an die Küste; Murat und Ney erwarten ihre Füsilierung, die kleinen Familienkönige von Napoleons Gnaden irren mit leeren Taschen und ohne Land von Versteck zu Versteck.

Die ganze ruhmreiche Generation dieser einzigen Weltwende ist gesunken, nur er allein aufgestiegen dank seiner beharrlichen, im Dunkeln planenden, unterirdisch wühlenden Geduld. Wie Wachs schmiegen sich jetzt das Ministerium, der Senat und die Volksversammlung seiner meisterlichen Hand, die sonst so herrischen Generale, zitternd um ihre Pensionen, lammfromm ordnen sie sich dem neuen Präsidenten unter; Bürgerschaft und Volk eines ganzen Landes warten auf seine Entscheidung. Ludwig XVIII. sendet ihm Boten, Talleyrand seine Grüße, Wellington, der Sieger von Waterloo, vertrauliche Mitteilung – zum erstenmal laufen die Fäden des Weltgeschicks herrlich offen und frei durch seine Hand. Unermeßliche Aufgabe wartet seiner: ein zerschlagenes, besiegtes Land zu schützen vor den heranmarschierenden Feinden, nutzlosen pathetischen Widerstand zu verhindern, billige Bedingungen zu erlangen, die richtige Staatsform, den rechten Herrscher zu finden, aus dem Chaos neue Norm, eine dauernde Ordnung zu schaffen. Das erfordert Meisterschaft, eine äußerste Behendigkeit des Geistes, und tatsächlich, in dieser Stunde, wo alle verwirrt die Fassung verlieren, zeigen Fouchés Maßnahmen höchste Energie, seine doppelten und viergleisigen Pläne eine erstaunliche Sicherheit. Mit allen ist er Freund, um alle zu narren und nur einzig das zu tun, was ihm persönlich richtig und nützlich dünkt. Obwohl er vor dem Parlament den Sohn Napoleons zu fordern scheint, vor Carnot die Republik, vor den Verbündeten den Herzog von Orleans, schiebt er doch leise das Steuer dem früheren König Ludwig XVIII. entgegen.Ganz unmerklich, mit leisen, geschickten Wendungen, und ohne daß seine nächsten Kameraden die eigentliche Zielrichtung gewahren, paddelt er durch einen Sumpf von Bestechungen zu den Royalisten hinüber und verhandelt die ihm anvertraute Regierung an die Bourbonen, während er im Ministerrat und in der Kammer noch unentwegt den Bonapartisten und Republikaner spielt. Psychologisch gesehen, war seine Lösung die einzig richtige. Nur rasche Kapitulation vor dem König kann dem ausgebluteten, zerstörten, von fremden Truppen überfluteten Frankreich Schonung sichern, einen reibungslosen Übergang. Fouché allein begreift mit seinem Wirklichkeitssinn sofort diese Notwendigkeit und verwirklicht sie gegen den Widerstand des Rates, des Volkes, der Armee, der Kammer und des Senats aus eigenem Willen und aus eigener Kraft.

Aber alle Klugheit besitzt Fouché in diesen Tagen, nur eine – dies seine Tragik! –, die letzte, die höchste, die reinste nicht: sich selbst, seinen Vorteil um der Sache willen zu vergessen. Jene letzte, die ihm gebieten würde, nach dieser Meisterleistung zu entsagen, sechsundfünfzig Jahre alt, auf der Höhe des Erfolges, zehn- oder zwanzigfacher Millionär, geachtet und geehrt von seiner Zeit und der Geschichte. Aber wer zwanzig Jahre gelechzt nach der Macht, wer zwanzig Jahre von ihr gelebt und doch sich nicht satt gegessen, der wird unfähig, zu entsagen – genau wie Napoleon, vermag Fouché nicht eine Minute früher abzudanken, ehe er nicht gestoßen wird. Und da er jetzt keinen Herrn zu verraten hat, bleibt ihm nichts, als sich selbst zu verraten, seine eigene Vergangenheit. Das besiegte Frankreich jetzt seinem alten Herrscher zurückzugeben, war in diesem Augenblick eine wirkliche Tat gewesen, richtige und kühne Politik. Aber diese Entscheidung sich bezahlen zu lassen mit dem Trinkgeld eines königlichen Ministerpostens, das war Niedertracht und mehr als ein Verbrechen: eine Dummheit. Und diese Dummheit begeht jetzt der tollwütig Ehrgeizige, nur um noch ein paar Weltstunden „avoir la main dans la pâte“, die Finger im Brei zu haben – seine erste Dummheit und seine größte, jene untilgbare, die ihn für immer erniedrigt vor der Geschichte. Tausend Stufen ist er geschickt, geschmeidig, geduldig emporgestiegen: und mit einem einzigen ungeschickten, unnötigen Kniefall stürzt er sie alle hinab. Wie dieser Verkauf der Regierung an Ludwig den Achtzehnten gegen das Entgelt eines Ministerpostens zustande kommt, dafür besitzen wir glücklicherweise ein charakteristisches Dokument, eines der wenigen, das eine diplomatische Unterredung des sonst vorsichtigen Fouché wortwörtlich aufzeichnet. Während der hundert Tage hatte ein einziger entschlossener Königsanhänger, der Baron von Vitrolles in Toulouse, eine Armee zusammengebracht und den wiedergekehrten Napoleon bekämpft. Gefangen genommen und nach Paris gebracht, wollte der Kaiser ihn sofort erschießen lassen, aber Fouché hatte sich eingemengt; er war immer für Schonung, besonders gegen Feinde, die man allenfalls noch brauchen konnte. So hatte man sich begnügt, bis zur Erledigung des kriegsgerichtlichen Verfahrens den Baron Vitrolles im Militärgefängnis einzusperren. Aber kaum hört am 23. Juni die Frau des Gefährdeten, daß Fouché Gebieter Frankreichs geworden ist, so eilt sie schon zu ihm, Vitrolles Freilassung zu erbitten, die Fouché sofort gewährt, denn ihm ist viel daran gelegen, sich bei den Bourbonen einen Stein ins Brett zu schieben. Am nächsten Tage erscheint schon der Baron Vitrolles, der befreite Royalistenführer, bei dem Herzog von Otranto, um sich zu bedanken.

Nun ergibt sich folgendes politisch freundschaftliche Gespräch zwischen dem republikanisch gewählten Oberhaupt und dem geschworenen Erzroyalisten. Fouché sagt zu ihm: „Nun, was denken Sie jetzt zu tun?“ – „Ich beabsichtige, mich nach Gent zu begeben, mein Postwagen wartet vor dem Tor.“ – “Das ist das Klügste, was Sie tun können, denn hier sind Sie nicht in Sicherheit.“ – „Haben Sie mir nichts für den König mitzugeben?“ – „Ach, mein Gott, nein. Gar nichts. Sagen Sie, bitte, nur Seiner Majestät, Sie möge auf meine Ergebenheit zählen und daß es leider nicht von mir abhängt, daß Er bald wieder in die Tuilerien einziehe.“ – „Aber ich glaube, es hängt doch nur einzig von Ihnen ab, daß dies bald geschieht.“ – „Weniger, als Sie denken. Die Schwierigkeiten sind groß. Allerdings hat die Kammer die Situation vereinfacht. Sie wissen ja,“ (und dabei lächelt Fouché) „daß sie Napoleon den Zweiten proklamierte.“ – „Wie, Napoleon den Zweiten?“ – „Natürlich, damit mußte man beginnen.“ – „Aber ich vermute, das ist doch nicht ernst zu nehmen?“ – „Das kann man wohl sagen. Je mehr ich darüber nachdenke, um so mehr bin ich überzeugt, daß diese Ernennung ganz sinnlos ist. Aber Sie können sich ja nicht vorstellen, wie viele Leute noch diesem Namen anhängen. Einige meiner Kollegen, vor allem Carnot, sind überzeugt, daß mit Napoleon dem Zweiten alles gerettet sei.“ – „Und wie lange soll dieser Spaß dauern?“ –“Wahrscheinlich soviel Zeit, wie uns nottut, um uns von Napoleon dem Ersten zu befreien.“ – „Und dann, was soll dann geschehen?“ – „Wie soll ich das wissen? In Augenblicken wie diesen, ist es schwer, für den nächsten Tag vorauszusehen.“ – „Aber wenn Herr Carnot, Ihr Kollege, so sehr an Napoleon hängt, wird es Ihnen vielleicht doch schwerfallen, dieser Kombination auszuweichen.“ – „Bah, Sie kennen Carnot nicht! Es genügt, um ihn davon abzubringen, die Regierung des ›französischen Volkes‹ auszurufen. Französisches Volk, wenn er das hört, denken Sie einmal!" – Und nun lachen alle beide, der republikanisch gewählte Herzog von Otranto, der seinen Kollegen ausspottet, und der royalistische Sendling. Sie beginnen einander bereits zu verstehen. „So ist es recht, so wirds schon gehen," nimmt Herr Baron Vitrolles das Gespräch wieder auf, „aber ich hoffe, nach Napoleon dem Zweiten und dem französischen Volk' werden Sie endlich an die Bourbonen denken."– „Selbstverständlich," antwortet Fouché, „dann kommt die Reihe an den Herzog von Orleans." – „Wie, den Herzog von Orleans?" ruft der Baron Vitrolles überrascht aus, „den Herzog von Orleans? Glauben Sie denn, daß der König jemals eine so ausgebotene und an alle Welt verhandelte Krone annehmen wird?" Fouché schweigt nur und lächelt. Aber der Baron de Vitrolles hat bereits verstanden. Mit diesem hinterhältig ironischen, scheinbar lässigen Gespräch hat ihm Fouché seine Absichten gezeigt.

Er hat ihn deutlich fühlen lassen, daß, wenn er will, Schwierigkeiten vorhanden sind, daß man statt des Königs Ludwig des Achtzehnten auch Napoleon den Zweiten oder das französische Volk oder den Herzog von Orleans proklamieren könnte, daß er, Fouchée, aber persönlich an keiner dieser Möglichkeiten sonderlich hängt und ruhig bereit ist, sie alle drei zugunsten Ludwigs XVIII. auszuschalten, wenn ... Dieses Wenn ist nicht ausgesprochen, aber Baron de Vitrolles hat es bereits verstanden, vielleicht an einem Lächeln im Blick, vielleicht an einer Geste. Jedenfalls entschließt er sich plötzlich, seine Reise aufzugeben und in Paris bei Fouché zu bleiben, freilich unter der Bedingung, daß er frei mit dem König korrespondieren könne. Er stellt seine Bedingungen: zunächst fünfundzwanzig Pässe für seine Agenten nach Gent ins Hauptquartier des Königs. „Fünfzig, hundert, so viele Sie wollen", antwortet der heiter gelaunte republikanische Polizeiminister dem Vertreter der Gegner der Republik. „Und dann bitte ich, Sie jeden Tag einmal sprechen zu dürfen." Wieder antwortet heiter der Herzog: „Einmal, das ist nicht genug! Zweimal, einmal morgens, einmal abends." Nun kann der Baron von Vitrolles ruhig in Paris bleiben und unter dem Schutz des Herzogs von Otranto mit dem König verhandeln und ihm mitteilen, daß ihm die Tore von Paris offenstehen, wenn ... ja eben, wenn Ludwig XVIII. bereit ist, den Herzog von Otranto als Minister in der neuen königlichen Regierung in Kauf zu nehmen.

Als man Ludwig dem Achtzehnten vorschlägt, sich die Tore von Paris durch Fouché gegen das Trinkgeld eines Ministerpostens bequem öffnen zu lassen, schäumt der sonst dickblütige Bourbone auf. „Niemals!", schreit er die ersten an, die diesen verhaßten Namen auf die Liste setzen wollen. Und wirklich, welch absurde Zumutung, sich einen Königsmörder, einen von denen, die das

Todesurteil seines eigenen Bruders unterzeichnet haben, einen abgesprungenen Priester, wütenden Atheisten und Napoleonsdiener ins Haus zu nehmen! „Niemals!“ schreit er entrüstet. Aber man kennt diese Niemals der Könige, der Politiker und Generale aus der Geschichte, sie sind fast immer der Auftakt einer Kapitulation. Ist Paris nicht eine Messe wert? Haben seit Heinrich dem Vierten die Könige, seine Ahnen, nicht ähnliche sacrifici dell' inteletto, solche Opfer im Geiste und im Gewissen um der Herrschaft willen gemacht? Von allen Seiten gedrängt, von den Höflingen, den Generalen, von Wellington und vor allem von Talleyrand (der als verheirateter Bischof an diesem Hofe noch eine schwärzere Folie braucht), wird Ludwig XVIII. allmählich schwankend. Sie alle versichern ihm, nur ein Mann könne ihm ohne Widerstand die Tore von Paris öffnen: nur Fouché! Nur er, der Mann aller Parteien und Gesinnungen, der beste, der ewige Steigbügelhalter aller Kronprätendenten, würde Blutvergießen ersparen. Und dann: der alte Jakobiner sei längst braver Konservativer geworden, er habe bereut und Napoleon trefflich verraten. Schließlich legt der König, um sein Gewissen zu entlasten – „Armer Bruder, könntest du mich jetzt sehen!“ soll er ausgerufen haben –, die Beichte ab und erklärt sich bereit, Fouché heimlich in Neuilly zu empfangen – heimlich, denn in Paris darf ja niemand ahnen, daß für einen Ministerposten ein erwählter Führer des Volks sein Land und ein Kronprätendent für einen Königsreif seine Ehre verkauft: im Dunkel, nur den aufgesprungenen Bischof als Zeugen, wird dieses schamloseste Geschäft der neueren Geschichte zwischen dem Exjakobiner und dem Nochnichtkönig heimlich zu Ende gebracht.

Dort in Neuilly ereignet sich jene unheimliche und phantastische Szene, eines Shakespeare würdig oder eines Aretino: der König Ludwig der Achtzehnte, Abkömmling Ludwigs des Heiligen, empfängt den Mitmörder seines Bruders, den siebenfachen Eidbrecher Fouché, den Minister des Konvents, des Kaisers und der Republik, um ihm den Eid abzunehmen, den achten Treueid. Und Talleyrand, einstmaliger Bischof, dann Republikaner, dann Diener des Kaisers, führt seinen Kumpan herein. Der Hinkende legt, um besser auszuschreiten, seinen Arm auf die Schulter Fouchés – „das Laster, gestützt auf den Verrat“, wie Chateaubriand höhnisch vermerkt –, und so nähern sich die beiden Atheisten, Opportunisten brüderlich dem Erben Ludwigs des Heiligen. Tiefe Verbeugung vorerst.

Dann übernimmt Talleyrand die peinliche Pflicht, dem König den Mörder seines Bruders als Minister vorzuschlagen. Noch blasser ist der hagere Mann als gewöhnlich, da er jetzt vor dem „Tyrannen“, dem „Despoten“ das Knie beugt zum Eid und die Hand küßt mit dem gleichen Blut, das er vergießen half, da er den Eid schwört im Namen desselben Gottes, dessen Kirchen er geplündert und mit seinen Horden in Lyon geschändet. Immerhin ein starkes Stück, selbst für einen Fouché! Darum auch blickt er immer noch blaß, der Herzog von Otranto, wie er das Audienzzimmer des Königs verläßt; jetzt ist es eher der Hinkefuß Talleyrand, der ihn stützen muß. Er spricht kein Wort. Auch die ironischen Bemerkungen dieses abgebrühten Zynikerbischofs, der eine Messe las, wie er Karten spielt, können ihn nicht aus diesem betroffenen Schweigen herauslocken. Nachts fährt er, das unterschriebene Ministerdekret in der Tasche, zurück nach Paris zu den ahnungslosen Kollegen in den Tuilerien, die er morgen alle hinauswerfen und übermorgen in die Acht erklären wird: es dürfte ihm einigermaßen unbehaglich zumute sein in ihrer Mitte. Einmal war dieser ungetreueste Diener frei gewesen, aber – wunderbares Widerspiel des Geschicks! – niemals können subalterne Seelen die Freiheit ertragen, zwanghaft flüchten sie aus ihr immer wieder in neue Knechtschaft zurück. Und so erniedrigt sich Fouché, gestern noch stark und selbstherrlich, abermals einem Herrn, abermals kettet er seine freien Hände an die Galeere der Macht (und vermeint, sie sei die Ruderbank des Geschickes). Aber bald wird er auch das Abzeichen der Galeere, das Brandmal, tragen. Am nächsten Morgen rücken die Truppen der Verbündeten ein. Der geheimen Abrede gemäß besetzen sie dieTuilerien und sperren den Abgeordneten einfach die Türen zu. Das gibt dem scheinbar überraschten Fouché willkommenen Anlaß, seinen Kollegen vorzuschlagen, als Protest gegen die Bajonette die Regierung niederzulegen. Die Genarrten fallen auf die pathetische Geste hinein – so ist, wie verabredet, der Thronsessel plötzlich leer, es gibt einen Tag lang keine Regierung in Paris. Und Ludwig XVIII. braucht nur unter dem von seinem neuen Polizeiminister mit Geld arrangierten Jubel sich den Toren zu nähern, und er wird begeistert als Retter empfangen: Frankreich ist wieder Königreich. Jetzt erst begreifen die Kollegen Fouchés, wie raffiniert er sie überspielt. Jetzt, aus dem „Moniteur“, erfahren sie auch den Kaufpreis für Fouché. In diesem Augenblick bricht in dem anständigen, gesinnungstüchtigen, unantastbaren (nur ein wenig bornierten) Carnot die Wut hoch. „Wohin habe ich mich jetzt zu begeben, Verräter?“ herrscht er verächtlich den neugebackenen royalistischen Polizeiminister an.

Aber ebenso verächtlich antwortet Fouché: „Wohin du willst, Dummkopf.“

Und mit diesem lakonischen Charakterdialog der beiden alten Jakobiner, der letzten des 9. Thermidor, endet das erstaunlichste Drama der Neuzeit, die Revolution und ihre funkelnde Phantasmagorie: der Napoleonszug durch die

Weltgeschichte. Die Epoche der heroischen Abenteuer ist verloschen, Bürgerzeit beginnt.

Neuntes Kapitel
Sturz und Vergängnis
1815–1820

Am 28. Juli 1815 – die hundert Tage des Napoleonischen Zwischenspiels sind vorbei – zieht König Ludwig XVIII. in einer prächtigen, mit weißen Zeltern angeschirrten Karosse wieder in seine Stadt Paris ein. Der Empfang ist großartig, Fouché hat gut gearbeitet. Jubelnde Mengen umscharen den Wagen, von den Häusern wehen weiße Fahnen, und wo solche nicht aufzutreiben waren, hat man eilig Handtücher und Tischtücher an Spazierstöcken zum Fenster hinausgesteckt. Abends glänzt die Stadt mit tausend Lichtern, im Überschwang der Freude tanzt man sogar mit den Offizieren der englischen und preußischen Besatzungstruppen. Kein feindlicher Ruf wird gehört, die vorsorglich aufgebotene Gendarmerie erweist sich als unnötig; tatsächlich, der neue Polizeiminister des Allerchristlichsten Königs, Joseph Fouché, hat trefflich vorgesorgt für seinen neuen Souverän. In den Tuilerien, demselben Palast, wo er noch einen Monat zuvor ehrerbietig vor seinem Kaiser Napoleon als der Treueste sich gebärdet, erwartet der Herzog von Otranto den König, Ludwig den Achtzehnten, den Bruder des „Tyrannen", den er vor zweiundzwanzig Jahren hier im gleichen Hause zum Tode verurteilte. Jetzt aber verbeugt er sich tief und ehrfürchtig vor dem Sproß Ludwigs des Heiligen, und in seinen Briefen unterschreibt er sich „mit Ehrfurcht Ihro Majestät getreuester und ergebenster Untertan" (wörtlich so zu lesen unter einem Dutzend eigenhändiger Berichte). Von allen tollen Sprüngen seiner Charakterakrobatik war dieser der verwegenste, aber er wird auch sein letzter auf dem politischen Seile sein. Vorläufig freilich scheint sich alles vortrefflich anzulassen. Solange der König nicht fest auf dem Throne sitzt, verschmäht er nicht, sich an einem Herrn Fouché anzuhalten. Und dann: man braucht vorläufig noch diesen Figaro, der so trefflich hin und her zu jonglieren versteht. Zunächst für die Wahlen, denn man wünscht bei Hofe eine verläßliche Majorität im Volksparlament; dafür dient der „bewährte" Republikaner und Volksmann als unübertrefflicher Zutreiber. Außerdem sind noch allerhand unangenehme blutige Geschäfte zu besorgen: warum nicht diesen abgetragenen Handschuh benützen? Man kann ihn ja nachher wegwerfen und hat sich nicht selbst die königlichen Hände beschmutzt.

Ein solches schmieriges Geschäft ist gleich in den ersten Tagen zu verrichten. Zwar hat der König in der Verbannung feierlich versprochen, eine Amnestie zu gewähren und niemanden zu verfolgen, der während der hundert Tage unter dem heimgekehrten Usurpator Dienst getan hat. Aber nach Tische liest mans anders; nur selten glauben sich Könige verpflichtet, das einzuhalten, was sie als Kronprätendenten versprochen. Die ingrimmigen Royalisten, eitel auf ihre eigene Treue, verlangen, jetzt, da der König wieder sicher im Sattel sitzt, daß alle jene bestraft werden, die innerhalb der hundert Tage vom Lilienbanner abgefallen sind. Hart bedrängt von den Royalisten, die immer royalistischer denken als der König, gibt Ludwig der Achtzehnte schließlich nach. Und dem Polizeiminister fällt das peinliche Geschäft zu, diese Proskriptionsliste zusammenzustellen.

Dem Herzog von Otranto ist dieser Auftrag nicht angenehm. Soll man wirklich wegen einer solchen Kleinigkeit Menschen bestrafen, wirklich nur deshalb, weil sie das Vernünftigste taten und zum Stärkeren, zum Sieger, übergelaufen waren? Und dann, er erinnert sich, der Polizeiminister des Allerchristlichsten Königs, daß als erster Name auf eine solche Ächtungsliste nach Fug und Recht doch eigentlich jener des Herzogs von Otranto, des Polizeiministers unter Napoleon, gehörte, also sein eigener. Peinliche Situation, weiß Gott! Zunächst sucht Fouché mit einer List dem unangenehmen Auftrag zu entwischen. Statt einer Liste, die, wie gewünscht, dreißig oder vierzig der Hauptschuldigen enthalten soll, bringt er zum allgemeinen Staunen gleich ein paar Folioblätter mit dreihundert bis vierhundert, ja sogar, wie von manchen behauptet wird, tausend Namen und verlangt, daß man diese alle bestrafen solle oder gar keinen. So viel Mut, hofft er, wird der König doch nicht aufbringen, und damit wäre die ärgerliche Sache erledigt; aber leider, dem Ministerium präsidiert ein ebensolcher Fuchs wie er selbst, Talleyrand. Der merkt sofort, daß seinem Freunde Fouché die Pille bitter schmeckt; um so mehr drängt er darauf, sie ihn hinunterwürgen zu lassen. Mitleidslos läßt er die Liste Fouchés zusammenstreichen, bis nur vier Dutzend Namen übrig bleiben, und überweist ihm das peinliche Geschäft, diese Todes- und Verbannungsurteile mit seinem Namen zu unterfertigen.

Das Klügste wäre für Fouché, nun seinen Hut aufzusetzen und die Palasttür von außen zuzumachen. Aber schon mehrmals wurde hier der schwache Punkt Fouchés angedeutet: sein Ehrgeiz hat alle Klugheit, nur diese eine nicht: rechtzeitig entsagen zu können. Lieber wird Fouché Mißgunst, Haß und Erbitterung auf sich nehmen, als je freiwillig von einem Ministersessel aufstehen. So erscheint zur allgemeinen Wut eine Ächtungsliste, welche die berühmtesten, edelsten Namen Frankreichs enthält, mit der Gegenzeichnung des alten Jakobiners. Carnot steht darauf, „l'organisateur de la victoire“, der Schöpfer der Republik, und der Marschall Ney, der Sieger unzähliger Schlachten, der Retter der Reste der russischen Armee, alle seine Kameraden in der Provisorischen Regierung, die letzten seiner Kameraden aus dem Konvent, seiner Kameraden aus der Revolution. Alle Namen findet man in dieser fürchterlichen Liste, die Tod oder Verbannung androht, alle Namen, die durch Leistung innerhalb der letzten zwei Jahrzehnte Ruhm über Frankreich gebracht haben. Nur ein einziger Name fehlt darin, der Joseph Fouchés, des Herzogs von Otranto.

Oder eigentlich: er fehlt nicht. Auch der Name des Herzogs von Otranto steht auf dieser Liste. Aber nicht im Text als der eines angeklagten und geächteten napoleonischen Ministers. Sondern als Minister des Königs, der alle seine Kameraden in den Tod oder ins Exil schickt: als der des Henkers. Für einen so derben Stoß, wie ihn der alte Jakobiner mit dieser Selbsterniedrigung seinem Gewissen gegeben, kann ihm der König einen gewissen Dank nicht versagen. Joseph Fouché, dem Herzog von Otranto, wird nun eine höchste, eine letzte Ehrung zuteil. Witwer seit fünf Jahren, hat er beschlossen, sich wieder zu vermählen, und zwar gedenkt derselbe Mann, der einstens so grimmig nach dem „Blut der Aristokraten“ gelechzt, sich selber mit blauem Blut ehelich zu verbinden, nämlich eine Komtesse Castellane zu heiraten, eine Hocharistokratin, also ein Mitglied „jener verbrecherischen Bande, die unter dem Schwerte des Gesetzes zu fallen hat“, wie er seinerzeit in Nevers lieblich gepredigt. Aber seitdem, man sah davon allerhand muntre Proben, hat der einstige Jakobinissimus, der blutige Joseph Fouché, seine Anschauungen gründlich gewandelt; wenn er jetzt am ersten August 1815 in die Kirche fährt, so geschieht es nicht wie 1793, um die „schändlichen Wahrzeichen des Fanatismus“, die Kruzifixe und Altäre, mit dem Hammer zu zerschlagen, sondern um mit seiner adeligen Braut demütig den Segen eines Mannes in jener Mitra zu empfangen, die er, man erinnert sich, 1793 einem Esel zum Spott um die Ohren stülpen ließ. Nach alter Adelssitte – ein Herzog von Otranto weiß, was sich ziemt, wenn er eine Komtesse de Castellane heiratet – wird der Ehekontrakt von den ersten Familien des Hofes und des Adels mitunterzeichnet. Und als erster Zeuge unterschreibt Ludwig der Achtzehnte manu propria dies in der Weltgeschichte wohl einzige Dokument dem Mörder seines Bruders als würdigster und unwürdigster Zeuge.

Das ist viel, ohnegleichen viel. Und sogar zu viel. Denn gerade diese äußerste Frechheit, als „régicide“, als Königsmörder, den Bruder des guillotinierten Königs zum Trauzeugen zu bitten, erregt in den Adelskreisen ungeheure Erbitterung. Dieser elende Überläufer, dieser Royalist seit vorgestern, so murren sie, gebärdet sich ja, als ob er wirklich zum Hof und Adel gehöre. Wozu braucht man denn eigentlich noch diesen Menschen, „le plus dégoûtant reste de la révolution“, diesen letzten schmierigsten Auswurf der Revolution, der das Ministerium mit seiner widerlichen Gegenwart befleckt? Gewiß, er hat geholfen, den König wieder nach Paris zu führen, er hat seine käufliche Hand hergegeben, um die Acht über die besten Männer Frankreichs zu unterzeichnen. Jetzt aber hinaus mit ihm! Eben dieselben Aristokraten, die, solange der König vor den Toren von Paris höchst ungeduldig wartete, ihn bedrängten, er müsse unbedingt den Herzog von Otranto zum Minister berufen, um ohne Blutvergießen in Paris einzurücken, ebendieselben Herren wissen mit einemmal nichts von einem Herzog von Otranto mehr; sie erinnern sich hartnäckig nur an einen gewissen Joseph Fouché, der in Lyon Hunderte von Priestern und Adelsleuten mit Kanonenschüssen niederschmettern ließ und den Tod Ludwigs des Sechzehnten verlangte. Plötzlich merkt der Herzog von Otranto, wenn er das Vorzimmer des Königs durchschreitet, daß eine ganze Reihe der adeligen Herrn nicht mehr grüßt oder mit provokanter Verächtlichkeit ihm den Rücken zuwendet. Brandschriften gegen den „Mitrailleur de Lyon“ tauchen plötzlich auf und wandern von Hand zu Hand, eine neue patriotische Gesellschaft, die „Francs régénérés“, die Urahnen der „camelots du roi“ und der „erwachenden Ungarn“, halten Versammlungen ab und verlangen klipp und klar, daß das Lilienbanner endlich von diesem Schandfleck gereinigt werde.

Aber so leicht ergibt sich Fouché nicht, wenn es um die Macht geht: in sie beißt er sich mit den Zähnen fest. Im Geheimbericht eines Spions, der ihn in jenen Tagen zu überwachen hatte, liest man, wie er nach allen Seiten sich anzuklammern sucht. Schließlich sind ja noch die feindlichen Herrscher im Land: die können ihn gegen die allzu königlichen Diener des Königs verteidigen. Er besucht den Kaiser von Rußland, beredet sich täglich stundenlang mit Wellington und dem englischen Gesandten, er läßt alle diplomatischen Minen springen, indem er einerseits das Volk gewinnen will durch eine Beschwerde gegen die eingerückten Truppen und gleichzeitig dem Könige Angst macht durch übertriebene Berichte. Er schickt den Sieger von Waterloo zu König Ludwig dem Achtzehnten, als Fürsprecher, er mobilisiert die Bankleute, Frauen und die letzten Freunde. Nein, er will nicht weg: zu teuer hat sein Gewissen diesen Rang bezahlt, als daß er sich nicht wie ein Verzweifelter wehrte. Und tatsächlich, einige Wochen gelingt es ihm, indem er sich wie ein geschickter Schwimmer bald auf die Seite legt und bald auf den Rücken wirft, sich auf den politischen Wassern zu halten. Während all dieser Zeit trägt er, wie jener Spion berichtet, gute Zuversicht zur Schau, und wahrscheinlich hat er sie auch gehabt. Denn in diesen fünfundzwanzig Jahren ist er immer nach oben gekommen. Und wenn man mit einem Napoleon und einem Robespierre fertig geworden ist, wozu dann sich sorgen wegen ein paar einfältiger Edelmänner! Der alte Verächter der Menschen fürchtet sich vor Menschen längst nicht mehr, er, der die Größten der Weltgeschichte überspielt und überlebt hat. Aber eins hat dieser alte Kondottiere, dieser raffinierte Menschenkenner, doch nicht gelernt, und keiner kann es lernen: mit Gespenstern zu kämpfen. Dies Eine hat er vergessen, daß am königlichen Hofe ein Gespenst der Vergangenheit umgeht wie eine Erinnye der Rache: die Herzogin von Angoulême, die bluteigene Tochter Ludwigs XVI. und Maria Antoinettes, die einzige der Familie, die dem großen Massaker entronnen ist. Der König Ludwig XVIII., er konnte allenfalls Fouché noch verzeihen; schließlich dankt er diesem Jakobiner seinen Königsthron, und solche Erbschaft lindert manchmal (die Geschichte mag es bezeugen) auch in den höchsten Kreisen brüderlichen Schmerz. Aber für ihn war das Verzeihen leicht, denn er hat mit seiner Person nichts erlebt von jener Schreckenszeit; die Herzogin von Angoulême dagegen, die Tochter Ludwigs des Sechzehnten und Maria Antoinettes, sie hat die grauenhaften Bilder ihrer Kindheit im Blut. Sie hat Erinnerungen, die man nicht vergißt, und Haßgefühle, die sich durch nichts beschwichtigen lassen: zuviel hat sie erlebt am eigenen Leib, an der eigenen Seele, als daß sie je einem dieser Jakobiner, dieser Schreckensmänner, verzeihen könnte.

Sie hat als Kind im Schloß von Saint-Cloud den grausigen Abend schauernd mitgemacht, wo sansculottische Volksmassen die Türsteher ermordeten und mit bluttriefenden Schuhen vor ihre Mutter und ihren Vater traten. Erlebt dann den Abend, wo sie, zu viert in den Wagen gepreßt, Vater, Mutter, Bruder, „Bäckermeister, Bäckerin und die Bäckerjungen", inmitten einer höhnenden und johlenden Volksmenge, jede Stunde des Todes gewärtig, zurück nach Paris in die Tuilerien geschleppt wurden. Sie hat den zehnten August miterlebt, da die Pöbelmasse mit Beilhieben die Türen zu den Gemächern ihrer Mutter aufsprengte, da man höhnend ihrem Vater die rote Mütze aufs Haupt und die Pike auf die Brust setzte; sie hat die schaurigen Tage im Gefängnis des Temple erlitten und die entsetzlichen Minuten, wo man das blutüberströmte Haupt ihrer mütterlichen Freundin, der Herzogin von Lamballe, mit gelösten, blutverklebten Haaren auf der Spitze einer Pike zu ihnen ins Fenster hinaufgehoben hat. Wie soll sie den Abend vergessen können, da sie Abschied nahm von ihrem Vater, den man auf die Guillotine schleppte, den Abschied von ihrem kleinen Bruder, den man in enger Kammer verlausen und hinsiechen ließ? Wie sich nicht erinnern an die Kameraden Fouchés mit der roten Mütze, die sie tagelang verhörten und quälten, sie solle die angebliche Unzucht ihrer Mutter Maria Antoinette mit ihrem kleinen Sohne im Prozeß gegen die Königin bezeugen? Und wie den Augenblick aus dem Blut wegbannen, da sie sich ihrer Mutter aus den Armen reißen mußte und dann unten über das Pflaster der Karren ratterte, der sie unter die Guillotine schleppte? Nein, sie, die Tochter Ludwigs XVI. und Maria Antoinettes, die Gefangene des Temple, hat diese Schrecknisse nicht wie Ludwig XVIII. nur aus Zeitungen gelesen oder sich von Dritten erzählen lassen, sie trägt sie unauslöschbar tief eingebrannt in ihrer verschreckten, verdüsterten, gequälten und gemarterten Kinderseele. Und ihr Haß gegen diese Mörder ihres Vaters, gegen die Peiniger ihrer Mutter, gegen die Schreckbilder ihrer Kindheit, gegen alle Jakobiner und Revolutionäre hat sich noch lange nicht ausgelebt, noch immer nicht gerächt. Solche Erinnerungen vergessen sich nicht. Und so hat sie geschworen, nie und niemals dem Minister ihres Oheims, dem Mitmörder ihres Vaters, niemals Fouché die Hand zu reichen und nie gleiche Luft im gleichen Raum mit ihm zu atmen. Offen und herausfordernd zeigt sie vor dem ganzen Hofe dem Minister ihre Verachtung und ihren Haß. Sie betritt kein Fest, keine Veranstaltung, der dieser Königsmörder, dieser Verräter seiner eigenen Gesinnung beiwohnt, und ihre offene, höhnische, fanatisch zur Schau getragene Verachtung des Überläufers peitscht allmählich in allen andern das Ehrgefühl auf. Schließlich fordern einhellig alle Mitglieder der königlichen Familie von Ludwig dem Achtzehnten, daß er nun, da seine Macht gesichert sei, den Mörder seines Bruders mit Schimpf und Schande aus den Tuilerien jage.

Ungern, man erinnert sich, und nur weil er ihn unumgänglich brauchte, hat sich Ludwig XVIII. Joseph Fouché als Minister aufdrängen lassen. Gern und geradezu heiter gibt er ihm jetzt, da er ihn nicht mehr braucht, den Laufpaß. „Die arme Herzogin soll nicht dem ausgesetzt werden, diesem widerlichen Gesicht zu begegnen“, sagt er lächelnd von dem Manne, der sich noch ahnungslos sein „allgetreuester Diener“ unterschreibt. Und Talleyrand, der andere Überläufer, erhält den königlichen Auftrag, seinem Kameraden aus dem Konvent und der Napoleonszeit klarzumachen, daß man seine Gegenwart in den Tuilerien nicht mehr als erwünscht empfinde. Talleyrand übernimmt gern diesen Auftrag. Ohnehin hat er es schon schwer, die Segel nach dem scharfen royalistischen Wind zu drehen. So hofft er, sein glückhaftes Schiff noch am ehesten über Wasser halten zu können, indem er Ballast abwirft. Und der schwerste Ballast in seinem Ministerium ist dieser Königsmörder, sein alter Spießgeselle Fouché: ihn über Bord zu werfen, dieses scheinbar peinliche Geschäft besorgt er mit einer bezaubernd weltmännischen Geschicklichkeit. Nicht, daß er ihm grob oder feierlich die Entlassung ankündigte, – nein, als alter Meister der Formen, als souveräner Edelmann wählt er eine hinreißende Art, ihm begreiflich zu machen, daß nun für Herrn Fouché die Glocke endlich zwölf geschlagen hat. Immer stellt ja dieser letzte Aristokrat des Dix-huitième seine Komödienszenen und Intrigen in die Kulisse eines Salons, und auch diesmal kleidet er die grobe Verabschiedung in die feinste aller Formen. Am 14. Dezember begegnen sich Talleyrand und Fouché in einer Abendgesellschaft. Man speist, man spricht, man plaudert lässig, besonders Talleyrand scheint ausgezeichneter Laune. Ein großer Kreis sammelt sich um ihn; schöne Frauen, Würdenträger und junge Leute, alles drängt neugierig heran, um diesem Meister der Rede zu lauschen. Und wirklich, er erzählt diesmal ganz besonders charmant. Er erzählt von längst vergangenen Tagen, als er vor dem Verhaftungsbefehl des Konvents nach Amerika flüchten mußte, und rühmt begeistert dieses großartige Land. Ach, wie herrlich sei es dort: undurchdringliche Wälder, bewohnt vom urtümlichen Stamme der Rothäute, gewaltige, undurchforschte Ströme, der mächtige Potomac und der riesige Eriesee, und inmitten dieser heroischen und romantischen Welt ein neues Geschlecht, stählern, tüchtig und stark, in Kämpfen bewährt, der Freiheit verschworen, vorbildlich in seinen Gesetzen, unausdenkbar in seinen Möglichkeiten. Ja, dort sei noch zu lernen, dort spüre man eine neue, bessere Zukunft, tausendmal lebendiger als in unserem abgelebten Europa! Dort müßte man wohnen, dort müßte man wirken, ruft er begeistert aus, und kein Posten schiene ihm verlockender als der eines Gesandten bei den Vereinigten Staaten. …

Und plötzlich unterbricht er sich in seiner wie zufälligen Begeisterung und wendet sich Fouché zu: „Hätten Sie nicht Lust, Herzog von Otranto, zu einer solchen Stellung?“

Fouché erblaßt. Er hat verstanden. Innerlich bebt er vor Wut, wie gerissen und geschickt der alte Fuchs ihm vor allen Leuten, vor dem ganzen Hofe den Ministersessel vor die Türe gesetzt hat. Er gibt keine Antwort. Aber nach wenigen Minuten empfiehlt er sich, geht nach Hause und schreibt seine Demission. Talleyrand bleibt munter zurück und vertraut am Heimweg seinen

Freunden mit schiefem Lächeln an: „Diesmal habe ich ihm endgültig den Hals umgedreht.“

Um diesem prallen Hinauswurf Fouchés vor der Öffentlichkeit ein dünnes Mäntelchen umzuhängen, bietet man dem entlassenen Minister pro forma ein anderes kleines Amt an. So steht also nicht im „Moniteur“, daß der Königsmörder, der „régicide“ Joseph Fouché aus seiner Stellung als Polizeiminister entlassen sei, sondern man liest, daß Seine Majestät, der König Ludwig XVIII., geruht hätten, Seine Exzellenz den Herzog von Otranto zum Gesandten am Dresdner Hofe zu ernennen. Selbstverständlich erwartet man, er werde diese ganz wertlose Stellung abweisen, die weder seinem Rang noch seiner schon welthistorischen Stellung entspricht. Aber weit gefehlt! Mit einem Minimum an wacher Vernunft müßte Fouché begreifen, daß er, der Königsmörder, im Dienst eines reaktionären Königreiches endgültig und ohne Rettung erledigt sei, daß man ihm nach einigen Monaten auch jenen erbärmlichen Knochen aus den Zähnen reißen wird. Aber der Heißhunger nach Macht hat diese einstmals so verwegene Wolfsseele völlig hündisch gemacht. Genau wie Napoleon bis zum letzten Moment nicht nur an seiner Stellung, sondern noch an der bloßen Namensattrappe seiner kaiserlichen Würde sich eisern festklammerte, so und noch viel unedler hängt sich sein Diener Fouché an den letzten und kleinsten Titel einer Scheinministerschaft. Zäh wie Schleim klebt er an der Macht, er gehorcht, dieser ewige Diener, voll Erbitterung auch diesmal seinem Herrn! „Ich nehme, Sire, mit Dankbarkeit die Gesandtschaft an, die Eure Majestät geruht haben, mir anzubieten“, schreibt dieser Siebenundfünfzigjährige, dieser zwanzigfache Millionär, demütig an den Mann, der seit einem halben Jahre durch seine eigene Gnade wieder König ist. Er packt seine Koffer und übersiedelt mit seiner ganzen Familie an dieses kleine Höflein nach Dresden, richtet sich fürstlich ein und tut, als ob er sein Lebensende dort als Gesandter des Königs verbringen wolle.

Aber was er so lange gefürchtet, erfüllt sich bald. Fast fünfundzwanzig Jahre lang hat Fouche die Wiederkehr der Bourbonen wie ein Verzweifelter bekämpft aus dem richtigen Instinkt, sie würden schließlich doch Rechenschaft fordern für die zwei Worte „La mort“, mit denen er Ludwig den Sechzehnten unter die Guillotine gestoßen. Aber törichterweise hatte er gehofft, sie zu täuschen, indem er sich in ihre Reihen einschlich, sich als braver königstreuer Diener vermummte. Diesmal jedoch hat er nicht die anderen, nur sich selber getäuscht. Denn kaum hat er neue Tapeten in seinen Dresdner Zimmern aufkleben lassen, kaum Tisch und Bett gerüstet, so bricht schon im französischen Parlament der Donner los. Niemand spricht mehr vom Herzog von Otranto, alle haben vergessen, daß ein Würdenträger dieses Namens ihren neuen König Ludwig XVIII. im Triumphe nach Paris heimgeführt hat, – alle reden sie nur von einem Herrn Fouché, dem „régicide“ Joseph Fouché de Nantes, der 1792 den König verurteilte, vom „Mitrailleur de Lyon“, und mit der überwältigenden Majorität von 334 Stimmen gegen nur 32 wird der Mann,“der die Hand gegen den Gesalbten des Herrn erhoben“, von jeder Amnestie ausgeschlossen und für Lebenszeit aus Frankreich verbannt. Selbstverständlich bedeutet dies auch schmähliche Entlassung von seinem Gesandtenposten. Ohne Mitleid, glatt, höhnisch und verächtlich wird jetzt „Herr Fouché“, nicht mehr Exzellenz, nicht mehr Komtur der Ehrenlegion, nicht mehr Senator, nicht mehr Minister, nicht mehr Großwürdenträger, mit einem Fußtritt auf die Straße gesetzt und gleichzeitig dem König von Sachsen amtlich angedeutet, daß auch das persönliche Verweilen dieses Individuums Fouché in Dresden nicht mehr willkommen sei. Der selbst Tausende in die Verbannung geschickt hat, folgt jetzt, zwanzig Jahre später, als Letzter den Kämpfern des Konvents nach, heimatlos, verflucht, verbannt. Und, da er nun machtlos ist und vogelfrei, wirft sich der Haß aller Parteien ebenso einhellig auf den Gestürzten, wie vordem die Sympathieen aller Parteien den Mächtigen umworben hatten. Nun helfen alle Schliche, alle Proteste, alle Beschwörungen nicht mehr: ein Machtmensch ohne Macht, ein erledigter Politiker, ein abgespielter Intrigant ist immer das erbärmlichste Ding auf Erden. Spät, aber mit Wucherzinsen wird Fouché jetzt seine Schuld bezahlen, niemals einer Idee, einer moralischen Leidenschaft der Menschheit gedient zu haben, sondern immer nur der vergänglichen Gunst des Augenblicks und der Menschen.

Wohin nun? Der aus Frankreich verbannte Herzog von Otranto macht sich anfangs keine Sorgen. Ist er denn nicht der Günstling des Zaren, der Vertraute Wellingtons, des Siegers von Waterloo, der Freund des allmächtigen österreichischen Ministers Metternich? Sind die Bernadottes ihm nicht Dank schuldig, die er auf den Thron von Schweden geschoben, nicht die bayrischen Fürsten? Kennt er nicht alle Diplomaten vertraulich seit Jahr und Jahr, haben sich nicht alle Fürsten und Könige Europas leidenschaftlich um seine Gunst bemüht? Er braucht doch nur, so meint der Gestürzte, eine zarte Andeutung zu machen, und jedes Land wird sich dringlich den Vorzug erbitten, den vertriebenen Aristides zu beherbergen. Aber wie anders handelt die Weltgeschichte gegen einen Gestürzten als gegen einen Mächtigen! Vom Zarenhof trifft trotz mehrmaliger Andeutungen keine Einladung ein, ebensowenig von Wellington; Belgien lehnt ab, sie haben dort schon genug von alten Jakobinern in ihren Grenzpfählen, Bayern biegt vorsichtig aus, und auch der alte Freund, der

Fürst Metternich, tut sonderbar kühl. Nun ja, allenfalls, wenn er es durchaus wolle und wünsche, könne der Herzog von Otranto sich auf österreichisches Gebiet begeben, man sei großmütig bereit, nichts dawider zu haben. Aber keinesfalls dürfe er nach Wien, nein, dort könne man ihn nicht brauchen, und auch nach Italien dürfe er unter keiner Bedingung. Höchstens in einer kleinen Provinzstadt, und zwar nicht innerhalb Niederösterreichs, also nicht nahe bei Wien, könne er (braves Verhalten vorausgesetzt!) Aufenthalt nehmen. Wahrhaftig, er tut nicht sehr dringlich, der alte gute Freund Metternich, und selbst daß der millionenreiche Herzog von Otranto anbietet, sein ganzes Vermögen in österreichischem Grund und Boden oder in österreichischen Staatspapieren anzulegen, daß er vorschlägt, seinen Sohn in der kaiserlichen Armee dienen zu lassen, lockt den österreichischen Minister nicht aus seiner reservierten Haltung. Als der Herzog von Otranto einen Besuch in Wien ankündigt, wehrt er höflich ab, nein, er möge nur still, ganz privat sich nach Prag begeben.

So schleicht sich, ohne rechte Einladung, ohne Ehre, bedeutend mehr geduldet als gebeten, Joseph Fouché von Dresden nach Prag hinüber, um dort Aufenthalt zu nehmen: sein viertes Exil, sein letztes und grausamstes hat begonnen. Auch in Prag tut man nicht sehr entzückt über den hohen, allerdings von seiner Höhe arg heruntergerutschten Gast, besonders die erbeingesessene Aristokratie zeigt dem plötzlichen Eindringling die kalte Schulter. Denn die böhmischen Adeligen lesen noch immer französische Zeitungen, und die strotzen gerade jetzt von den rachevollsten und rabiatesten Angriffen gegen den „Herrn" Fouché; sie erzählen häufig und sehr ausführlich, wie dieser Jakobiner 1793 in Lyon Kirchen geplündert und in Nevers die Kassen ausgeräumt. Alle die kleinen Schreiber, die einst vor der harten Faust des Polizeiministers gezittert und ihren Zorn in die Zähne beißen mußten, spucken jetzt hemmungslos auf den Wehrlosen. Mit rasender Geschwindigkeit dreht sich jetzt das Rad herum. Der seinerzeit die halbe Welt überwachte, wird jetzt selbst überwacht; alle Polizeimethoden, die sein erfinderisches Genie ausspekuliert, wenden jetzt seine Schüler und einstigen Beamten gegen ihren einstigen Meister an. Jeder Brief an oder von dem Herzog von Otranto wandert durch das Schwarze Kabinett, wird geöffnet und abgeschrieben, Polizeiagenten belauschen und melden jedes Gespräch, man bespitzelt seinen Umgang, kontrolliert jeden Schritt, überall fühlt er sich überwacht, eingekreist, belauert; seine eigene Kunst, seine eigene Wissenschaft erprobt sich mit grausamster Geschicklichkeit an dem Allergeschicktesten, der sie erfunden. Vergeblich sucht er Abhilfe gegen diese Erniedrigungen. Er schreibt an den König

Ludwig XVIII., aber der antwortet dem Abgesetzten so wenig, wie Fouché einst Napoleon am Tage nach seiner Absetzung antwortete. Er schreibt dem Fürsten Metternich, der ihm bestenfalls durch untergeordnete Kanzleibeamte ein mürrisches Ja oder Nein erwidern läßt. Er solle doch ruhig halten unter den Prügeln, die jeder ihm gönnt, er soll doch endlich aufhören, zu rumoren und zu querulieren. Der bei allen nur durch Furcht beliebt war, wird von allen verachtet, seitdem man ihn nicht mehr fürchtet: der größte politische Spieler hat ausgespielt.

Fünfundzwanzig Jahre lang war dieser Geschmeidige, dieser Unfaßbare immer wieder dem Schicksal entglitten, das so oft schon ihn drohend angefaßt. Jetzt, da er endgültig am Boden liegt, prügelt es unbarmherzig auf den Gestürzten los. In Prag erlebt nach dem politischen Menschen noch der private Mann, Joseph Fouché, sein schmerzlichstes Canossa: kein Romanschreiber könnte seiner moralischen Erniedrigung geistreicheres Symbol erfinden als die kleine Episode, die sich dort 1817 ereignete. Denn zum Tragischen gesellt sich jetzt das schrecklichste Zerrbild jedes Unglücks: die Lächerlichkeit. Nicht nur der politische Mann wird erniedrigt, auch der Ehemann. Man darf getrost annehmen, daß nicht Liebe die sechsundzwanzigjährige, bildschöne Aristokratin seinerzeit diesem sechsundfünfzigjährigen Witwer mit dem kahlen und fahlen Totenkopfgesicht angenähert. Aber dieser wenig verführerische Werber war 1815 der zweitreichste Mann Frankreichs, zwanzigfacher Millionär, Exzellenz, Herzog und ein angesehener Minister Seiner Allerchristlichsten Majestät; so winkte der netten, aber verarmten Provinzkomtesse die berechtigte Hoffnung, auf allen Hoffesten und im Faubourg Saint-Germain als eine der vornehmsten Frauen Frankreichs zu glänzen, und tatsächlich, der Anfang setzte verheißungsvoll ein: Seine Majestät geruhte, ihren Vermählungsbrief höchstpersönlich zu unterfertigen, Adel und Hof drängte unter den Gratulanten, ein prächtiges Palais in Paris, zwei Landgüter und ein Fürstenschloß in der Provence wetteiferten, die Fürstin von Otranto als Herrin zu beherbergen. Für derlei Herrlichkeiten und zwanzig Millionen nimmt eine Ehrgeizige auch einen nüchternen, glatzigen, pergamentgelben Gatten von sechsundfünfzig Jahren in Kauf. Aber die voreilige Komtesse hat ihre helle Jugend für Teufelsgold verkauft, denn knapp hinter den Flitterwochen muß sie entdecken, daß sie nicht Gattin eines hochgeehrten Staatsministers ist, sondern Frau des verhöhntesten, verhaßtesten Mannes von Frankreich, des hinausgejagten, landverwiesenen, von aller Welt verachteten „Herrn" Fouché – der Herzog mit all seiner Herrlichkeit hat sich verflüchtigt, der verschabte, verbitterte, gallige Greis ist ihr geblieben. So ereignet es sich nicht sehr überraschend, daß in Prag zwischen dieser 26jährigen Frau und dem jungen Thibaudeau, dem Sohn eines gleichfalls vertriebenen alten Republikaners, eine „amitié amoureuse" sich anspinnt, von der man nicht genau weiß, wieweit sie nur amitié und wieweit sie amoureuse gewesen. Aber es kommt zu sehr stürmischen Auftritten aus diesem Anlaß, Fouché verbietet dem jungen Thibaudeau sein Haus, und ärgerlicherweise bleibt diese eheliche Zwistigkeit kein Geheimnis.

Die royalistischen Zeitungen, auf jeden Anlaß lauernd, demselben Mann, vor dem sie jahrelang gezittert, eins mit der Peitsche überzuknallen, veröffentlichen boshafte Notizen über seine häuslichen Enttäuschungen; sie verbreiten zum Entzücken aller Leser die grobe Lüge, die junge Herzogin von Otranto sei in Prag dem alten Hahnrei mit ihrem Liebhaber durchgebrannt. Bald bemerkt der Herzog von Otranto, wenn er in Prag eine Gesellschaft besucht, daß die Damen mit Mühe ein kleines Lächeln unterdrücken und ironischen Blicks die junge blühende Frau mit seiner eigenen, wenig bezaubernden Gestalt vergleichen. Nun spürt der alte Gerüchtemacher, der ewige Jäger nach Geschwätz und Skandal, am eigenen Leibe, wie wenig es wohltut, das Opfer eines böswilligen Rufmordes zu sein, und daß man solche Verleumdungen niemals bekämpfen kann, sondern am klügsten tut, vor ihnen zu fliehen. Nun, erst im Unglück, erkennt er die ganze Tiefe seines Falles, und sein Exil in Prag wird ihm zur Hölle. Neuerdings wendet er sich an den Fürsten Metternich um Erlaubnis, die unerträgliche Stadt verlassen und eine andere innerhalb Österreichs wählen zu dürfen. Man läßt ihn warten. Endlich erlaubt ihm Metternich gnädig, sich nach Linz zu begeben: dorthin zieht sich nun der enttäuschte und müde Mann gedemütigt zurück vor dem Haß und Hohn der ihm früher untertänigen Welt.

Linz – man lächelt immer in Österreich, wenn jemand diesen Stadtnamen nennt, er reimt sich zu unwillkürlich auf Provinz. Eine kleinbürgerliche Bevölkerung ländlichen Ursprungs, Schiffsarbeiter, Handwerker, meist arme Leute, nur ein paar Häuser altangesessenen österreichischen Landadels. Nicht wie in Prag eine große, ruhmreiche Tradition, keine Oper, keine Bibliothek, kein Theater, keine rauschenden Adelsbälle, keine Festlichkeiten – eine echte und rechte schläfrige, ländliche Provinzstadt, ein Veteranenasyl. Dort siedelt sich der alte Mann mit den beiden jungen, fast gleichaltrigen Frauen an, die eine seine Gattin, die andere seine Tochter. Er mietet ein prächtiges Haus, läßt es vornehm instand setzen, sehr zur Freude der Linzer Lieferanten und Geschäftsleute, die solche Millionäre in ihren Mauern bisher nicht gewohnt waren. Ein paar Familien bemühen sich, mit dem interessanten und dank des Geldes doch irgendwie vornehmen Fremden in Verkehr zu treten, der Adel aber zieht sehr merkbar die geborene Gräfin Castellane dem Sohn eines bürgerlichen Pfeffersacks, diesem „Herrn" Fouché, vor, dem erst ein Napoleon (selbst ein Abenteurer in ihren Augen) einen Herzogsmantel um die dürren Schultern gehängt. Die Beamtenschaft wiederum hat geheimen Auftrag von Wien, sich möglichst wenig mit ihm einzulassen; so lebt der früher leidenschaftlich Tätige vollkommen isoliert und beinahe gemieden. Ein Zeitgenosse schildert damals in seinen Memoiren sehr plastisch seine Situation auf einem der öffentlichen Bälle: „Auffallend war, wie die Herzogin gefeiert, aber Fouché selbst vernachlässigt wurde. Er war von mittlerer Größe, stark, aber nicht dick, und hatte ein häßliches Gesicht. Er erschien zu Tanzfestlichkeiten stets im blauen Frack mit Goldknöpfen, weißen Beinkleidern und weißen Strümpfen. Er trug den großen österreichischen Leopoldsorden. Gewöhnlich stand er allein am Ofen und sah dem Tanze zu. Wenn ich diesen früher allmächtigen Minister des französischen Kaiserreichs betrachtete, wie er so einsam und verlassen dastand und froh zu sein schien, wenn irgendein Beamter mit ihm ein Gespräch anfing oder ihm eine Schachpartie anbot, so mußte ich unwillkürlich an die Wandelbarkeit aller irdischen Macht und Größe denken."

Ein einziges Gefühl hält diesen geistig leidenschaftlichen Mann bis zum letzten Augenblick aufrecht: die Hoffnung, einmal, noch einmal wieder politisch hoch zu kommen. Müde, verbraucht, ein wenig schwerfällig und sogar schon schwerleibig geworden, kann er sich von dem Wahn nicht trennen, man müsse ihn, den Hochverdienten, noch einmal in sein Amt zurückrufen, noch einmal würde wie so oft das Schicksal ihn aus dem Dunkel reißen und zurückwerfen in das göttliche Weltspiel der Politik. Unablässig bleibt er in geheimem Briefwechsel mit seinen Freunden in Frankreich, noch immer webt die alte Spinne ihre geheimen Netze, aber sie bleiben im Linzer Dachsparren unbeachtet. Er veröffentlicht unter falschem Namen „Bemerkungen eines Zeitgenossen über den Herzog von Otranto", eine anonyme Lobschrift, die sein Talent, seinen Charakter in den lebhaftesten, beinahe lyrischen Farben schildert, gleichzeitig streut er, um seine Feinde scharf einzuschüchtern, in Privatbriefen vorsorglich aus, daß der Herzog von Otranto an seinen Memoiren schreibe, sogar, daß sie demnächst bei Brockhaus erscheinen und dem König Ludwig dem Achtzehnten gewidmet sein sollen: damit will er die Allzuverwegenen erinnern, daß der ehemalige Polizeiminister Fouché doch noch einige Pfeile im Köcher habe, und zwar tödlich giftige. Aber sonderbar, niemand hat mehr vor ihm Furcht, nichts erlöst ihn von Linz, niemand denkt daran, ihn zu rufen, ihn zu holen, niemand will seinen Rat, seine Hilfe. Und als in der französischen Kammer aus anderm Anlaß die Frage der Rückberufung der Verbannten erörtert wird, wird seiner weder mit Haß noch mit Interesse gedacht. Die drei Jahre, seit er die Weltbühne verlassen, haben genügt, den großen Schauspieler, der in allen Rollen exzellierte, vergessen zu machen, Schweigen wölbt sich über ihn wie ein gläserner Katafalk. Es gibt keinen Herzog von Otranto mehr für die Welt; nur ein alter Mann, müde, ärgerlich, einsam und fremd, geht mürrisch durch die langweiligen Straßen von Linz spazieren. Hie und da lüftet ein Lieferant, ein Geschäftsmann vor dem Kränklichen und Geduckten höflich den Hut, sonst kennt ihn niemand mehr in der Welt, und niemand denkt an ihn. Die Geschichte, dieser Anwalt der Ewigkeit, hat die grausamste Rache genommen an dem Manne, der immer nur an den Augenblick gedacht: sie begräbt ihn bei lebendigem Leibe.

So vergessen ist der Herzog von Otranto, daß niemand außer ein paar österreichischen Polizeibeamten darauf achthat, als Metternich endlich im Jahre 1819 dem Herzog von Otranto verstattet, nach Triest zu übersiedeln, und dies nur, weil er aus verläßlicher Quelle weiß, daß diese kleine Gnade einem Sterbenden gilt. Die Untätigkeit hat diesen arbeitswütigen Unruhemenschen mehr ermüdet und geschädigt als dreißig Jahre Frondienst. Seine Lungen beginnen zu versagen, er kann das rauhe Klima nicht vertragen, so bewilligt ihm Metternich einen sonnigeren Ort zum Sterben: Triest. Dort sieht man dann manchmal einen gebrochenen Mann mit schon schweren Schritten in die Messe gehen und mit gefalteten Händen vor den Bänken knieen: der einstmalige Joseph Fouché, der vor einem Vierteljahrhundert mit eigener Hand die Kruzifixe auf den Altären zerschlug, er kniet jetzt mit gebeugtem, weißem Haupt vor den „lächerlichen Zeichen des Aberglaubens“, und vielleicht mag ihn jetzt Heimweh überkommen haben nach den stillen Refektoriengängen seiner alten Klöster. Irgend etwas in ihm ist völlig verwandelt, er möchte, der alte Streiter und Ehrgeizige, nur noch Frieden mit allen seinen Feinden. Die Schwestern und Brüder seines großen Gegners Napoleon – auch sie längst gestürzt und von der Welt vergessen – besuchen ihn und plaudern mit ihm vertraulich von vergangenen Zeiten: all diese Besucher sind erstaunt, wie dieser Mann an der Müdigkeit wahrhaft milde geworden ist. Nichts an diesem armen Schatten erinnert mehr an den gefürchteten und gefährlichen Menschen, der durch zwei Jahrzehnte lang die Welt verwirrt und die stärksten Männer der

Zeit ins Knie gedrückt. Nur Frieden will er haben, Frieden und ein gutes Sterben.

Und wirklich, in seinen letzten Stunden macht er noch Frieden mit seinem Gott und den Menschen. Frieden mit Gott: denn der alte kämpferische Atheist, der Verfolger des Christentums, der Zerstörer der Altäre, er läßt in den letzten Dezembertagen einen der „abscheulichen Betrüger" (wie er sie in den Maientagen seines Jakobinertums nannte), einen Priester, kommen und empfängt mit fromm gefalteten Händen die letzte Ölung. Und Frieden mit den Menschen: denn wenige Tage vor seinem Tode befiehlt er seinem Sohn, seinen Schreibtisch zu öffnen und alle Papiere herauszuholen. Ein großes Feuer wird entzündet, Hunderte und Tausende von Briefen werden hineingeworfen, wahrscheinlich auch die viel gefürchteten Memoiren, vor denen Hunderte zitterten. War es eine Schwäche des Sterbenden oder eine letzte späte Güte, war es Angst vor der Nachwelt oder grobe Gleichgültigkeit – jedenfalls, er hat alles, was andere kompromittieren und womit ersich an seinen Feinden rächen konnte, in einer neuartigen und beinahe frommen Rücksicht auf dem Totenbett vernichtet, zum erstenmal statt des Ruhms und der Macht ein anderes Glück suchend, müde der Menschen und des Lebens: Vergessenheit.

Am 26. Dezember 1820 endet dann dieses sonderbare, schicksalsvolle Leben, das in einem Hafen des Nordmeeres begonnen, in der Stadt des Triestinischen Südmeeres. Und am 28. Dezember bettet man den Leib des unruhvoll Umgetriebenen und Vertriebenen zur letzten Ruhe. Die Nachricht von dem Tode des berühmten Herzogs von Otranto weckt zunächst keine große Neugier in der Welt. Nur ein dünner blasser Rauch von Erinnerung schwebt flüchtig auf von seinem verlöschten Namen und vergeht fast spurlos im beruhigten Himmel der Zeit.

Aber vier Jahre später flackert noch einmal Beunruhigung empor. Gerücht geht, die Memoiren des Vielgefürchteten seien im Erscheinen, und manchem der Machthaber, manchem der Voreiligen, die zu verwegen auf den Gestürzten losgeschlagen, rieselt es kalt über den Rücken: wird wirklich noch einmal diese gefährliche Lippe aus dem Grabe zu sprechen anfangen? Werden am Ende die beiseite geschafften Dokumente aus dem Schatten der Polizeiladen, die allzu vertraulichen Briefe und kompromittierenden Beweise rufmörderisch zutage treten? Aber Fouché bleibt sich treu über den Tod hinaus. Denn die Memoiren, die ein flinker Buchhändler 1824 in Paris erscheinen läßt, sind unzuverlässig wie er selbst. Selbst aus dem Grabe verrät dieser hartnäckige

Schweiger nicht die ganze Wahrheit; noch in die kalte Erde nimmt er eifersüchtig seine Geheimnisse mit, um selbst Geheimnis zu bleiben, Zwielicht und Zwitterschein, nie ganz zu enthüllende Gestalt. Aber eben darum lockt sie immer neu zu dem inquisitorischen Spiele, das er selbst so meisterlich geübt: aus flüchtig fliehender Spur den ganzen verschlungenen Lebensweg und aus seinem wechselvollen Schicksal die geistige Gattung dieses allermerkwürdigsten politischen Menschen zu entdecken.